Alfred Angerer (Hrsg.)

New Healthcare Management

Medizinisch Wissenschaftliche Verlagsgesellschaft

Alfred Angerer (Hrsg.)

New Healthcare Management
7 Erfolgskonzepte für das Gesundheitswesen

mit Beiträgen von
A. Angerer | G. Karlinger | L. Leifer | F. Liberatore
C. Thiele | C. Vetterli | M. Wolff

mit Gastbeiträgen von
I. Bergen | M. Döring-Wermelinger | M. Ebner
M. Graban | G. Hammer | H.J. Hohensinner | F. Rüter

Medizinisch Wissenschaftliche Verlagsgesellschaft

Der Herausgeber

Prof. Dr. oec. HSG Alfred Angerer
Zürcher Hochschule für Angewandte Wissenschaften (ZHAW)
School of Management and Law
Gertrudstrasse 15
8401 Winterthur
Schweiz

MWV Medizinisch Wissenschaftliche Verlagsgesellschaft mbH & Co. KG
Unterbaumstr. 4
10117 Berlin
www.mwv-berlin.de

ISBN 978-3-95466-654-6

Bibliografische Information der Deutschen Nationalbibliothek
Die Deutsche Nationalbibliothek verzeichnet diese Publikation in der Deutschen Nationalbibliografie;
detaillierte bibliografische Informationen sind im Internet über http://dnb.d-nb.de abrufbar.

© MWV Medizinisch Wissenschaftliche Verlagsgesellschaft Berlin, 2021

Dieses Werk ist einschließlich aller seiner Teile urheberrechtlich geschützt. Die dadurch begründeten Rechte, insbesondere die der Übersetzung, des Nachdrucks, des Vortrags, der Entnahme von Abbildungen und Tabellen, der Funksendung, der Mikroverfilmung oder der Vervielfältigung auf anderen Wegen und der Speicherung in Datenverarbeitungsanlagen, bleiben, auch bei nur auszugsweiser Verwertung, vorbehalten.

Die Wiedergabe von Gebrauchsnamen, Handelsnamen, Warenbezeichnungen usw. in diesem Werk berechtigt auch ohne besondere Kennzeichnung nicht zu der Annahme, dass solche Namen im Sinne der Warenzeichen- und Markenschutz-Gesetzgebung als frei zu betrachten wären und daher von jedermann benutzt werden dürften. Im vorliegenden Werk wird zur allgemeinen Bezeichnung von Personen nur die männliche Form verwendet, gemeint sind immer alle Geschlechter, sofern nicht gesondert angegeben. Sofern Beitragende in ihren Texten gendergerechte Formulierungen wünschen, übernehmen wir diese in den entsprechenden Beiträgen oder Werken.

Die Verfasser haben große Mühe darauf verwandt, die fachlichen Inhalte auf den Stand der Wissenschaft bei Drucklegung zu bringen. Dennoch sind Irrtümer oder Druckfehler nie auszuschließen. Daher kann der Verlag für Angaben zum diagnostischen oder therapeutischen Vorgehen (zum Beispiel Dosierungsanweisungen oder Applikationsformen) keine Gewähr übernehmen. Derartige Angaben müssen vom Leser im Einzelfall anhand der Produktinformation der jeweiligen Hersteller und anderer Literaturstellen auf ihre Richtigkeit überprüft werden. Eventuelle Errata zum Download finden Sie jederzeit aktuell auf der Verlags-Website.

Produkt-/Projektmanagement: Susann Weber, Berlin
Lektorat: Monika Laut-Zimmermann, Berlin
Layout & Satz: zweiband.media, Agentur für Mediengestaltung und -produktion GmbH, Berlin
Druck: Beltz Grafische Betriebe GmbH, Bad Langensalza

Zuschriften und Kritik an:
MWV Medizinisch Wissenschaftliche Verlagsgesellschaft mbH & Co. KG, Unterbaumstr. 4, 10117 Berlin, lektorat@mwv-berlin.de

Die Autorinnen und Autoren

Prof. Dr. oec. HSG Alfred Angerer
ZHAW – Winterthurer Institut für Gesundheitsökonomie; Podcast «Marktplatz Gesundheitswesen»
linkedin.com/in/alfredangerer

Inga Bergen
InBergen UG; Podcast «Visionäre de Gesundheit»
linkedin.com/in/ingabergen/

Michael Döring-Wermelinger
Luzerner Kantonsspital – Gruppenbereich Pflege & Soziales
linkedin.com/in/michael-döring-wermelinger-81077412b

Dr. Markus Ebner
ebner-team.com GmbH
linkedin.com/in/markusebner

Mark Graban
Constancy, Inc.; LeanBlog.org
linkedin.com/in/mgraban

Gerhard Hammer
APUS Software
linkedin.com/in/gerhard-hammer/

Hartmann Jörg Hohensinner
Geriatrische Gesundheitszentren der Stadt Graz
linkedin.com/in/hartmann-jörg-hohensinner-87a7a4b6/

Gregor Karlinger
Transferio – die Begeistermeister
linkedin.com/in/gregorkarlinger/

Prof. Dr. Larry Leifer
Stanford University – Center for Design Research
linkedin.com/in/larry-leifer-23064710

PD Dr. Florian Liberatore
ZHAW Winterthurer Institut für Gesundheitsökonomie
linkedin.com/in/dr-florian-liberatore-75014a123

Dr. med. Florian Rüter
Medizinische Direktion Universitätsspital Basel
linkedin.com/in/florian-rüter-46b0b063

Christian Thiele
Positiv Führen
linkedin.com/in/christianthiele

Dr. Christophe Vetterli
Vetterli Roth & Partners
linkedin.com/in/christophevetterli

Marion Wolff
Marion Wolff HR Consulting

Vorwort und Danksagung

Anfang 2020 war Michael Döring zu Gast in meinem Podcast „Marktplatz Gesundheitswesen". Mit Michael, dem Departementsleiter Pflege und Soziales vom Luzerner Kantonsspital, sprach ich über seine Aktivitäten im Bereich Selbstorganisation. Mit Begeisterung erzählte er mir damals, wie er am Beispiel seines Lean-Teams die Organisationsform der Zukunft ausprobieren wolle. Seine Augen leuchteten immer dann besonders auf, wenn er von einem Buch namens „Reinventing Organizations" von Frédéric Laloux erzählte. Ein Buch, das sein eigenes Führungsverständnis infrage gestellt habe und ihn motiviere, sich mit seiner Organisation auf eine Transformationsreise zu begeben. In dem Augenblick wurde mir klar, wie wichtig auch heutzutage noch, im Zeitalter von YouTube, TikTok und Clubhouse, das gute alte verstaubte Buch sein kann. Denn nicht das Medium ist das Entscheidende, sondern die Botschaft dahinter. Und da wusste ich: Ich möchte auch so ein Buch schreiben, das den einen oder anderen dazu bewegt, über die eigene Organisation vertieft nachzudenken. Das Buch sollte speziell für Menschen im Gesundheitswesen geschrieben werden und als New-Healthcare-Management-Werk nicht nur eine Management-Philosophie vertreten, sondern die wichtigsten Erfolgskonzepte vorstellen, welche Führungskräfte immer wieder aus der BWL-Dunstwolke vernehmen. Diese Philosophien sollten möglichst klar und anschaulich dargestellt werden, mit einfachen Worten, vielen Abbildungen und mit einer Leichtigkeit, um das Buch auch angenehm am Strand lesen zu können.

Als die Kurzliste mit den großen Erfolgskonzepten vorlag, wartete das nächste Problem, welches lautete: Wer soll da zu Wort kommen? Bei den Themen Lean und Digital Health fühlte ich mich sehr wohl. Um die anderen Themen mit der nötigen Tiefe zu behandeln, begab ich mich jedoch auf die Suche nach Expertinnen und wurde auch fündig. Die Hauptautoren in diesem Buch sind jeweilige Koryphäen auf ihrem Gebiet.

Vorwort und Danksagung

Zusammen mit ihren Co-Autoren haben sie die jeweiligen Philosophien für das Gesundheitswesen übersetzt und mit Praxisbeispielen bereichert. In mehreren Autorensitzungen haben wir uns auf gemeinsame Struktur- und Stilvorstellungen geeinigt und uns immer wieder gegenseitig Feedback gegeben. Gemeinsam entstand so ein Buch, das zwar viele Köche hat, welche der Leser auch spüren darf, welches dabei jedoch trotzdem wie ein geschlossenes Werk wirkt.

Deswegen gilt mein erster Dank den Hauptautoren, die an meine Idee geglaubt haben und viele Stunden ihres Lebens dem Projekt widmeten. Vielen Dank Christian, Florian, Christophe, Marion und Gregor für euren Einsatz! Natürlich auch ein Dank an all die weiteren Co-Autoren, die für den nötigen Schliff der Kapitel gesorgt haben. Für die Optik ist die Visualisierung entscheidend. Dementsprechend sei hier Anja Ruh und Marco Brütsch von Animarco für die schönen Illustrationen gedankt. Herrn Hopfe von der MWV gilt zudem ein herzliches Dankeschön dafür, dass er dieses ungewöhnliche Buch im Sonderformat verlegt. Wenn ein Werk mit 14 Autoren entsteht, gibt es jede Menge Koordinationsarbeit. Damit geht mein letztes Dankeschön an Johanna Stahl vom ZHAW-Winterthurer Institut für Gesundheitsökonomie, die als Projektleiterin das ganze Vorhaben vorangetrieben hat und in unermüdlicher Kleinarbeit für den Feinschliff des Werkes sorgte.

Alfred Angerer
Winterthur, August 2021

Inhalt

I Einführung: Noch ein Management-Buch? 1
Alfred Angerer

II Die sieben Management-Ideen 7

    1 Positive Führung 11
    Christian Thiele
    mit einem Gastbeitrag von Markus Ebner

    2 Value-based Healthcare 33
    Florian Liberatore
    mit einem Gastbeitrag von Florian Rüter

    3 Design Thinking 59
    Christophe Vetterli und Larry Leifer

    4 Lean und Kaizen 83
    Alfred Angerer
    mit einem Gastbeitrag von Mark Graban

    5 Digital Health 107
    Alfred Angerer
    mit einem Gastbeitrag von Inga Bergen

    6 Selbstorganisation 129
    Marion Wolff
    mit einem Gastbeitrag von Michael Döring-Wermelinger

    7 Agilität 177
    Gregor Karlinger
    mit einem Gastbeitrag von Hartmann Jörg Hohensinner und Gerhard Hammer

III Nachwort 205

Stichwortverzeichnis 208
Die Autorinnen und Autoren 210

Einführung: Noch ein Management-Buch?

Alfred Angerer

Wenn man im Volksmund sagen möchte, dass von einem Gegenstand viele Einheiten existieren, sagt man „… wie Sand am Meer". Eine andere passende Metapher könnte inzwischen auch lauten: „… wie Management-Bücher im Buchhandel". Diese breite Auswahl an Management-Konzepten macht das Leben von Managerinnen im Gesundheitswesen schwer. Und es wird noch schlimmer: Es kommen ständig welche hinzu. Ständig wird man mit neuen Konzepten, Ansätzen und Schlagworten („Buzz-Words") bombardiert, ohne die alten gerade einigermaßen verdaut zu haben. Kein Wunder, dass so manche Praktikerin da resigniert und vollständig aufhört, sich mit neuen Methoden auseinanderzusetzen.

So verwirrend diese Explosion an Werken ist, so leicht ist sie auch zu erklären. Denn Management als Teildisziplin der Betriebswirtschaft ist keine Naturwissenschaft, bei der man den Einfluss seines Tuns als Führungskraft auf die Mitarbeitenden mathematisch berechnen kann. Letztendlich handelt Führung von dem Umgang mit Menschen. Und da unsere Wünsche und Motivationen vielschichtig sind, sich dynamisch verändern und damit komplex sind, müssen sich unsere Spielregeln in den Organisationen auch ständig anpassen. Dadurch wird es nie das eine Führungsbuch geben, das alle anderen obsolet macht.

Auch dieses Buch ist leider nicht das definitive Werk. Es verfolgt eine kleinere, jedoch in unseren Augen entscheidende Zielsetzung: Orientierung geben. Denn wir können damit ehrlich sein, dass die Management-Theorien nicht alle gleich gut sind und auch nicht immer passend für unsere Situationen im Gesundheitswesen. Praktikerinnen müssen sich also entscheiden, nach welchem Schnittmuster sie ihre Organisationen gestalten werden und wie sie führen wollen. Demzufolge brauchen sie eine Landkarte,

1 Einführung: Noch ein Management-Buch?

um im Dschungel der Management-Konzepte das für sie passende Werk zu finden. Dieses Buch versucht, so eine Landkarte zu sein.

Dafür machten wir uns das Kuratieren zu einem ersten Schritt und entschieden uns dafür, eine kleine Auswahl an Management-Ansätzen zu präsentieren, anstatt die Leser mit einer Vielzahl zu überfordern. Wir schnappten uns sieben „heiße" Konzepte, die wir als die vielversprechendsten unserer Zeit betrachten: sieben Ansätze, von denen wir glauben, dass sie jede Person im Gesundheitswesen einmal gehört haben sollte. Jedes Konzept für sich ist schon ein Sprung nach vorne für unsere Organisationen. Und zusammengenommen, stellen sie eine neue Art und Weise dar, wie wir unsere Organisationen zukünftig managen wollen. Zusammengefasst bilden die sieben Konzepte eine neue Denkrichtung, die wir folgerichtig „New Healthcare Management" getauft haben. In der Tabelle 1 sind sie übersichtlich dargestellt.

Uns war es wichtig, diese sieben Ansätze möglichst einfach und prägnant zu beschreiben. Wichtiger als das Verfolgen einer akademischen Tiefe war uns dabei, den Leserin-

Tab. 1 Die sieben großen Erfolgskonzepte im New Healthcare Management für ein besseres Gesundheitswesen

Ansatz	Kurzbeschreibung	Leitfrage
1. Positive Führung	Führen mithilfe der evidenzbasierten Methoden der positiven Psychologie	Wie können wir sinnstiftend, effektiv und motivierend führen?
2. Value-based Healthcare	Zielsystem, bei dem die Wertschöpfung für die Patientinnen an erste Stelle gesetzt wird unter Beachtung der Wirtschaftlichkeit	Wie schaffen wir echten Wert für unsere Patientinnen?
3. Design Thinking	Innovationsansatz, bei welchem sich die Entwicklung von Lösungen stark an den Bedürfnissen der zukünftigen Nutzer orientiert	Wie können wir Innovationen im Expertenumfeld provozieren?
4. Lean und Kaizen	Partizipativer Optimierungsansatz, bei dem alle nicht-wertschöpfenden Aktivitäten kontinuierlich eliminiert werden sollen	Wie werden wir jeden Tag etwas besser?
5. Digital Health	Nutzung moderner Informations- und Kommunikationstechnologien im Gesundheitswesen	Wie nutzen wir das volle Potenzial der Digitalisierung?
6. Selbstorganisation	Überwinden der Muster traditioneller Machthierarchien in einer Organisation durch sich selbst organisierende Teams und Individuen	Wie schaffen wir zukunftsfähige Strukturen?
7. Agilität	Steigerung der Reaktionsfähigkeit einer Organisation in Bezug auf den Umgang mit Komplexität und Unvorhergesehenem	Wie bearbeiten wir Aufgaben in einer komplexen Welt, die durch Unsicherheit und schnelle Veränderungen gekennzeichnet ist?

I Einführung: Noch ein Management-Buch?

nen einen Überblick zu geben[1]. Unser Ziel war und ist es, Lust zu wecken und einfache Zusammenhänge aufzuzeigen. Dementsprechend werden Sie viele Illustrationen und Beispiele aus der Praxis finden. Die Vereinfachung führt dazu, dass natürlich nicht alle Aspekte beleuchtet werden können. Am Ende der Kapitel werden dafür jeweils Literaturempfehlungen gegeben, die aufzeigen, in welchen Werken Interessierte mehr zum jeweiligen Thema erfahren können.

Das Buch ist so gestaltet, dass jeder Ansatz für sich geschlossen dargestellt wird. Dadurch können Sie das Buch in jeder beliebigen Reihenfolge lesen. Jedes der sieben Kapitel ist grundsätzlich nach der gleichen Logik aufgebaut, damit das Orientieren leichter fällt:

- Heutige Probleme unserer Organisationen
- Scheitern bisheriger Lösungen
- Beschreibung des neuen, großen Erfolgskonzepts
- Prinzipien, Methoden, Werkzeuge
- Praxisfallstudien
- Hinweise zur Umsetzung
- Literaturempfehlungen

Auch wenn die sieben Erfolgskonzepte in vielen Organisationen einzeln angewendet werden (gepaart mit teilweise gewagten Aussagen wie „Unsere Klinik ist nun agil!"), hängen sie stark voneinander ab und ergänzen sich in der Regel sehr gut. Die Reihenfolge kann manchmal entscheidend sein. So sollte beispielsweise jede Organisation zuerst die Prozesse nach Lean und Kaizen optimieren und diese erst danach digitalisieren. Auch sind Innovationen, die aus dem Arbeiten mit Design Thinking entstehen, sinnlos, wenn sie nicht Teil einer größeren Vision sind, die z.B. aus dem Valuebased-Healthcare-Ansatz stammt. In der Abbildung 1 ist vereinfacht dargestellt, wie sich diese Konzepte des New Heathcare Managements gegenseitig beeinflussen und befruchten.

Ein Wort der Warnung: Alle sieben Konzepte gleichzeitig einzuführen, wäre aus Projektsicht wohl zum Scheitern verurteilt. Nichtsdestotrotz: Als Nordstern, sprich als langfristige Zielvision für unsere Organisationen, ist es durchaus möglich und erwünscht, die Elemente aus allen sieben Ansätzen einzubauen. Denn langfristig liefern diese Konzepte Antworten auf die existenziellen Fragen: „Warum machen wir das alles?" und „Wie wollen wir unsere Organisation und unsere Arbeit gestalten?". Doch genug der Einleitung. Ich lade Sie ein, die sieben Erfolgskonzepte kennenzulernen und sich selbst ein Bild zu machen.

---

1 Allein schon an der Wortwahl wird deutlich, dass dieses Buch keine detailverliebte, akademische Diskussion führen möchte. Um unsere sieben Erfolgskonzepte zu kategorisieren, verwenden wir abwechselnd die Begriffe Ansätze, Philosophien, Management-Konzepte. Wenn Sie einmal viel Zeit haben, fragen Sie einen eingefleischten Lean-Anhänger, was Lean denn überhaupt ist.

Abb. 1 Das vereinfachte Zusammenspiel der sieben Erfolgskonzepte des New Healthcare Managements

II

Die sieben Management-Ideen

Wie können wir sinnstiftend, effektiv und motivierend führen?

1

Positive Führung

Christian Thiele

mit einem Gastbeitrag von Markus Ebner

1.1 Ausgangslage

Stellen Sie sich zwei ähnlich aufgestellte Ärzte-Teams aus zwei benachbarten Spitälern vor: Das eine leitet Frau Dr. Wyss, das andere leitet Herr Dr. Meyer[2].

Im **Team Wyss** gibt es zu jedem Geburtstag einen kleinen Umtrunk samt Geschenk und Karte vom Team. Teilzeitarbeit, auch für Führungskräfte? Ist dort selbstverständlich. Die Ärztinnen unter Frau Dr. Wyss haben sich stark nach Spezialisierungen aus- und fortgebildet. Sie sagt gerne zu Patienten: „Oh, da müssen Sie am besten meine Oberärzte fragen. Die kennen sich im Detail besser aus als ich." Am Mittwochmorgen gehen die, die gerade frei haben, regelmäßig auf Ski- oder Mountainbiketour, immer in wechselnder Besetzung – nur Frau Dr. Wyss ist jeden Mittwoch dabei, das ist ihr heilig. Sie achtet auch sehr darauf, dass sie Veränderungen ausführlich begründet und erklärt. Die anspruchsvollen, aber in der Regel realistischen Ziele geht Frau Dr. Wyss regelmäßig mit dem Team durch – es gibt viel und regelmäßig Lob und gelegentlich auch detaillierte, aber immer wertschätzend vorgebrachte Kritik. Wer eine schwirige Operation gemeistert hat, bekommt regelmäßig „Bravo"- und ähnliche Post-its an den Spind geklebt.

Ganz anders die Situation im Nachbarhaus: Im **Team Meyer** herrscht eigentlich permanent schlechte Stimmung. Meetings beginnen unpünktlich und schlecht gelaunt, Geburtstage oder Kindsgeburten der Teammitglieder gehen in der Regel unter. Herr Dr. Meyer fordert von den Ärzten in seinem Team Dienstbereitschaft zu jeder Zeit und zu allen Themen. „Wir sind ja hier kein Wunschkonzert", sagt er immer wieder. Wer

---

2 Sämtliche hier verwendeten Namen sind fiktiv.

eine Sinnkrise bekommt, wer sich nach einem „Warum" oder „Wozu" der eigenen Tätigkeit fragt, erntet bestenfalls Schweigen – schlimmstenfalls einen herabwürdigenden Spruch. Der alljährliche Betriebsausflug findet seit Jahren nicht mehr statt – mangels Beteiligung. Die freitägliche E-Mail mit den wichtigsten Zahlen und Daten der Woche ist aufgrund ihrer Schärfe gefürchtet – jeder tatsächliche oder vermeintliche Fehler wird dabei von Herrn Dr. Meyer aufgelistet.

Was würden Sie vermuten, in welchem der beiden Teams der Krankenstand niedriger ist, es quasi keine Mitarbeiterfluktuation gibt und dafür eine extrem hohe Anzahl an fitten Bewerberinnen? In welchem Team fällt die Zahl der Angehörigen- und Patientenbeschwerden deutlich niedriger aus, und wo sind die harten ökonomischen Zahlen deutlich besser? Richtig geraten, unter der Führung von Frau Dr. Wyss. Denn sie verkörpert quasi lupenrein die Haltung und Methoden des positiven Führens.

Was Positive Leadership ist, was es nicht ist, wozu es im Gesundheitswesen nützlich sein kann und wie es konkret geht: Damit setzt sich dieses Kapitel auseinander – und das ergänzt um einen Forschungsbericht von Dr. Markus Ebner.

1.2   Bisherige Ansätze greifen zu kurz

Der Arbeitsalltag im Gesundheitswesen ist voller Herausforderungen für die Mitarbeitenden, jedoch insbesondere für ihre Führungskräfte. Beispiele dazu gibt es reichlich:

- fehlende Vorbereitung auf die Führungsrolle in der Ausbildung der Fachkräfte,
- erhöhte Schwierigkeiten des Führens in Expertenorganisationen,
- Spagat zwischen therapeutisch-pflegerisch-medizinisch Sinnvollem und wirtschaftlich Rentablem,
- ausgeprägtes Silodenken, so beispielsweise Medizin vs. Pflege vs. Verwaltung vs. Geschäftsführung,
- Vereinbarkeit moderner Arbeitsformen wie Homeoffice und Wahlschichten mit dem klinischen Alltag.

In diesem schwierigen Umfeld hat sich ein eigener Führungsstil durchgesetzt, der häufig sehr autoritär ist und mit viel Druck von oben arbeitet. Warum dieser Stil so sein muss, wird gern gerechtfertigt mit Argumenten wie: „Es geht doch hier um Leben oder Tod", oder: „Hauptsache, das Ergebnis stimmt – für ein empathisches Führen ist dabei keine Zeit", oder: „Wenn alle über alles diskutieren wollen, dann wird doch gar nicht mehr gearbeitet, und darunter leiden doch auch die Patientinnen".

Mit dieser Argumentation ist eine „militärische" Organisation doch letztendlich unvermeidlich und die schlechte Stimmung ein Kollateralschaden, der im Sinne der Effektivität in Kauf genommen werden muss. Jede neue Generation in der Klinik wächst mit diesem Führungsstil auf und wird nach diesem sozialisiert. Wenn man im Laufe der Zeit hierarchisch aufsteigt und selbst an der Macht ist, besteht eine große Chance, dass man auch so führt wie gelernt: Peitsche statt Zuckerbrot.

Doch baut dies auf einem falschen und künstlichen Dilemma auf: „Entscheide dich für eine gute medizinische Leistung oder für eine gute Stimmung in der Klinik, beides geht

1 Positive Führung

nicht parallel." Woher kommt diese falsche Gewissheit, dass man nicht das Gute von beiden Welten haben kann? Der Denkfehler, der passiert, ist, dass die Folgen von „negativem" Führen nicht vollständig bedacht werden. Das Beispiel von Herrn Dr. Meyer hat es ja schon aufgezeigt. Kurzfristig werden seine Mitarbeitenden wohl durch das Anschreien und die anderen Druckmittel angetrieben. Langfristig wird das System jedoch kollabieren: Mitarbeitende werden kündigen, durch den Stress werden Fehler passieren, dadurch werden Patientinnen leiden und auch die Finanzkennzahlen werden katastrophal aussehen. Doch es gibt Hoffnung, die einen möglichen Ausweg aus diesem Teufelskreis zeichnet: Positive Führung.

1.3 Was ist Positives Führen – und was nicht?

Es gibt mindestens fünf Dinge, die Sie über Positives Führen wissen sollten. Es ist, erstens, ein Führungsansatz, der auf den Haltungen und Methoden der **Positiven Psychologie** fußt. Statt also immer nur auf Defizite, Mängel und Deltas zu fokussieren, nimmt Positive Leadership – die englische und die deutsche Fassung des Begriffs werden hier synonymisch verwandt – bewusst Gelingendes, Stärken, Sinnstiftendes, Erfolge und Ressourcen in den Blick. Zweitens arbeitet Positive Leadership im Unterschied zu vielen „eminenzbasierten" Ansätzen – „Führe so wie Steve Jobs" oder „Leadership nach Art der McKinseys/Bergsteiger" oder „Mach' es wie die Löwen" – auf **evidenzbasierter Grundlage**: Seit Ende der 1990er-Jahre sind sowohl in der Psychologie als auch in den ökonomischen und anderen Wissenschaften immer mehr, immer größere und immer bessere Untersuchungen zum Nutzen von Stärken- und Sinnorientierung in der Führung erschienen. Auf dieser wissenschaftlichen Grundlage bietet positives Führen allerdings, drittens, sehr **praktische Handreichungen und Tools** zur Führung von Mitarbeitenden, Teams und Organisationen. Die Ziele dieses Ansatzes sind, viertens, ein **Mehr an Engagement**, Motivation, Stärkenfokus, Sinnerleben, Miteinander, Aufblühen und Freude an und in der Arbeit – für Einzelne wie für Gruppen und Organisationen. Allerdings will Positive Leadership, fünftens, auch über klassische **Erfolgsindikatoren** abbildbare Optimierungen erreichen wie etwa:

- höhere Kundenzufriedenheit,
- höhere Umsätze,
- niedrigere Mitarbeiterfluktuation,
- geringere Burn-out-Raten etc.

Um ein Konzept zu verstehen, hilft es auch zu wissen, was damit *nicht* gemeint ist. So schreibt Kim Cameron (2013):

> „One criticism of positive leadership, for example, is that it over-emphasizes soft, touchy-feely, smiley-face, saccharine-sweet, team-focused, cohesive activity. The hard-nosed, competitive, and challenging aspects of leadership are ignored."

Wer sich mit positivem Führen beschäftigt, muss sich häufig mit folgenden oder ähnlichen Mythen und Missverständnissen auseinandersetzen: „Positive Leadership ist eine neuartige esoterische Heile-Welt-Veranstaltung, in der alles immer nur positiv und nett und schön ist, die Kritik und Leistungsanspruch ablehnt und die sich nur für Konzerne eignet, um Menschen noch mehr auszupressen."

Zwar ist Positives Führen als Konzept erst Ende der 1990er-Jahre entstanden. Allerdings sind durch die quantitativen Forschungen von Wirtschafts-Nobelpreisträger Daniel Kahneman, Martin Seligman, Barbara Fredrickson, Adam Grant und anderen Annahmen bestätigt und präzisiert worden, die schon in der älteren Management-Literatur von Peter Drucker oder in humanistischen Ansätzen (Friedemann Schulz von Thun etc.) aufleuchteten. Exzellenz und Leistungsanspruch zählen gerade zu den Kernzielen von Positivem Führen – die sich aber eben nicht mit einer reinen Fokussierung auf Fehler, Defizite, Mängel etc. verwirklichen lassen. Daher verbreitet sich Positive Leadership nach und nach auch in Kliniken, bei Mittelständlern, im öffentlichen Dienst.

1.4 Was bringt Positive Leadership?

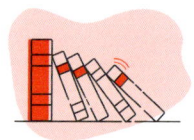

Nach meinen Erfahrungen als Coach und Trainer sind viele Führungskräfte, abhängig davon, in welcher Branche, auf welchem Level und in welcher Organisation sie tätig sind, vor allem mit folgenden Herausforderungen konfrontiert:

- Management von Zweifeln, Sorgen, Ängsten rund um die COVID-Pandemie und deren Nachwirkungen sowie von ihren eigenen Herausforderungen und denen der Mitarbeitenden, persönlichen Sorgen, wirtschaftlichen Bedenken etc.
- Neue Tools, Prozesse und Techniken des (Zusammen-)Arbeitens verstehen, anwenden, einführen und dies auch wieder sowohl für sich selbst als auch für die Belegschaft (physisch-digitales Führen, Remote-Zusammenarbeit, virtuelles Konferieren ...).
- Eine wirksame Balance finden aus Vertrauen und Freiraum einerseits und Hinschauen, Kontrolle, Nachsteuern andererseits.
- In einer Situation des Mangels an Fachkräften (branchenabhängig) Talente finden, binden und entwickeln.
- Neben To dos, Terminen und operativem Tagesgeschäft immer wieder den Freiraum für Führung erkämpfen und verteidigen.
- In Zeiten von Digitalisierung/Beschleunigung und einer Vielzahl an Wünschen, Anforderungen, Themen vieler Stakeholder die eigenen Energie- und gesundheitlichen Ressourcen konstruktiv managen.

Auf Führungskräfte in Spitälern, Praxen, Heimen treffen manche dieser Herausforderungen mehr und andere weniger zu als in anderen Branchen (siehe dazu auch den Gastbeitrag von Dr. Markus Ebner am Ende dieses Kapitels).

Aber auf die meisten Herausforderungen kann positives Führen positive, messbare Auswirkungen nachweisen. Hier einige Schlaglichter zur aktuellen Studienlage:

- Hohe Fluktuation ist teuer.[3]
- Schlecht Geführte gehen schneller.[4]

---

3 Moon, K. et al. (2019): Manufacturing Productivity with Worker Turnover. SSRN.
4 Rose, N. & Steger, M. (2020): Warum gute Führung Sinn macht. Einfluss der Führungsqualität auf Wechselmotivation. OrganisationsEntwicklung 3.

1 Positive Führung

- Das Verständnis von Purpose stärkt die Performance.[5]
- Wer Stärken nutzt, ist glücklicher.[6]
- Wer Stärken nutzt, erreicht gesetzte Ziele wahrscheinlicher – und ist glücklicher und zufriedener.[7]
- Ethische Führung reduziert den Schwund.[8]
- Stärkenorientierte Führung macht Teams resilienter.[9]
- Glückliche Mitarbeitende arbeiten engagierter und erfolgreicher.[10]
- Positive Leadership senkt Stress und Burn-out-Risiko.[11]

1.5 Wie Positives Führen konkret geht

Das am weitesten verbreitete, am gründlichsten erforschte und am besten operationalisierbare Konzept von Positive Leadership ist das PERMA-Lead-Modell. Es fußt auf dem Konzept für ein gelingendes Leben, das Martin Seligman erfunden hat, der Gründervater der Positiven Psychologie. Eine gute Führungskraft im Sinne des PERMA-Lead-Modelles führt demzufolge über fünf Strategien – und zwar sowohl sich selbst als auch die eigenen Mitarbeitenden und dies im Auf- und Umbau einer Organisation:

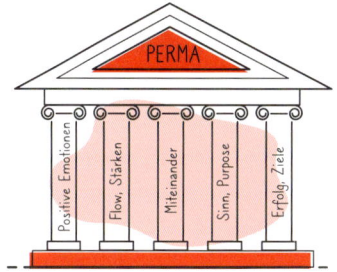

- Mehr positive Emotionen stärken und negative Emotionen lindern.
- Durch den Einsatz von Stärken Flow-Erlebnisse schaffen und das Engagement fördern.
- Tragfähige Beziehungen in der Arbeit ausbauen.
- Bedeutsamkeit und Sinn von Tätigkeiten vermitteln.
- Ziele anvisieren und kommunizieren, Erreichtes wahrnehmen und feiern.

Im Folgenden gehe ich auf die fünf Dimensionen des PERMA-Lead-Modelles in Abbildung 2 im Einzelnen ein.

P: Positive Emotionen stärken

„Erst die Arbeit, dann das Vergnügen", „Dienst ist Dienst und Schnaps ist Schnaps": Mit solchen Sprüchen wird häufig begründet, warum Freude, Interesse, Heiterkeit, Spaß bei der Arbeit nichts verloren haben. Aber diese sogenannten Positiven Emotionen, das hat die US-Forscherin Barbara Fredrickson mit ihrem „Broaden-and-Build"-Ansatz zeigen können, fühlen sich nicht nur gut an. Sie weiten auch unser Denken, machen uns kreativer, stärken die Widerstandsfähigkeit gegenüber Stress und Ärger.

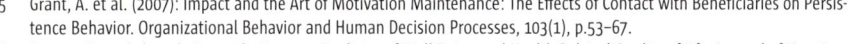

5 Grant, A. et al. (2007): Impact and the Art of Motivation Maintenance: The Effects of Contact with Beneficiaries on Persistence Behavior. Organizational Behavior and Human Decision Processes, 103(1), p.53–67.
6 Proctor, C. et al. (2011): Strengths Use as a Predictor of Well-Being and Health-Related Quality of Life. Journal of Happiness Studies 12, p.153–169.
7 Biswas-Diener, R. et al. (2010). Using signature strengths in pursuit of goals: Effects on goal progress, need satisfaction, and well-being, and implications for coaching psychologists. International Coaching Psychology Review, 5, p. 8–17.
8 Jaclyn, M., et al. (2019): Predicting retail shrink from performance pressure, ethical leader behavior, and store-level incivility. Journal of organizational behavior, 3.
9 Karlsen, J. & Berg, M. (2020): A study of the influence of project managers' signature strengths on project team resilience. Team Performance Management: An International Journal.
10 Bellet, C. et al (2019) "Does Employee Happiness Have an Impact on Productivity?", Saïd Business School Working Paper 2019-13.
11 Longinus, A. & Ebner, M. (2020): Führung als Burn-out-Prävention. CNE Pflegemanagement, 7(06), p. 7–10.

II Die sieben Management-Ideen

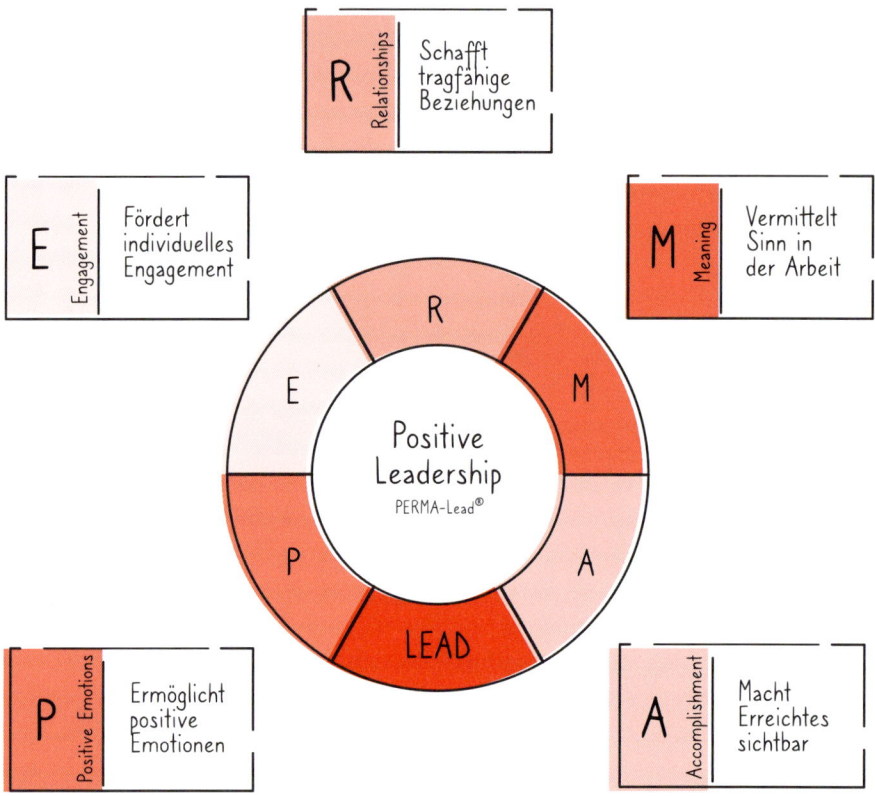

Abb. 2   Die fünf Dimensionen des PERMA-Lead-Modelles. In Anlehnung an Ebner (2019)

Warum es so wichtig ist, die Positiven Emotionen zu kultivieren, leuchtet vielen Chefinnen und Chefs zunächst wenig ein – vor allem wenn sie wenig Führungserfahrung haben. In PERMA-Lead-Untersuchungen (s. nächster Abschnitt) lässt sich das auch nachweisen. Es zahlt sich allerdings nachhaltig aus, wenn Führungskräfte gezielt die eigenen Positiven Emotionen und die ihrer Belegschaft stärken und ausbauen. Das belegen zahlreiche Studien und Überblicksarbeiten. Hier ein paar ausgewählte Forschungserkenntnisse aus den letzten zwei, drei Jahrzehnten:

- Gut gelaunte Menschen haben höhere Erwartungen und setzen sich anspruchsvollere Ziele.
- Führungskräfte schätzen optimistische Mitarbeitende als kreativer ein.
- Durch Positive Emotionen lassen sich bessere Ergebnisse und mehr Vertrauen in Verhandlungssituationen erzielen.
- Freundliche Angestellte sorgen für höhere Umsätze in Schuhgeschäften, höhere Kundenzufriedenheit in Bankfilialen, weniger Mitarbeiterfluktuation.
- Je weniger Positive Emotionen, desto weniger Engagement.

1 Positive Führung

Was heißt das nun konkret? Wie könnten Sie als Chefärztin, Pflegedienstleiter, Heimvorsteherin diese Positiven Emotionen fördern und stärken? Hier ein paar Anregungen für mögliche Strategien:

- Führen Sie für sich ein sogenanntes Positivitäts-Portfolio, in dem Sie kleine, alltägliche Dinge auflisten, die Ihnen guttun, Freude machen, Ihr Interesse oder Ihre Gelassenheit stärken.
- Pflegen Sie eine Leidenschaft, ein Hobby, ein Interessensgebiet? Das stärkt – gemäß einer britischen Studie an rund 3.000 Medizinern – die Motivation an der Arbeit, senkt das Demenzrisiko und fördert die soziale Eingebundenheit.
- Verweisen Sie in Meetings mit Ihrem Personal immer wieder auf (Zwischen-)Erfolge und (Teil-)Siege, statt immer nur auf das, was fehlt, und darauf, wo es hapert!
- Wer Mitarbeitenden möglichst weitgehende Arbeitsfreiräume und Autonomie bei der Ausgestaltung des Wann und Wie und Wo der Tätigkeiten einräumt, erhöht die Chancen auf gute Laune und Motivation.
- Der Smalltalk und das informelle Miteinander können bei vollen OP-Sälen und unterbesetzten Schichten schnell zu kurz kommen – sie sind aber wichtig, um den Menschen kleine Momente des Auftankens zu ermöglichen. Wenn dabei auch mal Croissants, Kuchen oder Obst spendiert werden, möglicherweise sogar von der Führungskraft – umso besser.

E: Engagement und Stärken stärken

„Stärken nutzbar zu machen ist der einzige Zweck einer Organisation", schreibt der austro-amerikanische Management-Vordenker Peter Drucker: „So können natürlich die Schwächen, mit denen jeder von uns ausreichend gesegnet ist, nicht getilgt werden. Aber so werden sie irrelevant." Als Drucker dies schrieb, lagen die meisten empirischen Erkenntnisse noch gar nicht vor, die uns heute verständlich machen, warum es so wichtig ist, Stärken zu kennen, zu nutzen und auszubauen – die eigenen und die der Mitarbeitenden. Stärken sind Handlungs-, Denk- und emotionale Muster, die uns leichtfallen, die uns Energie verschaffen und die zu unserem „echten Selbst" gehören. Wer um seine Stärken weiß und diese immer wieder einsetzen kann im Beruf, erreicht viel leichter sogenannte Flow-Erlebnisse, in denen Zeit und Raum verschwinden und in denen sich aus einem ausgewogenen Verhältnis aus Anforderungen und Kompetenzen ein idealer Arbeits- und Lernraum eröffnet.

Leider aber sind sich bislang viel zu wenige Menschen ihrer Stärken bewusst, weil:

- sie schon ab der Schule überwiegend auf Schwächen und Defizite sozialisiert wurden,
- sie eher schwächenfokussiert geführt werden, statt durch die „Stärkenbrille",
- die eigenen Stärken in der Regel im toten Winkel liegen und uns ihr Wert zu wenig bewusst gemacht wird und/oder, weil
- irrigerweise häufig der Glaube vorherrscht, das größte Wachstumspotenzial liege im – unendlich mühsamen – Abbau von Defiziten und nicht im – viel energetisierenderen – Ausbau von Stärken.

II Die sieben Management-Ideen

Das Stärken der Stärken ist eine der ganz zentralen Säulen des Positiven Führens – und in seiner Wirksamkeit in zahlreichen Studien belegt. Wer seine eigenen Stärken und die seiner Mitarbeitenden kennt und fördert, der

- fühlt sich gesünder und stärker energiegeladen,
- ist zufriedener mit der eigenen Arbeits- und Lebenssituation,
- ist resilienter gegen Stress und optimistischer in Krisensituationen,
- erlebt häufiger und intensiver Positive Emotionen wie Freude, Interesse etc.,
- engagiert sich stärker in beruflichen oder privaten Aktivitäten,
- erlebt das eigene Tun und Leben als sinnvoller,
- lebt in stabileren und zufriedenstellenderen Partnerschaften.

> **Viele harte Daten**
>
> Das US-Unternehmen Gallup erhebt Daten, veranstaltet Workshops und veröffentlicht Studien zu stärkenfokussierter Führung und Organisationsentwicklung. Aus einer großen Studie mit rund 50.000 beteiligten Unternehmen aus sieben unterschiedlichen Branchen und 45 Ländern hat Gallup folgende Erkenntnisse über die Effekte von stärkenorientierter Führung und Entwicklung gewonnen:
>
> - 10–19% mehr Umsatz,
> - 14–29% mehr Gewinn,
> - 3–7% höhere Kundenzufriedenheit,
> - 9–15% stärkeres Mitarbeiterengagement,
> - 22–59% (!) weniger Arbeitsunfälle.

Auch aus meiner eigenen Erfahrung als Teamentwickler, Trainer und Coach weiß ich, dass:

- Einzelne besser und engagierter arbeiten, wenn sie stärkenorientiert geführt werden,
- Chefinnen engagiertere und motiviertere Mitarbeitende haben, wenn sie deren Talente, Ressourcen und Kompetenzen kennen, sie darin unterstützen und die Jobprofile entsprechend zuschneiden,
- Teams mit Konflikten besser umzugehen und das Potenzial an Unterschiedlichkeit besser zu nutzen vermögen, wenn die Mitglieder über die unterschiedlichen Stärken Bescheid wissen,
- Organisationen mit Stärkenfokus kreativer arbeiten, zufriedenere Mitarbeitende, Kundinnen, Lieferanten haben und gute Mitarbeitende leichter finden und binden können.

Was nun können Sie konkret tun, um als Führungskraft sowohl die eigenen Stärken als auch die Ihrer Mitarbeitenden bewusster machen und ausbauen zu können? Hier ein paar Anregungen für bewährte Strategien:

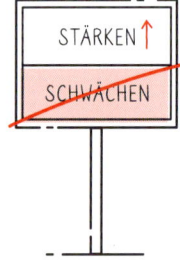

- Absolvieren Sie einen Stärkentest wie etwa den via-Test (kostenlos möglich über www.charakterstaerken.org). Wo finden Sie sich in diesen Stärkenbeschreibungen wieder? Was machen Ihre Stärken leichter oder überhaupt erst möglich? Wer hat was davon?
- Vielleicht gönnen Sie sich ja auch ein Stärkencoaching, um die eigenen Talente und Kompetenzen noch besser sehen und wertschätzen zu können?

1 Positive Führung

- Beim Loben oder Delegieren sollten Sie auf Stärken Bezug nehmen, um das Bewusstsein der Mitarbeitenden für die eigenen Kompetenzen und Erfahrungen zu vertiefen („Bitte machen Sie das, weil Sie immer so gut …" oder „Dass wir dieses Projekt so gut stemmen konnten, liegt unter anderem daran, dass Ihr so besonders gut …").
- Stärkenorientierte Workshops lassen sich wunderbar in Betriebsausflüge, Weihnachtsfeiern oder Teamtage einbauen, egal ob virtuell oder in Präsenz.
- Bei der Ausschreibung und Besetzung von Stellen könnten Führungskraft und Team diskutieren, welche Stärken im Team schon gut vertreten sind und welche vielleicht noch Verstärkung durch eine neue Person brauchen könnten.
- Fort- und Weiterbildung werden häufig nur als „Reparaturbetrieb" gesehen, um Schwächen abzumildern. Idee: Stärken stärken. Warum lassen Sie nicht beispielsweise Ihre Oberärztin, die sowieso schon sehr gut ist in roboterassistiertem Operieren, auf Fortbildungen fahren, um in diesem Bereich noch besser zu werden?

R: Beziehungen stärken

Das Umfrageinstitut Gallup erhebt mit seinem Q12-Fragebogen zwölf Schlüsselelemente, welche Aussagen machen über das Engagement von Beschäftigten in der Arbeit. Eine Frage führt bei Auftraggebern regelmäßig zu Stirnrunzeln – die Frage 10. Sie lautet: „Ich habe einen wirklich engen Freund in der Arbeit." Nach der Auswertung von Millionen Erhebungsdaten kommt Gallup immer wieder zu dem Schluss, dass eine Frage besonders aussagekräftig ist in Bezug auf das Wohlbefinden Einzelner am Arbeitsplatz – eben jene Frage 10.

Gallup[12] zufolge berichten Beschäftigte, die diese Frage mit „Ja" beantworten mit …

- … 43 % höherer Wahrscheinlichkeit, dass sie Lob oder Anerkennung für ihre Arbeit in den letzten 7 Tagen bekommen haben,
- … 37 % höherer Wahrscheinlichkeit, dass jemand sie in der Arbeit zur Weiterentwicklung ermutigt,
- … 35 % höherer Wahrscheinlichkeit, dass sich die Kollegen um Qualität in der Arbeit bemühen,
- … 27 % höherer Wahrscheinlichkeit, dass ihre Meinung in der Arbeit zählt (dies ist vor allem für die so genannten Millenials von Bedeutung – die etwa in den USA aktuell rund 40 % der Beschäftigten ausmachen),
- … 21 % höherer Wahrscheinlichkeit, dass sie täglich Gelegenheit haben, ihre Stärken im Job anzuwenden.

Bei Menschen, die sich bei der Arbeit isoliert fühlen, werden laut Studien[13] bestimmte Gehirnregionen auf die gleiche Weise aktiviert, wie wenn sie physischen Schmerz erleiden müssen. Regelmäßige positive soziale Interaktionen wiederum stärken Untersuchungen zufolge[14] das kardiovaskuläre, das Immun- und das Hormonsystem. Führung hat dabei einen wichtigen Einfluss darauf, ob und wie sehr Mitarbeitende untereinander in engen, vertrauensvollen Verbindungen miteinander stehen, und darauf,

---

12 https://www.gallup.com/workplace/237530/item-best-friend-work.aspx (abgerufen am 07. August 2021).
13 Dunbar und Dunbar (1998).
14 Heaphy und Dutton (2008).

ob sie sich von Kollegen, Chefinnen, eigenen Mitarbeitenden respektiert und wertgeschätzt fühlen.

Wie das im Alltag gehen kann? Wie Sie als Führungskraft das Miteinander und belastbare Beziehungen in der Arbeit fördern und stärken können? Dazu im Folgenden wieder einige Tipps und Fragen, die Sie sich stellen sollten:

- Überlegen Sie zunächst für sich: Mit wem stehe ich gerne und regelmäßig in Verbindung im Job? Wie kann ich diese Verbindungen ausweiten und vertiefen? Mit wem hätte ich gern mehr zu tun? Wie ließe sich das arrangieren? Und welche Arbeitsbeziehungen ziehen mir eigentlich mehr Energie, als ich daraus erhalte? Wie könnten diese Missverständnisse aufgelöst, geklärt oder diese Schwierigkeiten gelindert werden?
- Einer der Faktoren, die enorm hohen Einfluss auf das Miteinander haben und die Führende stark beeinflussen können, sind Meetings. Sind die Meetings[15], die in Ihrem Verantwortungsbereich durchgeführt werden, gut geplant, effizient geleitet, nachhaltig nachbereitet? Was könnte verbessert werden? Wie sehen Sie das, wie sehen die Mitarbeitenden das? Wer könnte Verantwortung für welche Verbesserungsschritte übernehmen?
- Je größer das Team oder die Abteilung, desto wahrscheinlicher die Bildung von Sub-Teams oder Cliquen. Das ist erstmal nicht problematisch – günstiger für den Wissenstransfer, für die Konfliktprävention und für viele andere Aspekte eines gelingenden Miteinanders ist es allerdings, wenn immer wieder im Arbeitsalltag Durchmischungen stattfinden. Gezielte Tandems, Job- und Dienst-Rotationen können dabei hilfreich sein.
- Schaffen Sie als Führungskraft immer wieder Raum für informelles Miteinander! Weihnachtsfeiern, Geburtstagskaffees, Betriebsausflüge, Teamworkshops können gerade die Beziehungen derer untereinander stärken, die ansonsten wenig miteinander zu tun haben.
- Wie können mögliche Konflikte früher erkannt und besser geklärt werden? In welche Auseinandersetzungen will und muss ich mich als Führungskraft einmischen – in welche nicht?

M: Sinn-voller führen

„Wer ein Wofür hat, erträgt fast jedes Wie": Diesen Satz machte der Wiener Arzt und Psychologe Viktor Frankl bekannt, der vier Konzentrationslager überlebte, dabei seine gesamte Familie verlor und nüchtern-inspirierend über seine Erfahrungen unter dem Schreckensregime der Nationalsozialisten schrieb.

Abrechnungs- und Formularwahnsinn, Änderungen um der Änderungen willen, Kontrollmechanismen, die nur für mehr Aufwand statt für mehr Qualität sorgen: Natürlich gibt es auch in einem Krankenhaus, in einem Pflegeheim, in einer Facharztpraxis Dinge, die Sie und Ihre Mitarbeitenden als wenig sinnstiftend empfinden. Aber nach meiner Erfahrung stellt sich die Sinnfrage im Gesundheitswesen häufig weniger massiv als in Organisationen anderer Branchen. Schließlich ist die Erfahrung, zur

---

15 https://t3n.de/news/terminplanung-nachbereitung-1236981/ (abgerufen am 07. August 2021).

1 Positive Führung

Gesundung oder gar Heilung von Menschen beizutragen, für die meisten dort Arbeitenden direkt oder zumindest indirekt erfahrbar.

Dennoch: Wer relativ präzise für sich selbst um das eigene Wohin und Wozu von Arbeit und Leben weiß, kann auch andere Sinn-voller führen. Mit einem klareren Verständnis Ihres persönlichen Wofür (s. Kap. 5 u. 6) treffen Sie bessere Entscheidungen, wissen Sie genauer, wohin mit Ihrer Aufmerksamkeit, Ihrer Zeit, Ihren Ressourcen.

Der amerikanische Sozialpsychologe Adam Grant hat dazu eine beeindruckende Studie erstellt: Den Mitarbeitenden eines Callcenters, das Spendengelder für Studierendenstipendien einzuwerben hatte, wurde ein fünfminütiges Video mit einem Studenten vorgespielt. Dieser erklärt darin, welch großen Einfluss das Stipendium auf sein Leben hatte. Einen Monat später haben Grant und seine Kollegen gemessen, ob und inwiefern sich das Engagement und die Wirksamkeit bei den Telefonistinnen im Vergleich zu einer Kontrollgruppe verändert hat, die das Video nicht gesehen hatte. Und die Zahlen sind so drastisch wie selten in der Psychologie: Die Mitarbeitenden, denen in dem fünfminütigen (!) Video (!) das Wofür ihrer Arbeit erklärt wurde, verbrachten einen Monat später (!) 142% mehr Zeit (!) mit ihren Gesprächspartnern und warben dabei 171% (!) mehr Geld ein.

Und noch ein paar weitere Hinweise auf die Sinnhaftigkeit von Sinnvermittlung:

- Einer israelischen Studie zufolge fallen radiologische Diagnosen um fast ein Drittel ausführlicher und fast um die Hälfte präziser aus, wenn für die Ärztinnen zu den Röntgenaufnahmen auch Fotos von den Patienten zugefügt wurden – wenn sie also erkannten, dass es nicht nur um Leberkarzinom X oder Lungenödem Y ging, sondern um konkrete Menschen.
- In Kliniken wird gemäß einer anderen Untersuchung bis zu 45% mehr Desinfektionsmittel nach dem Toilettengang benutzt, wenn Hinweisschilder auf die Bedeutung des Infektionsschutzes für Patientinnen hinweisen.
- Laut dem „Global Leadership Forecast 2018" von Ernst & Young performen sinngetriebene Unternehmen finanziell bis zu 42% besser als der Durchschnitt. Vor allem, weil sie besser dafür gerüstet sind, sich an ein schnell veränderndes, wettbewerbsintensives Umfeld anzupassen – genau das, was heute mehr denn je erforderlich ist.

Ob den Generationen Y und Z die Sinnverwirklichung in der Arbeit wirklich so viel wichtiger ist als früheren, dazu gibt es widersprüchliche Studien. Aus Coachings und Trainings in Kliniken etwa höre ich immer wieder, dass jüngere Generationen von Ärztinnen oder Pflegefachkräften mit – aus meiner Sicht gesunder – Selbstverständlichkeit auf eigene Pläne für das Wochenende verweisen und auch auf das Argument des Patientenwohls hin nicht mehr klaglos den x-ten Nacht- oder Wochenenddienst zu übernehmen bereit sind. Es kann also nicht darum gehen, als Führungskraft den Mitarbeitenden die eigene Bedeutung von Arbeit „einzuimpfen" – sondern eher darum, mit ihnen immer wieder in einen Diskurs zu treten über die eigene und ihre persönliche Interpretation dessen, was ihr und unser Tun bedeutsam macht. Auch hier wiederum ein paar konkrete Anregungen und Fragestellungen:

- Wozu führe ich? Was will ich mit meiner Verantwortung, mit meinem Einfluss bewirken?
- Inwiefern erfüllt mich meine Arbeit? Welche meiner Tätigkeiten zahlen auf meine längerfristigen Ziele ein? Und welche dieser Ziele haben mit meiner Vorstellung von (Achtung, jetzt kommt ein großes Wort) Lebenssinn zu tun? Wie kann ich da gegebenenfalls mehr Passung herstellen? Was würde meine Arbeit für mich wichtiger und bedeutsamer machen?
- Wie kann ich einzelnen Mitarbeitenden klarmachen, was der Mehrwert ihrer Tätigkeit ist, wie sie auf das „große Ganze" einzahlen?
- Wie kann ich bei einzelnen Aufgaben den Zusammenhang mit größeren (Teil-)Zielen vermitteln? Führenden fällt es oft leichter, größere Kontexte zu verstehen, weil sie mehr Informationen von oben und außen zur Einordnung haben und diese früher erhalten. Wie kann ich meine Mitarbeitenden auf transparente und loyale Weise mehr einbinden und mitnehmen?
- Welche Rolle spielt unser Team, unsere Abteilung, unser Bereich für die Ergebnisse der Gesamtorganisation? Wer braucht uns wofür?
- Wie kann ich meinen Mitarbeitenden – gerade in schwierigen Situationen, gerade in Momenten der Veränderung, gerade auch bei Aufgaben, um die sich nicht alle reißen – nicht nur das *Was* und *Wie*, sondern vor allem auch das *Wofür* besser erklären?
- Wie stehe ich zu den Werten meiner Organisation? Wo sind meine Prinzipien und Ideale mit denen meiner Firma in Passung und wo gibt es vielleicht Konflikte, Lücken, Deltas? Wie gehe ich damit um?
- Abgesehen vom Tagesgeschäft: Inwiefern wird in unserer Organisation das Gemeinwohl auf andere Weise gefördert, durch Spenden, Aktionstage etc. zugunsten von Umwelt- oder sozialen Organisationen oder, oder, oder?
- Wenn der Purpose, die Mission, das Vision Statement meines Spitals oder meiner Pflegeeinrichtung von einer schicken Agentur entworfen und gebrandet wurde und nur in Hochglanzwebsites oder -broschüren lebt, aber nirgends in der Unternehmenswirklichkeit, dann kann das dem Wohlbefinden der Mitarbeitenden eher schaden, sie zynischer und demotivierter machen. Das Geld dafür wäre dann vielleicht besser in rückenschonende Bürostühle oder Webcams investiert …

A: Erfolge planen, erreichen, feiern

Handlungsmacht, Selbstwirksamkeit, das Empfinden, Dinge gebacken zu bekommen, und zwar wiederum für mich selbst als Führungskraft wie auch gegenüber den Mitarbeitenden: Das ist das fünfte Erfolgsrezept von Positiv Führenden – Accomplishment, Zielerreichung.

Abnehmwillige reduzieren ihr Gewicht stärker, wenn sie für sich konkrete Ziele formulieren. Die interprofessionelle Zusammenarbeit bei der Rehabilitation von Herzinfarktpatienten läuft besser, wenn vorher Ziele formuliert wurden. Athletinnen steigern ihre Leistung nachhaltiger, wenn sie sich konkrete Ziele setzen.[16] Es lohnt, beim Start

---

16 Nähere Hinweise in Ebner (2019).

1 Positive Führung

schon das Ende im Kopf zu haben. Denn Ziele zu formulieren stärkt die Motivation, das Selbstbewusstsein und macht Erfolg wahrscheinlicher.

Die SMART-Formel zur Zielfindung kennen Sie möglicherweise bereits. Ziele sind demnach möglichst wie folgt formuliert:

- spezifisch (also möglichst konkret statt vage),
- messbar (inklusive Metriken und Meilensteinen, so dass deren Erreichen oder Nicht-Erreichen nachvollziehbar und transparent gemacht werden kann),
- attraktiv (und zwar aus Sicht derer, die sie erreichen sollen),
- realistisch (also möglichst weitgehend im Einflussbereich der betreffenden Personen),
- und terminierbar (bis wann zu erreichen).

Allerdings ist ergänzend festzuhalten, dass nicht jedes Ziel auf Biegen und Brechen gemäß der SMART-Formel formuliert werden kann oder sollte, manchmal sind auch nur zwei oder drei der Parameter sinnvoll. Auch sind SMARTe Ziele erfahrungsgemäß eher dazu geeignet, im Alltagsgeschäft Entwicklungen fortzuschreiben, im Blick zu halten, zu optimieren. Für wirklich innovatives, disruptives Veränderungsmanagement können andere Zielmethoden wie etwa die bei Google bekannt gewordenen Objectives and Key Results (OKRs) oder die von Kim Cameron erfundenen Everest-Ziele sinnvoller sein.

> *Die sogenannten* Everest-Ziele *stellen eine deutliche positive Abweichung von der bisherigen Praxis dar, die für möglichst alle Beteiligen hoch erstrebenswert sind („goods of first intent"), die eher affirmativ formuliert sind (Fokus auf Gelegenheiten und Möglichkeiten statt Reduktion von Hindernissen, Überwindung von Problemen), welche einen Nutzen für Dritte beinhalten, positive Energie fördern („not exhausted ..., but uplifted") und bei deren Erreichung soziale Ressourcen hilfreich sein können. Eine mögliche Übung, um die Energie der Everest-Ziele nachvollziehen zu können:*
> 1. *Vergegenwärtigen Sie sich ein attraktives, positives, anspruchsvolles Ziel, eine innere Vision, die Ihrem inneren Ich entspricht und positive Folgen auch für andere hätte. Als Beispiel: Sie wollen mehr junge Pflegekräfte für Ihre Einrichtung gewinnen.*
> 2. *Wenn dieses Ziel, das Sie sich vorgenommen haben, nur die erste Stufe einer Treppe mit zehn Stufen wäre, was stände dann am oberen Ende dieser Treppe? In diesem Fall könnte das Ziel dort etwa sein: Sie sind ein extrem beliebter Arbeitgeber, Schul- und Universitätsabsolventen reißen sich geradezu darum, bei Ihnen anzufangen. Und Sie haben ein so mitarbeiterorientiertes Klima, dass sich dies herumspricht.*
> 3. *Stellen Sie sich vor, Sie haben dieses obere Ende der Treppe erreicht, die quasi Ihr bisheriges Ziel in zehnfacher Potenz übertrifft – wie fühlt sich das an? Möglicherweise erfahren Sie eine körperliche Reaktion (Kribbeln, angeregte Atmung o.Ä.)?*
> 4. *Wenn Sie nun vom oberen Ende dieser Treppe hinunterschauen auf Ihr ursprüngliches Ziel – wie machbar und realistisch erscheint es Ihnen nun? Was verändert sich aus dieser Perspektive?*

5. Was wäre nun ein erster konkreter Schritt? Wer oder was könnte dabei helfen? Was, um in unserem Beispiel zu bleiben, wären konkret umsetzbare Möglichkeiten, mit denen Sie die Attraktivität und den Ruf der Pflegearbeit in Ihrem Haus verbessern könnten?

Wichtig: Everest-Ziele müssen und können in der Regel gar nicht erreicht werden. Es geht mehr darum, ihre Energie auszukosten, um daraus Schwung für die „alltäglicheren" Herausforderungen mitzunehmen.

Wichtig ist allerdings, dass Sie Ziele dann auch sichtbar machen, wenn sie denn erreicht sind. Ich nenne das gern das Rasenmäher-Prinzip, denn meine Vermutung ist, dass Menschen unter anderem deshalb den Rasen so gerne mähen, weil der Erfolg so schnell und deutlich sichtbar ist – das hellere, frisch gemähte Gras hier, das höhere, dunklere noch zu schneidende dort ...

Hier einige Anregungen, um die Accomplishment-Säule als Führungskraft zu stärken – für sich selbst und andere:

- Konzipieren und formulieren Sie Hin-zu-Ziele statt Weg-von-Zielen. Erstere aktivieren die Belohnungszentren im Gehirn – und werden mit höherer Wahrscheinlichkeit erreicht.
- Stellen Sie sicher, dass Ihre Mitarbeitenden verstanden haben, welche Erwartungen Sie an sie haben. Nur dann sind Ziele auch klar formuliert.
- Loben Sie sich und andere regelmäßig auch für Zwischen- und Teilergebnisse! Zum Beispiel in einer Freitagsmail oder in einer wöchentlichen Runde.
- Richten Sie bei Key-Performance-Indicators (KPIs) oder anderen Kennzahlen zunächst den Blick auf das Gelungene, auf die Erfolge, auf das Erreichte – und nicht nur, wie so häufig, auf den Mangel und das Defizit.
- Machen Sie auch die sichtbar, die eher heimlich, still und leise zu Erfolgen beitragen, aber leicht in den Hintergrund zu geraten drohen.
- Verbreiten Sie, gerade bei anspruchsvollen Zielen, Zuversicht, dass diese auch erreicht werden. Denn (begründeter) Optimismus stärkt nachweislich die Chancen auf die Erreichbarkeit von Zielen.
- Betreiben Sie besonders bei besonderen Leistungen kritische Erfolgsanalysen mit Fragen wie diesen: Wie haben wir das geschafft? Welche Stärken haben uns dabei geholfen? Nur dann sind Erfolge auch replizierbar und bleiben keine Zufallsprodukte.
- Vielleicht ergeben ja gewisse Rituale bei Ihnen Sinn, um Besonderes zu feiern? Ein gemeinsamer Umtrunk, ein paar Schachteln Pizza zum Feierabend oder, oder, oder?

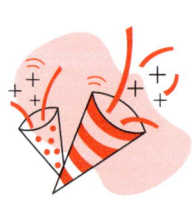

Hier[17] noch ein paar weitere Anregungen, um Erreichbares zu erreichen, zu feiern, wahrzunehmen.

---

17   https://t3n.de/news/5-anregungen-fuehrungskraefte-1346036/ (abgerufen am 07. August 2021).

1 Positive Führung

1.6 Positive Leadership konkret verbessern

Sie wollen nach dem Lesen in das Positive Führen einsteigen? Dafür gebe ich Ihnen einen möglichen 11-Punkte-Plan an die Hand:

1. Machen Sie eine Art Null-Messung und ermitteln Sie, wo Sie in Bezug auf das Positive Führen stehen. Eine Möglichkeit dazu bietet der PERMA-Lead Profiler:

Null-Messungen mit dem PERMA-Lead Profiler

- *„Miss es oder vergiss es", „Ohne Daten keine Taten" – das ist die eine Art von Äußerungen, die ich immer wieder zu hören bekomme. Die andere Variante lautet: „Wer misst, misst Mist", „Traue keiner Zahl, die Du nicht selbst gefälscht hast" oder „Führung kann man oder kann man nicht" oder „Ob Führung gut oder schlecht ist – das ist doch total subjektiv."*
- *Irgendwo in diesem Spannungsfeld bewegen sich viele Einstellungen von vielen Führenden, Inhaberinnen, Geschäftsführern, Chefärztinnen, Personalern und anderen, mit denen ich über die Messbarkeit von Positive Leadership spreche.*
- *Wir wissen, dass – neben der Stimmung, dem sozialen Arbeitsumfeld und den Aufgaben an sich – das Verhalten der Führungskraft bei weitem den größten Einfluss auf die Arbeitszufriedenheit von Mitarbeitenden hat und somit auch einen enormen Einfluss auf Motivation und Performance.*
- *Mit dem PERMA-Lead-Profiler können Sie eigenes Führungsverhalten oder das Ihres gesamten Führungsteams abtesten lassen. Er wurde von Wirtschafts- und Organisationspsychologen an der Universität Wien entwickelt, ist mittlerweile bei Tausenden von Fach- und Führungskräften eingesetzt worden und sowohl auf Deutsch als auch auf Englisch verfügbar. Das Messverfahren ist in Spitälern, aber auch in ganz anderen Branchen wie Handel oder Telekommunikation bereits zur Anwendung gekommen – was für Führende aus dem Gesundheits- und Pflegebereich auch den Blick über den Horizont erleichtert. Wenn Sie nach PERMA-Lead im Internet suchen, finden Sie diverse zertifizierte Berater und Beraterinnen, die in Ihrer Organisation Testungen abhalten können. Auch habe ich in meinem Podcast eine Episode zum Testverfahren produziert, die Ihnen bei Interesse mehr Details verrät.*

2. Vergessen Sie nicht, regelmäßig positive Aktivitäten, Begegnungen, Rituale zu pflegen! Sie stärken damit Ihre eigene Führungsfähigkeit!
3. Sie müssen nicht alles schönreden und unkritisch betrachten. Aber halten Sie sich im Dialog mit den Mitarbeitenden etwa an ein Verhältnis von vier (positiven, wertschätzenden Interaktionen) zu eins (Kritik, Aufzeigen von Fehlern.)
4. Machen Sie sich Ihre Stärken bewusst – z.B. mit dem VIA-Stärkentest. Und machen Sie Ihren Mitarbeitenden die Stärken bewusst – mit stärkenorientierter Delegation und stärkenfokussiertem Lob.
5. Was ermöglicht Ihnen und Ihrem Team Flow-Erlebnisse in der Arbeit? Stärken Sie Flow-Verstärker, fragen Sie, welche Flow-Bremsen die Mitarbeitenden am meisten behindern – und versuchen Sie, diese möglichst zu eliminieren.
6. „Arbeite Du doch mal mit dem zusammen, mach Du das doch mal mit der": Vernetzen Sie Ihre Teammitglieder in der Zusammenarbeit, egal, ob physisch oder digital!

7. Investieren Sie bewusst Zeit in den informellen Austausch, in das Miteinander im Team. Tragfähige soziale Beziehungen stärken das Wohlbefinden der Einzelnen und im Team insgesamt.
8. Gehen Sie mit Ihren Mitarbeitenden ins Gespräch zu Fragen wie: „Was stiftet für Dich Sinn an Deiner Arbeit? Was erlebst Du als bedeutsam?"
9. Erklären Sie vor allem bei Veränderungen: Wer soll etwas davon haben, wessen Arbeit oder Leben wird damit leichter, besser, einfacher?
10. Formulieren und kommunizieren Sie Ziele im Team. Diese dürfen anspruchsvoll sein und müssen nicht immer vollständig erreicht werden, so lange die Richtung stimmt.
11. Feiern Sie Fortschritt und Vorankommen, egal wie klein und langsam. Und fragen Sie bei großen Meilensteinen: Wie haben wir das geschafft, wodurch haben wir das möglich gemacht? Nur dann wird Erfolg versteh- und wiederholbar.

Wenn Sie so führen, oder wenn Sie zumindest einige der Tipps beherzigen können, dann fühlt es sich für Sie und Ihre Mitarbeitenden an wie bei Frau Dr. Wyss – mit all den angenehmen Effekten und ohne all die nervigen Störfaktoren unter der Führung von Herrn Dr. Meyer.

1.7   PERMA-Lead im Gesundheitswesen: Ein Blick in die Wissenschaft

Gastbeitrag von Markus Ebner

Was macht eine gute Führungskraft aus? Diese Frage ist in den letzten hundert Jahren recht unterschiedlich beantwortet worden. Meinungen dazu, wie man richtig führt, gibt es genau so viele wie Menschen, die sich darüber austauschen. Und diese widersprechen sich teilweise diametral und haben mehr mit der eigenen Lebenserfahrung und den eigenen Werten als mit einer objektiv nachgewiesenen Wirkung zu tun. Einer der ersten Ansätze war beispielsweise, dass am besten die Person Führungsverantwortung übernimmt, die in der Sache selbst die höchste Expertise hat. Ganz konkret soll also die beste Ärztin im Team Stationsleiterin werden. Das war zumindest die Logik dieses Ansatzes. In späteren Jahrzehnten änderte sich das Bild einer guten Führung. Nun wurde als gute Führungskraft definiert, wer in der Lage ist, gute Beziehungen innerhalb des Teams zu gestalten. Und in den späten 1960er-Jahren glaubte man fest daran, dass alle Menschen nach Selbstverwirklichung streben – und eine gute Führungskraft das fördern soll. Und genau hier setzt die Wissenschaft an, um die unterschiedlichen Hypothesen aufgrund von objektiven Daten entweder zu bestätigen oder zu verwerfen.

Unzählige Studien machten bereits deutlich, dass Führungsverhalten einen starken Einfluss auf die Mitarbeitenden hat. Gerade in der Pflege ist das doppelt wirksam, da der Führungsstil nicht nur die direkt geführten Personen, sondern auch deren Patientinnen beeinflusst. Das zeigte eine großangelegte Metastudie, die die University of Western Ontario 2013 veröffentlichte[18]. In dieser wurden Zusammenhänge zwischen Führungsverhalten im Pflegebereich und verschiedenen patientenrelevanten Fakten erhoben. Die Ergebnisse zeigten signifikante Zusammenhänge zwischen Führungsstil und Patientenzufriedenheit, Mortalität und Medikationsfehlern.

---

18 Wong C, et al (2013). The relationship between nursing leadership and patient outcomes: a systematic review update. | Nurs Manag. 21 (5), p. 709–24.

1 Positive Führung

Mein Team und ich haben in den letzten Jahren mit PERMA-Lead ein praxistaugliches Modell und das dazu passende Messinstrument entwickelt, das Positive Leadership-Verhalten anhand von konkreten fünf Faktoren wissenschaftlich untersucht und daraus praxisbezogene, evidenzbasierte Verhaltensweisen für den Alltag ableitet. Im Vordergrund steht dabei konkretes Führungsverhalten, um PERMA bei den Mitarbeitenden zu erhöhen:

- **P-Lead (Positive Emotions)**: Ein Positive Leader trägt dazu bei, dass sich Mitarbeitende am Arbeitsplatz wohlfühlen, zufrieden sind und Freude bei der Arbeit haben.
- **E-Lead (Engagement)**: Ein Positive Leader gibt seinen Mitarbeitenden Aufgaben, die ihren individuellen Stärken entsprechen, und hilft ihnen, diese Stärken auszubauen. Er unterstützt Mitarbeitende dabei, Fähigkeiten zu erkennen.
- **R-Lead (Relationships)**: Ein Positive Leader sorgt dafür, dass sich Mitarbeitende im Team gegenseitig unterstützen und wertschätzend miteinander umgehen. Er trägt dazu bei, dass sich jeder als Teil des Teams erlebt.
- **M-Lead (Meaning)**: Ein Positive Leader trägt dazu bei, dass Mitarbeitende Sinn in ihrer Arbeit erleben und dass sie wissen, wofür ihre Arbeit wichtig ist. Er vermittelt seinen Mitarbeitenden, dass sie wertvolle Arbeit leisten.
- **A-Lead (Accomplishment)**: Ein Positive Leader freut sich mit seinen Mitarbeitenden, wenn sie Ziele erreicht haben, und lobt sie dafür. Er gibt seinen Mitarbeitenden positives Feedback, wenn etwas erreicht wurde.

In unserer Forschung konnten wir belegen, dass sich diese fünf Bereiche messbar auf die Burn-out-Gefährdung der Mitarbeitenden auswirken, die Fluktuation sowie Krankenstandstage senken und die Arbeitszufriedenheit erhöhen[19]. Aber auch die Führungskräfte selbst profitieren von diesem Stil, beispielsweise durch ein geringeres Belastungserleben, gesteigerte Kreativität und einen besseren Schlaf.

In einer kürzlich durchgeführten Schwerpunktstudie haben Mitarbeitende aus verschiedenen Einrichtungen des Gesundheits- und Sozialwesens ihre Führungskräfte nach den PERMA-Lead-Kriterien bewertet (s. Abb. 3). Gleichzeitig haben wir die Erwartungshaltung an die Führungskräfte abgefragt. Soviel gleich vorweg: Die Erwartungshaltung ist sehr hoch, vielleicht sogar unrealistisch hoch. Problematisch ist allerdings, dass das wahrgenommene positive Führungsverhalten im Vergleich zu anderen Branchen unter dem Durchschnitt liegt. Gerade diese Diskrepanz zwischen dem Erwünschten und dem Erlebten ist ein Trigger für chronische Unzufriedenheit am Arbeitsplatz, wie ich es auch in der Praxis als Coach oft im Gesundheitsbereich erlebe.

Die gute Nachricht ist allerdings, dass sich dort, wo die unmittelbaren Vorgesetzten als Positive Leader erlebt werden, messbar positive Effekte zeigen. So ist beispielsweise die durchschnittliche Burn-out-Gefährdung in Teams, in denen die Führungskraft als Positive Leader wahrgenommen wird, um mehr als die Hälfte geringer als in jenen Teams, in denen das nicht der Fall ist (s. Abb. 4). Dabei wurde diese durchschnittliche Burn-out-Gefährdung mit dem BOSS-Screening abgetestet, einem der meistverwendeten psychologischen Diagnostiktests, um Burn-out-Gefährdung zu messen.

---

19 Zum Beispiel Markus Ebner (2020) Führung als Burn-out-Prävention, CNE Pflegemanagement 6, 6–10.

II Die sieben Management-Ideen

Abb. 3 Bewertung der Führungskräfte verschiedener Einrichtungen des Gesundheits- und Sozialwesens nach den PERMA-Lead-Kriterien. In Anlehnung an Ebner (2019)

Erwartungsgemäß zeigten unsere Daten auch, dass die Burn-out-Gefährdung im Gesundheitsbereich generell höher als im Durchschnitt der arbeitenden Bevölkerung ist. Das ist nicht verwunderlich, da die Fähigkeit zur emotionalen Abgrenzung – unabdingbar in diesen Berufen – nicht selten dazu führt, dass Pflegekräfte im Verhältnis zum Leid der Patienten oft die eigenen beginnenden Burn-out-Warnzeichen unterschätzen.

Dass hier die Führungskräfte einen maßgeblichen Beitrag zur Burn-out-Prävention leisten können, ist somit eine gute Nachricht, weil sie zeigt, welchen hilfreichen Einfluss Positive Leader haben.

Ein Grund für diesen positiven Effekt ist, dass sich PERMA-Lead als Führungsstil messbar auf das Selbstvertrauen der Mitarbeitenden auswirkt. Auch das zeigt unser Forschungsprojekt. Positive Leadership erhöht bei Beschäftigten im Gesundheitsbereich konkret das Selbstvertrauen in ihre eigenen Fähigkeiten, stärkt die Resilienz gegen psychische Erkrankungen und steigert die Ausdauer im Verfolgen von Zielen. Auch zeigten sich bei den Mitarbeitenden von Führungskräften, die gemäß Positive Leadership führten, unterdurchschnittlich viele Krankenstandstage im Vergleich zu jenen, welche nicht nach diesem Stil geführt wurden (s. Abb. 5).

Die Studienergebnisse zeigen somit eindeutig, wie wertvoll eine gezielte Führungskräfteentwicklung besonders im Gesundheitswesen ist und dass auch trotz herausfordernder Bedingungen Positive Führung mit positiven Auswirkungen möglich und sinnvoll ist.

1 Positive Führung

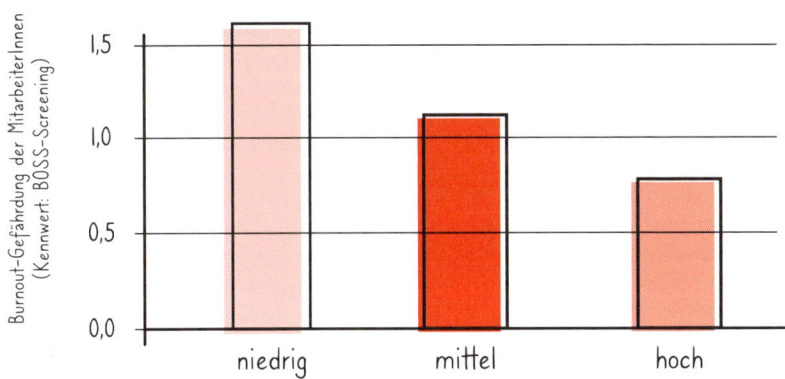

Abb. 4 Burn-out-Gefährdung in Teams, je nachdem, ob die Führungskraft als Positive Leader wahrgenommen wird oder nicht. In Anlehnung an Ebner (2019)

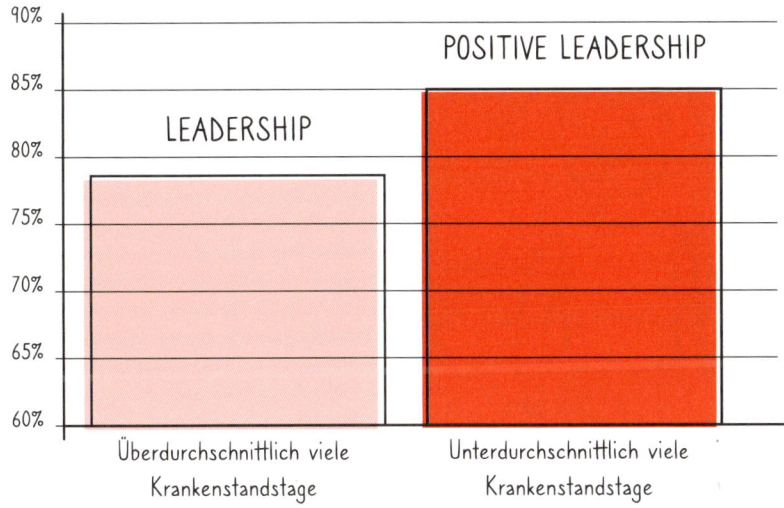

Abb. 5 Vergleich der Krankenstandstage je nach Führungsstil

1.8 Literaturempfehlungen: Wo kann ich mehr erfahren?

Das Werk „**Positive Leadership**" (2019) von M. Ebner ist eine sehr zahlen- und wissenschaftsgesättigte und doch praxisorientierte und leicht bekömmliche Einführung in das Thema Positive Führung. ISBN: 978-3708916866

Der Podcast „**WorkLife**" von A. Grant ist wissenschaftlich fundiert und gleichzeitig sehr alltags- und praxisnah. Einer der besten Podcasts für die, die Anregungen hin zu einer konstruktiveren Arbeitswelt suchen.

Das Buch „**Positiv Führen für Dummies**" (2021) von C. Thiele ist eine ausführliche, umsetzungsorientierte Darstellung zu unterschiedlichsten Aspekten von Positive Führung. ISBN: 978-3527714353

Wie schaffen wir echten Wert für unsere Patientinnen?

2

Value-based Healthcare

Florian Liberatore

mit einem Gastbeitrag von Florian Rüter

2.1 Ausgangslage: heutige Probleme

„Bei uns steht der Patient im Mittelpunkt unseres Handelns" – das steht in dieser oder ähnlicher Form auf jeder Website eines Leistungserbringers im Gesundheitswesen, aber die Realität im Behandlungsalltag sieht häufig anders aus:

- Gesundheitsfachpersonen orientieren sich an fachbezogenen, evidenzbasierten Leitlinien und bewerten den Erfolg ihres Handelns an medizinischen Outcomes.
- Aus betriebswirtschaftlicher Management-Perspektive sind Patientinnen „Fälle", die danach beurteilt werden, ob sie finanziellen Erfolg bringen.
- Sobald die Behandlungsphase in der eigenen Einrichtung abgeschlossen ist, ist der „Fall" abgeschlossen und die weitere Versorgung der Patienten wird an andere Leistungserbringer weitergereicht oder dem Patienten selbst überlassen.
- Entsprechend dem Value-Chain-Ansatz werden Behandlungen als lineare Prozesse betrachtet und entsprechend standardisiert, um Prozesskosten zu sparen.
- In den Abläufen und Behandlungsprozessen wird der Eigenbeitrag der Patientinnen für die Effektivität und Effizienz der Leistungserbringung nicht immer ausreichend berücksichtigt – mit potenziell weiteren negativen Auswirkungen auf die Compliance der Patientinnen und auf die daraus resultierenden Outcomes.
- Es besteht die Gefahr von Überversorgung, einem sogenannten Overuse, sodass die Patientinnen unnötige Behandlungen und Therapien erhalten.
- DRG-Systeme weisen den Konstruktionsfehler eines mengenbezogenen Belohnungssystems auf.

II Die sieben Management-Ideen

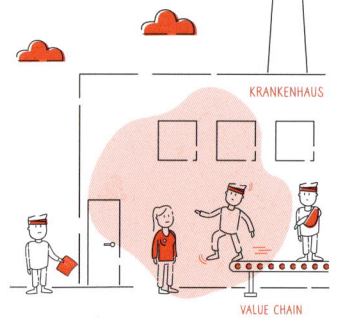

... und wo stehen da jeweils die Patienten mit ihren individuellen Bedürfnissen, Erwartungen und ihrem Beitrag während der Behandlung im Mittelpunkt? Werden in diesem Umfeld konsequent für die Patientinnen relevante medizinische Outcomes erreicht, die positiv auf die Lebensqualität nach der Behandlung wirken? Es besteht in unserem aktuellen System die Gefahr, dass diese Ziele mehr oder weniger zufällig erreicht, jedoch nicht bewusst verfolgt werden.

Ursache: *Die Leistungserbringer im Gesundheitswesen arbeiten mit einem Betriebssystem, das auf Tarifsysteme und regulatorische Rahmenbedingungen ausgerichtet ist.*

Von den meisten Tarifsystemen weltweit wird gegenwärtig vor allem die Durchführung von Leistungen vergütet. Dabei wird das Qualitätsniveau der Outcomes nicht ausreichend berücksichtigt. Die Leistungserbringung endet mit dem Austritt nach Hause oder in eine andere Versorgungsstufe. Eine gute Lebensqualität der Patientinnen nach Abschluss der Behandlung ist zumindest aus einer Abrechnungsperspektive wenig relevant. Eine schlechte Lebensqualität kann im Gegenteil sogar dazu führen, dass weitere Behandlungen notwendig sind, die dem Leistungserbringer zusätzliche Fallzahlen und Deckungsbeiträge bringen. Aus medizinischer Sicht wird das maximal Mögliche an Diagnose- und Therapiemöglichkeiten ausgeschöpft, was das rationierte System zulässt.

Im Ziel- und Betriebssystem eines Leistungserbringers werden die Auswahl von Behandlungsalternativen und die Art der Durchführung der Behandlungen aus einem mehr oder weniger harmonischen Ziel-Mix aus medizinischer Leitlinienerfüllung und finanziellen Vorgaben in Bezug auf Deckungsbeiträge einzelner Fälle und Fallzahlen getroffen. Die Wünsche und Erwartungen an die Outcomes einer Behandlung durch die Patienten werden nicht immer bei der Wahl der Behandlung berücksichtigt. In den Behandlungsabläufen zielt das Betriebssystem darauf ab, entlang einer Value Chain die Behandlungen möglichst effizient abzuschließen. Die Erwartungen an die Behandlungsabläufe und der optimale Grad der Beteiligung des Patienten in seine Behandlung werden als wichtige Faktoren in den Behandlungsabläufen nicht immer ausreichend abgebildet. Behandlungserfolg wird anhand klinischer Outcomes gemessen, wirtschaftlicher Erfolg anhand finanzieller Kennzahlen (z.B. Deckungsbeitrag) (s. Abb. 6).

Dieses Betriebssystem ist leicht zu bedienen und erfolgreich in vielen Gesundheitssystemen, da es auf die Realisierung direkter Erlös- und Kosteneffekte abzielt. Erfolg unter Wettbewerbsbedingungen erzielen die Leistungserbringer mit guten Zuweisernetzwerken, hohen Fallzahlen und effizienten Prozessen. Es ist also ein Wettbewerb um niedrige Fallkosten sowie hohe Machtpositionen im Gesundheitswesen und um die besten Spielerinnen im Regelwerk der Tarifsysteme und Rahmenbedingungen.
Aber: Dieses Betriebssystem wird damit auch abhängig vom regulatorischen Rahmen und ist deshalb sehr störanfällig, wenn die Regulatorien und Tarifsystem geändert werden. Hierzu ein Beispiel: Durch eine regulatorische Vorgabe sollen mehr Leistungen ambulant statt stationär erbracht werden – der Leistungserbringer hatte aber strategisch hohe stationäre Fallzahlen geplant. Das Betriebssystem ist damit reaktiv, weil es

2 Value-based Healthcare

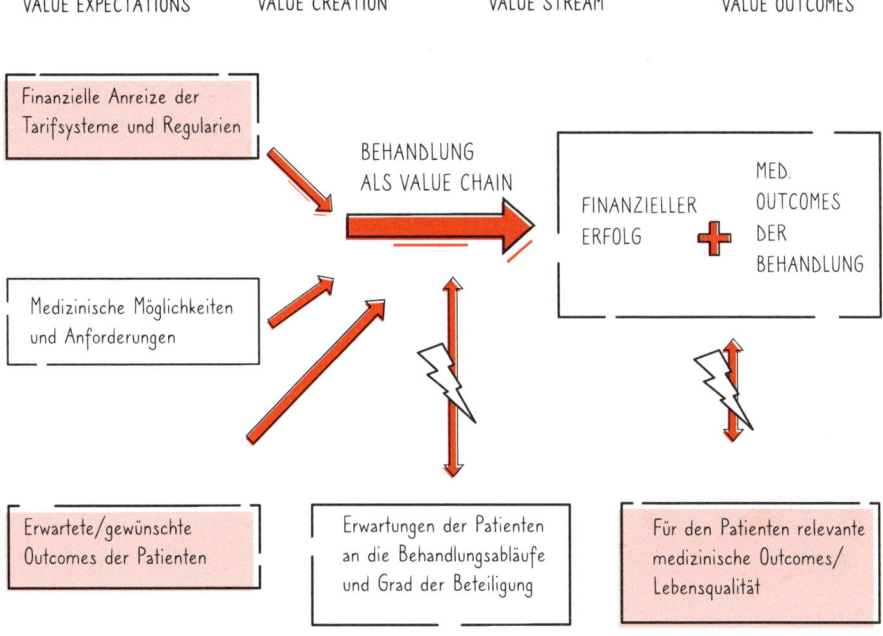

Abb. 6 Funktionsweise des alten Betriebssystems

immer erst reagiert, wenn es Änderungen in den Tarifsystemen gibt und schöpft damit nicht die Potenziale in der Leistungserbringung aus, die sich durch eine Orientierung am Patienten-Value bieten würden. Bei Ausschöpfung dieser Potenziale könnten Wettbewerbsvorteile realisiert werden. In Tabelle 2 werden das alte Betriebssystem und das neue VBHC-Betriebssystem gegenübergestellt:

Tab. 2 Vergleichende Übersicht der Eigenschaften des alten und neuen Betriebssystems

	Altes Betriebssystem	Neues Betriebssystem
Anfälligkeit für regulatorische Änderungen	hoch	niedrig
Funktionsweise des Betriebssystems	reaktiv	proaktiv
Orientierung an Wertschöpfung am Patienten	niedrig	hoch
Aufdeckung und Realisierung direkter Erlös- und Kostenpotenziale	integriert	integriert
Aufdeckung und Realisierung indirekter Erlös- und Kostenpotenziale	nicht integriert	integriert
Bedienkomfort	leicht zu bedienen	anspruchsvoll zu bedienen

2.2 Bisherige Ansätze greifen zu kurz – Reparaturarbeiten am falschen Betriebssystem

Die stärkere Ausrichtung der Leistungserbringung am Value für Patientinnen ist nicht neu und fester Bestandteil in vielen Ansätzen. Dies wird sichtbar auf der Zielebene, der Organisationsebene, auf der Prozessebene und auf der Beziehungsebene zwischen Arzt und Patientin (s. Abb. 7).

Zielebene: Balanced Scorecard

Die Balanced Scorecard wurde ursprünglich von Kaplan und Norton entwickelt und soll eine ausgewogene Steuerung einer Organisation ermöglichen, in der auf gleicher Ebene für verschiedene Erfolgsgrößen Zielvorgaben definiert werden, und deren Zielerreichung gemessen wird. Neben finanziellem Erfolg und Prozesseffizienz werden im Gesundheitswesen häufig noch die Qualität und Kundenzufriedenheit als weitere Erfolgsgrößen ergänzt. Dadurch hat der Value für Patientinnen doch einen angemessenen Platz als Erfolgsziel eines Leistungserbringers, oder? Zunächst einmal stehen mit den Erfolgsgrößen Qualität und Kundenzufriedenheit die Erfüllung regulatorischer Vorgaben oder selbst gesteckter Qualitätsziele im Vordergrund. Die systematische Er-

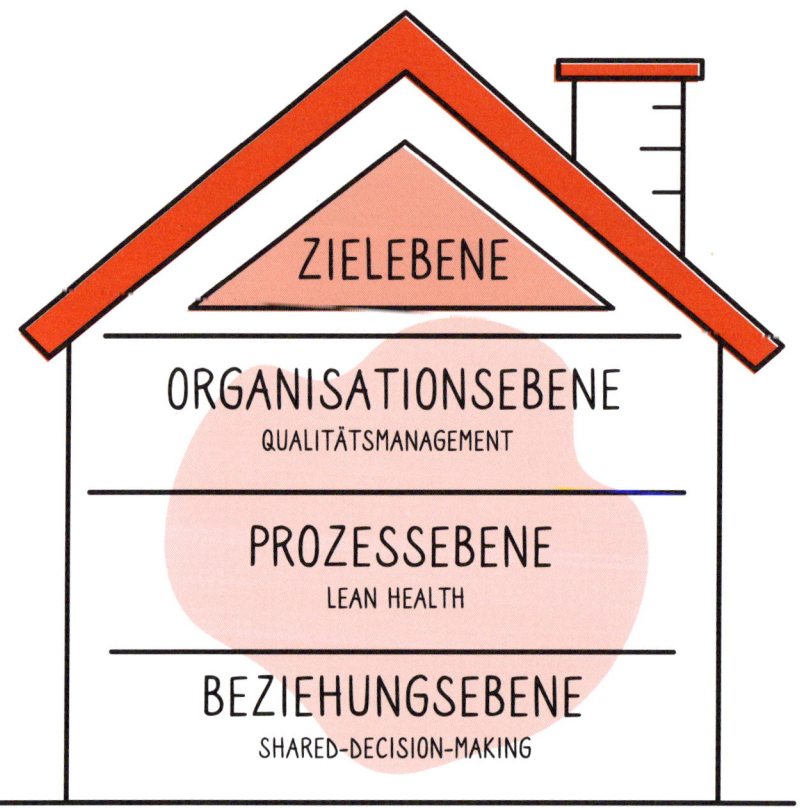

Abb. 7 Überblick über Value-basierte Ansätze auf verschiedenen Ebenen

fassung und Nutzung von Patient-reported Outcomes Measures (PROMs) ist bis jetzt nicht Teil des bestehenden Kennzahlensystems. Weiter wird mit dem Aufbau der Balanced Scorecard angenommen, dass Value-Generierung für Patienten nur eines von mehreren gleichrangigen Zielen einer Organisation darstellt. Jedoch sollte der Patienten-Value die Grundlage des Geschäftsmodells jedes Leistungserbringers sein. Alle anderen Erfolgskennzahlen messen nur den wirtschaftlichen Erfolg, den man mit der aktuellen Value-Creation-Logik erreicht.

Organisationsebene: Qualitätsmanagement

Die Abteilung Qualitätsmanagement kümmert sich um die Durchführung von allen Qualitätsdokumentationen und -messungen, die von regulatorischer Seite oder Kostenträgern gefordert werden. Sie hat die Aufgabe, die Patientensicherheit und -zufriedenheit zu überwachen und Verbesserungsmaßnahmen zu initiieren. Die Aufgaben umfassen also mehr Pflichtübungen gegenüber Anspruchsgruppen von außen und die Gewährleistung, dass die Behandlungsabläufe zur Zufriedenheit der Patienten durchgeführt werden. Was bislang aber nicht oder nur sehr wenig vom Qualitätsmanagement gemessen wird, ist die Frage, welchen Nutzen (Value) Patientinnen aus den durchgeführten Behandlungen ziehen als eigentliches Maß für den Behandlungserfolg und als Indikator für eine hohe Wertschöpfung am Patienten.

Prozessebene: Lean Health

Die Wertschöpfungslogik von Lean Health, abgeleitet aus dem Lean Management, zielt darauf ab, dass nur solche Aktivitäten im Rahmen der Behandlung wertschöpfend sind, die in richtiger Qualität und ohne Wiederholung erbracht werden können und für die Patientinnen bereit wären zu zahlen. Lean Management folgt damit dem Value-Chain-Ansatz, nach dem Behandlungsprozesse im Fluss verlaufen, standardisierbar sind und um die Patienten herum gebaut werden können. Mit der Vermeidung von Verschwendung und der patientenorientierten Optimierung der Prozesse entlang des Behandlungspfads trägt Lean Health natürlich auch zur Verbesserung der Behandlungserfahrung der Patientinnen bei, jedoch dies nur für eine bereits definierte Behandlung. Schwächen zeigt die Anwendung von Lean Health dann, wenn man die Leistungserbringung aus einer Service-Perspektive analysieren und optimieren möchte, bei der eine individuelle Value Creation für jeden einzelnen Patienten gefordert ist.

Beziehungsebene: Shared Decision Making

Der Ansatz des Shared Decision Making ist das etablierte Leitmodell für eine ideale Arzt-Patient-Kommunikation. Er besagt, dass Entscheidungen über den Einsatz von Diagnostik- und Therapieoptionen gemeinsam mit den Patientinnen getroffen werden. Als Entscheidungsgrundlage dienen zum einen die neueste Evidenz und Leitlinien, zum anderen die Patientenerwartungen an und Präferenzen für verschiedene Alternativen. Gut gemeint ist aber nicht gut gemacht, denn als Entscheidungsgrundlage werden den Patientinnen in der Regel zu erwartende medizinische Outcomes und assoziierte Risiken geboten, die für die Gesundheitsfachpersonen und den Leistungserbringer als Erfolgskriterium ihres Handelns im Krankheitsverlauf relevant sind, aber eben nicht unbedingt für die Patienten. Was so auf der Strecke bleibt, sind

Entscheidungskriterien, die aus Patientensicht etwas zählen. Was Patientinnen nämlich gut definieren können, ist, wie und in welchem körperlichen/psychischen Zustand sie leben möchten. Weiters werden durch die strikte Einhaltung von Leitlinien vom Standard abweichende Behandlungsoptionen, die vielleicht im Sinne der Patienten wären, verhindert.

2.3 Value-based Healthcare – das neue Betriebssystem/Zielsystem

Was wäre, wenn wir die Wahl einer Behandlung danach vornehmen würden, ob sie für die Patientinnen relevante, positiv auf ihre Lebensqualität wirkende Resultate ermöglicht, und die Erreichung dieser Outcomes längerfristig auch kontrollieren würden? Unter Berücksichtigung des medizinisch Möglichen würden Patienten auf diese Weise aus der Behandlung entlassen mit dem Ziel, ihnen eine ihren individuellen Erwartungen entsprechende, maximal erreichbare Lebensqualität ermöglicht zu haben.

Von der Value Chain zur Value Creation – der Prozessor des neuen Betriebssystems

Unter Value-based Healthcare (VBHC) wird im Zielsystem eines Leistungserbringers die Wertschöpfung (Value Creation) für die Patientinnen an erste Stelle gesetzt und nicht die durch die regulatorischen Rahmenbedingungen und Tarifsysteme künstlich erzeugte Wertschöpfung über vergütete Behandlungsleistungen. Es wird aber auch nicht die Maximierung der medizinischen Outcomes ins Zentrum gesetzt, sondern ein passgenauer Einsatz von medizinischen Leistungen, welcher dem Patienten den größten individuell erreichbaren Value stiftet – unter Beachtung der medizinischen Möglichkeiten und der Wirtschaftlichkeit.

Im VBHC-Betriebssystem sieht eine Behandlungserfahrung für einen Patienten wie folgt aus: Zu Beginn besteht ein medizinischer Behandlungsbedarf, für den sich ein Patient an einen Leistungserbringer wendet. Seitens des Patienten bestehen bestimmte Nutzenerwartungen an eine Behandlung (Value-Erwartungen). Der Leistungserbringer lotet gemeinsam mit dem Patienten aus, mit welcher Behandlung die Nutzenerwartungen bestmöglich unter Berücksichtigung medizinischer Möglichkeiten erfüllt werden könnten, und gibt damit ein Nutzenversprechen (Value-Propositionen) ab. Jetzt beginnt die Periode der gemeinsamen Value Creation. Als Team arbeitet der Patient zusammen mit den beteiligten Gesundheitsfachpersonen an der Realisierung des Nutzens – im Rahmen des medizinisch Machbaren. Am Ende der Behandlungsperiode wird, über die im Vorfeld definierten und für den Patienten relevanten medizinischen Outcomes und Lebensqualitätsfaktoren gemessen, ob die Value Creation Erfolg hatte (s. Abb. 8).

VBHC und finanzieller Erfolg – (un-)vereinbar?

Das VBHC-Zielsystem orientiert sich also an den für die Patientinnen relevanten medizinischen Outcomes (Patient Value) als Erfolgsgrößen einer gemeinsamen Value Creation und nicht an dem finanziellen Umsatz aus Behandlungsleistungen. Man könnte jetzt entgegnen: „Alles schön und gut, aber in marktorientierten Gesundheitssystemen müssen Leistungserbringer auch rentabel arbeiten, sonst überleben sie wirtschaftlich nicht lange." Das ist vollkommen richtig. Natürlich muss als Nebenbedingung die Leistungserbringung nach dem VBHC-Ansatz immer noch wirtschaft-

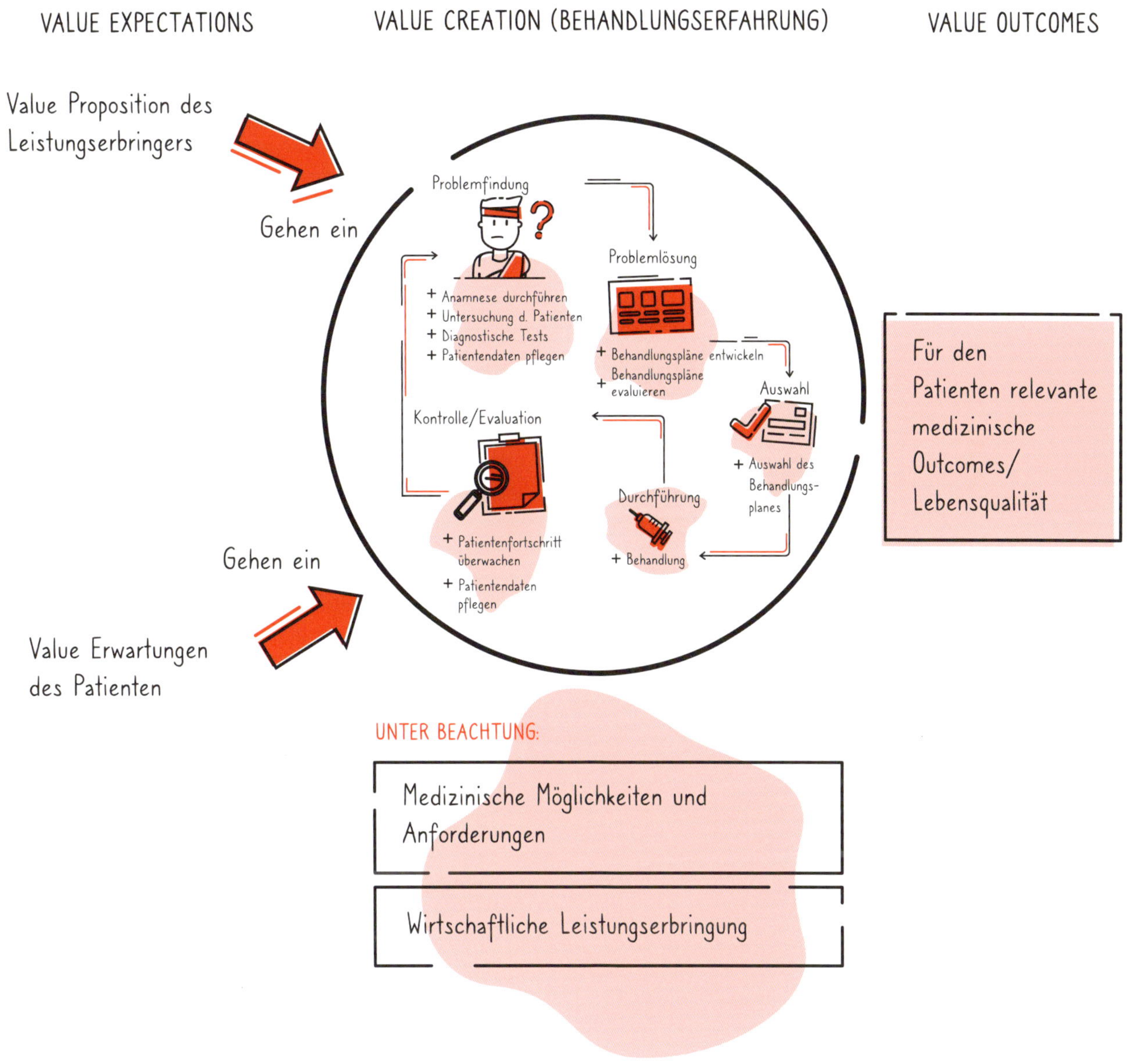

2 Value-based Healthcare

Abb. 8 Funktionsweise des neuen Betriebssystems

lich durchführbar sein, und mögliche Effizienzreserven sollten erschlossen werden. Der Leistungserbringer nach VBHC sorgt also während des Prozesses der Value Creation dafür, dass die Wirtschaftlichkeit gewährleistet bleibt.

Eine effiziente, kostendeckende Leistungserbringung reicht jedoch nicht aus für das wirtschaftliche Überleben einer Organisation. Finanzieller Erfolg durch Gewinne muss auch im neuen Betriebssystem erzielbar sein. Dies wird über indirekte Erlös- und Kosteneffekte möglich.

II Die sieben Management-Ideen

Potenziale von VBHC für Mehrerlöse: Realisierung von Erlösen durch gezieltere Abfrage von Nutzenerwartungen bei Patientinnen, Potenzial für Zusatzvereinbarungen mit Kostenträgern; kürzere Behandlungsperioden bieten Potenzial für Fallzahlensteigerung – vorausgesetzt, dass der Markt nicht gesättigt ist.

Potenziale von VBHC für Kosteneinsparungen: Höhere Compliance der Patienten, zielgenauerer Einsatz von Diagnose- und Behandlungsverfahren.

Der Möglichkeitsraum für VBHC hat dort seine Grenzen, wo ein bestimmter Patientennutzen aufgrund fehlender klinischer Möglichkeiten und/oder wirtschaftlicher Überlegungen nicht mehr umsetzbar ist (s. Abb. 9). Dieser Möglichkeitsraum (dunkles Feld in der Abbildung) ist jedoch größer, als man denkt, und er ist häufig ein noch unerschlossenes Feld für Erlös und Kostenoptimierungen in einer Organisation, da sie schwerer und nur mit dem neuen Betriebssystem realisierbar sind.

Mehr „Patienten-Value" = mehr Gesundheitsausgaben? – die Systemperspektive auf VBHC

Ein Gesundheitspolitiker würde gleich bei diesem Betriebssystem kritisch bedenken, dass der VBHC-Ansatz doch die Kosten im Gesundheitssystem explodieren lässt, da wir jetzt die Behandlungsleistungen massiv ausweiten – entsprechend der Anspruchshaltung der Patientinnen an eine bestmögliche Versorgung. Das ist aber falsch gedacht. Es wird die Anspruchshaltung der Patienten an ihre gewünschte aus der Behandlung resultierende Lebensqualität bedient und nicht die Ansprüche an einen hohen Umfang an Behandlungsleistungen.

Ein Beispiel dazu: Stellt sich heraus, dass eine konservative Behandlung für einen bestimmten Patienten bessere Lebensqualitäts-Outcomes hervorbringen wird als ein operativer Eingriff, wird auf Letzteren verzichtet. Damit werden sogar Kosten für das System gespart.

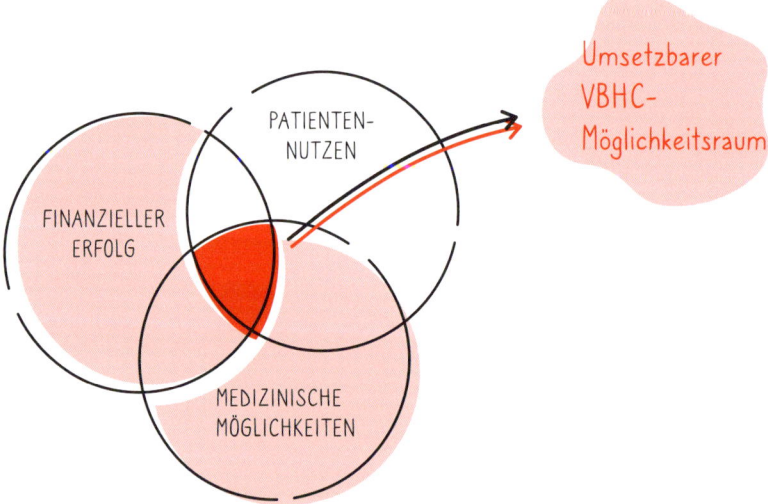

Abb. 9 Der VBHC-Möglichkeitsraum

2 Value-based Healthcare

VBHC aus einer Marketing Perspektive – ist VBHC attraktiv genug als neues Betriebssystem?
Da ein neues Betriebssystem mit vielen Umstellungskosten und Unsicherheiten verbunden ist, muss es schlagende Argumente geben für die Umstellung. Dies ist bei VBHC auf jeden Fall gegeben, denn das VBHC-Konzept bietet aus Sicht aller betroffenen Stakeholder im Gesundheitswesen durchweg Vorteile und hat damit Potenzial, sich mittel- bzw. langfristig durchzusetzen.

- **Patientinnen**: Gute Behandlungserfahrungen, optimale Beteiligung in der Leistungserbringung sowie Outcomes, die ihren Wünschen und Erwartungen entsprechen.
- **Gesundheitsfachpersonen**: Mehr Fokus darauf, „Patienten bestmöglich zu behandeln", und weniger darauf, nach wirtschaftlichen Handlungsvorgaben zu agieren. Dadurch wird interprofessionelles Arbeiten zum Wohle der Patienten gefördert.
- **Betriebswirtschaftliches Management**: Positives Wirtschaften für die Patientinnen, im Sinne der Gesundheitsfachpersonen. Wettbewerb und interne Anreizsysteme laufen über Qualität und nicht über Kosten. Langfristige strategische Ausrichtung, welche die Resilienz gegenüber Änderungen in den Tarifsystemen/regulatorischen Rahmenbedingungen entwickelt.
- **Kostenträger**: Bessere Outcomes und geringere Kosten aus einer ganzheitlichen Betrachtung der Behandlungspfade der Versicherten.
- **Gesundheitspolitik**: Zufriedene Bevölkerung mit höherer Lebensqualität bei geringeren Kosten für das Gesundheitswesen sowie weniger regulatorischer Druck Richtung Qualität notwendig.

> Das Konzept des Value-based Healthcare wurde von Michael Porter entwickelt und hat durch das Standardwerk „Redefining Healthcare" international für Aufmerksamkeit gesorgt. Jedoch ist es ein Konzept, das vor allem auf die Weiterentwicklung der Gesundheitssysteme zu einer koordinierten, an dem Value für die Patientinnen und die Gesellschaft ausgerichteten Gesundheitsversorgung abzielt. Value wird in einer Formel definiert als Verhältnis von patientenbezogenen Behandlungsergebnissen und finanziellem Ressourceneinsatz in einem Gesundheitssystem. Inzwischen liegen Frameworks und Best Practices vor, wie man das primär als systemisch ausgerichtete Konzept bei einzelnen Leistungserbringern umsetzen kann.

2.4 Wichtige Prinzipien, Konzepte, Werkzeuge – VBHC in den Krankenhausalltag integrieren

Das VBHC-Prinzip: Value definieren, Value erzeugen, Value messen
Zentrales Prinzip, das durch die Umsetzung von VBHC leitet, ist die konsequente Orientierung am individuell auf Patientenebene gemessenen Wert einer Behandlung (= Value). Anders als andere Größen, wie z.B. Kosten, ist der Value eine Zielgröße, die sich aus der subjektiven Wahrnehmung der Patienten ergibt. Nach der sogenannten Service-Dominant-Logik bieten Leistungserbringer nur Nutzenversprechen durch ihre Behandlungsleistungen an. Erst mit der Durchführung der Leistungen wird der Nutzen, also Value, für die behandelte Person realisiert. Daher orientiert sich die Umsetzung des VBHC-Prinzips, wie Abbildung 10 zeigt, an drei zentralen Leitlinien:

1. Values definieren
2. Values erzeugen
3. Values messen

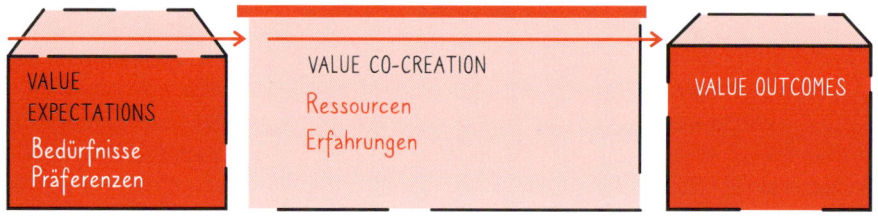

Abb. 10 Leitlinien des VBHC-Prinzips

Values definieren: Für jeden individuellen Behandlungsfall müssen die Value-Erwartungen bekannt sein, zu denen dann der Leistungserbringer ein Nutzenversprechen abgeben kann. *Ein Beispiel: Nach einem Skiunfall möchte ein Abfahrtsprofi nach der Behandlung wieder weiter Abfahrtsrennen bestreiten können. Das Krankenhaus gibt das Nutzenversprechen ab, dass mit der Behandlung dies mit hoher Wahrscheinlichkeit auch wieder möglich sein wird.* Erwartungen werden aber auch in Bezug auf die Patient Experience gemacht, die man während der Behandlung durchlebt. *Ein Beispiel: Der Abfahrtsprofi erwartet während der Behandlung im Krankenhaus: Ich werde in einem Einbettzimmer liegen. Meine Angehörigen sollen über den Verlauf der OP rechtzeitig informiert sein. Ich werde nach fünf Tagen wieder nach Hause entlassen.*

Values erzeugen: Entsprechend der Value-Erwartungen in Bezug auf die Outcomes und Behandlungserfahrung müssen diese Values in der Leistungserbringung auch erzeugt werden. Die Auswahl und Durchführung der Diagnose- und Behandlungsverfahren müssen sich an den gemeinsam im Shared-decision Making vordefinierten Outcome-Zielen orientieren. Bei der Durchführung muss eine für die Patientinnen optimale Behandlungserfahrung gewährleistet werden. In ihrer Rolle als Co-Creators müssen die Patienten während der Behandlung gemäß ihrem Zustand, ihrer Kompetenzen und Präferenzen optimal in die Behandlungsabläufe eingebunden sein.

Values messen: Während der Behandlung, spätestens nach Abschluss der Behandlung, sind zwei zentrale Messgrößen relevant, um die Erfüllung des Nutzenversprechens durch die Behandlungsleistung zu kontrollieren:

1. *Erfüllung des Nutzenversprechens bei den Outcomes:* Dazu nutzt man *PROMs* als standardisierte Befragungsinstrumente, mit denen allgemein, krankheits- bzw. zustandsspezifisch subjektiv empfundene Gesundheitszustände abgefragt werden. Beispiele für Befragungsinhalte sind: Funktionsstatus, Wohlbefinden, (gesundheitsbezogene) Lebensqualität, Symptome (z.B. Schmerzen), soziales Funktionsniveau.
2. *Erfüllung des Nutzenversprechens bei der Patient Experience:* Dazu nutzt man PREMs (Patient-reported Experience Measures), welche die wahrgenommenen Behandlungserfahrungen der Patientinnen abfragen. Neben standardisierten Patientenzufriedenheitsbefragungen können auch Rückmeldungen von Patienten, Ange-

hörigen und Besucherinnen als Datenquellen genutzt werden. Entscheidend ist, dass die Befragungsinstrumente die Behandlungserfahrung nicht aus einer Organisationsperspektive abholen, sondern tatsächlich aus der Perspektive der Patienten bezogen auf ihre subjektiv empfundenen Behandlungserfahrungen. Beispielsweise fragt man nicht „Wie gut sind unsere Prozesse während der Behandlung gestaltet?" – das wäre die Organisationsperspektive, sondern „Hatten Sie das Gefühl, dass während der Behandlung alles reibungslos verlief?" – das ist die richtige Patientenperspektive.

Durch die Hintertür – Total-Value-of-Ownership-Analysen als Value Digger

Nach dem bekannten Total-Cost-of-Ownership-Konzept (TCO) werden in einem Entscheidungsprozess alle Kosten der Entscheidungsalternativen berücksichtigt, die direkt oder indirekt mit den Konsequenzen der Entscheidung zusammenhängen. Auf diese Weise wird häufig bei Optimierungen in Behandlungsprozessen vorgegangen, da Kosten, wie bereits in Kapitel 2.1 gesagt, bisher der zentrale betriebswirtschaftliche Fokus für Leistungserbringer sind, um erfolgreich zu sein. Der TCO scheitert aber an dem „T" im Namen, da es schwierig ist, monetär quantifizierbare Größen wie Nutzen und Qualität nur als qualitative Zusatzkomponente in die Analyse einfließen zu lassen. Nach dem TCO-Ansatz ist die Value-Generierung also nichts weiter als ein Nebeneffekt. Und das klingt eindeutig nach nicht vereinbar mit VBHC.

Mit dem Total-Value-of-Ownership-Konzept (TVO) wird der Fokus richtig gesetzt, um bei Entscheidungen das VBHC-Prinzip zu beachten. Es stellt die direkten und indirekten Nutzeneffekte einer Optimierung ins Zentrum einer Entscheidung unter Beachtung des TCO – also eine umfassende Nutzen-Kosten-Analyse. Das TVO-Konzept kann nichts daran ändern, dass Nutzen und Qualität schwer quantifizierbare Größen sind. Es zwingt aber dazu, sich mit dieser Quantifizierung auseinanderzusetzen.

Dies kann auf zweierlei Weise bewerkstelligt werden:

1. Versuch, den Nutzen monetär zu quantifizieren: Dabei wird versucht, die durch die Qualitätseffekte verursachten indirekten Erlös-/Kostenwirkungen zu erfassen. Geringe Komplikationsraten und höhere Compliance können zu kürzeren Verweildauern/Prozesszeiten führen, was höchst kostenrelevant ist. Eine höhere Patientenzufriedenheit kann entweder direkt oder indirekt über eine damit verbundene höhere Zuweiserzufriedenheit zu mehr Fallzahlen und damit zu positiven Erlöseffekten führen.
2. Ein bestimmter „Value" (z.B. ein bestimmtes wahrgenommenes Nutzen-Niveau für den Patienten, welches er durch eine Behandlung erreicht) wird als gegeben angenommen, und es wird versucht, nach dem TCO-Ansatz die Kosten zu minimieren.

Endlich patientenorientierte Patient Journeys – Fokus auf die Co-Creation der Patientinnen

Anders als andere Patient-Journey-Optimierungsansätze stellt dieses Vorgehen die Rolle des Patienten als Value Co-Creator in den Mittelpunkt. Seine Kompetenzen, Bedürfnisse und Erwartungen an diese Rolle bestimmen letztlich, wie einzelne Kontaktpunkte während der Leistungserbringung mit den Patientinnen nach der VBHC-Logik ausgestaltet sein müssen. Da es nicht nur den einen Patienten gibt, wird auch geprüft, ob die Patienten-Journey an der einen oder anderen Stelle für verschiedene Patiententypen unterschiedlich ausgestaltet werden muss.

Folgendermaßen sollte vorgegangen werden, um die Patient Journey nach VBHC zu optimieren:

1. **Zusammenstellen der Journey**: Erfassung der Kontaktpunkte, die Patientinnen vor, während und nach der Behandlung mit dem Leistungserbringer haben.
2. **Sammeln und bewerten von Patientenerfahrungen**: Erfassung der Patient Experience bei den einzelnen Kontaktpunkten.
3. **Analysieren des Value Impact**: Bewertung, ob und in welchem Umfang der individuelle, prozessbezogene und kapazitätsbezogene Value durch den Kontaktpunkt beeinflusst wird.
4. **Priorisieren kritischer Kontaktpunkte**: Identifikation kritischer Kontaktpunkte entlang der Patient Journey, bei denen Optimierungsbedarf besteht (s. Abb. 11). Kritisch sind die Kontaktpunkte, bei denen die Patient Experience eher schlecht ist, jedoch einen hohen Value Impact aufweist.
5. **Ausloten und Angehen von Optimierungspotenzialen** anhand eines sogenannten Kontaktpunkt-Stellwerks (s. Abb. 12): Das Stellwerk besteht aus vier Hebeln, die den Möglichkeitsraum aufspannen, mit denen Kontaktpunkte verändert werden können.

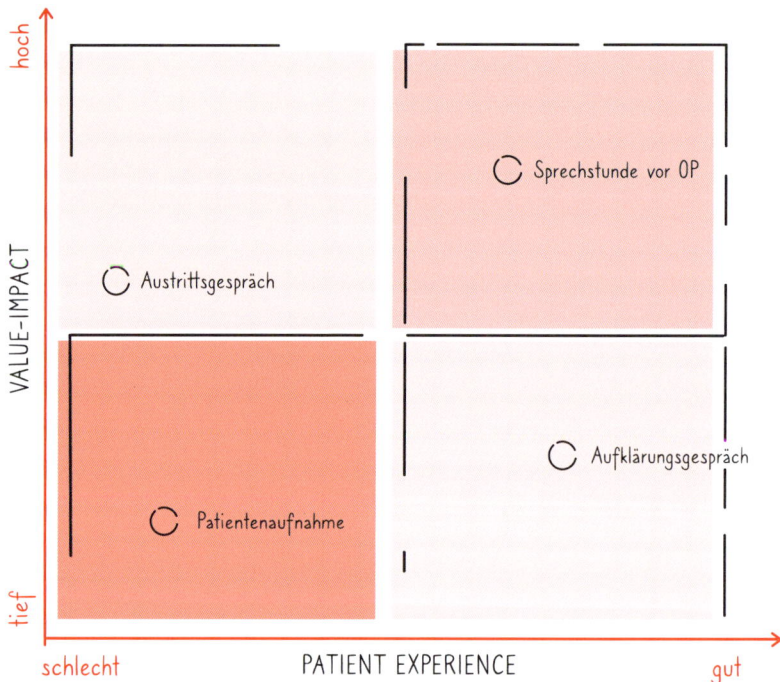

Abb. 11 Identifikation kritischer Kontaktpunkte entlang der Patient Journey. In Anlehnung an Liberatore et al. (2021)[20]

---

20 Liberatore F. et al. (2021) Patient Experience als Erfolgsfaktor für Spitäler: eine Roadmap zur Optimierung der Patient Journey. ZHAW Publikation.

2 Value-based Healthcare

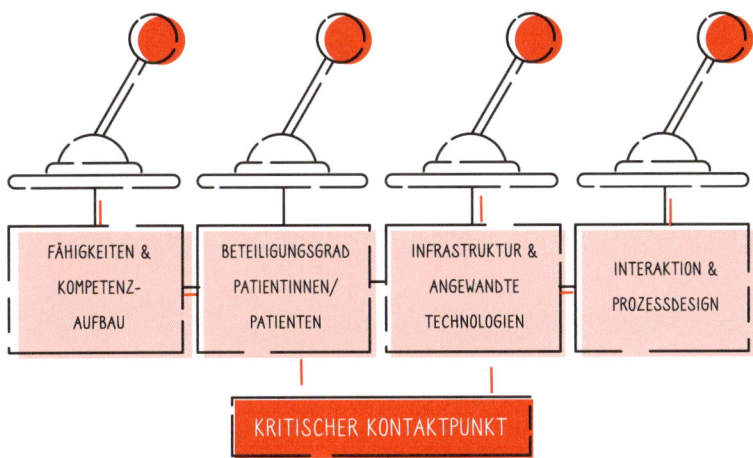

Abb. 12 Vier Hebel des Kontaktpunkt-Stellwerks. In Anlehnung an Liberatore et al. (2021)

6. **Prüfung von Differenzierungsbedürfnissen**: Prüfung des Differenzierungsbedarfs je Patientensegment bei der Optimierung der Kontaktpunkte und der Definition der patientensegmentspezifischen Durchführungsvarianten.
7. **Test der Optimierungslösung**: Durchspielen von Optimierungslösung(en) im Realbetrieb oder Testbetrieb mit Testpatientinnen
8. **Umsetzen**: Umsetzung der optimierten Patient Journey im Leistungsprozess

Den Behandlungserfolg steigern mit PROMs

Aggregierte PROM-Daten erlauben es, Prognose-Tools zu entwickeln, die vorhersagen, *wie, in Abhängigkeit individueller Faktoren, das Resultat nach einer Behandlung mit hoher Wahrscheinlichkeit* aussieht. Ein Arzt kann nun mit einer Patientin anhand ihrer individuellen Charakteristika abfragen, welcher subjektive Behandlungserfolg bei vergleichbaren Patienten mit bestimmten Behandlungen erzielt worden ist. Ein Beispiel ist das Prognose-Tool der Schulthess Klinik (Schweiz) für den Erfolg einer Bandscheibenoperation an der Wirbelsäule (s. Abb. 13).[21]

Patienten erhalten so eine realistische Einschätzung, was sie jeweils von verschiedenen Behandlungsoptionen erwarten können. Im Rahmen des Shared Decision Making kann die Ärztin gemeinsam mit der Patientin diese Prognosen bei Evaluation und Wahl der Behandlungsalternativen berücksichtigen.

An Values orientiertes Shared Decision Making – PROMs machen es möglich

Unter Value-based-Healthcare-Bedingungen ist das Shared Decision Making zwischen Ärzten und Patientinnen nach dem sogenannten erweiterten „Three talk Model"[22] anzupassen.

---

21 https://www.schulthess-klinik.ch/de/news/studie-prognosetool-diskushernie-lumbal (abgerufen am 07. August 2021).
22 Elwyn G, Durand MA, Song J et al. (2017) A three-talk model for shared decision making: multistage consultation process. BMJ 359, j4891.

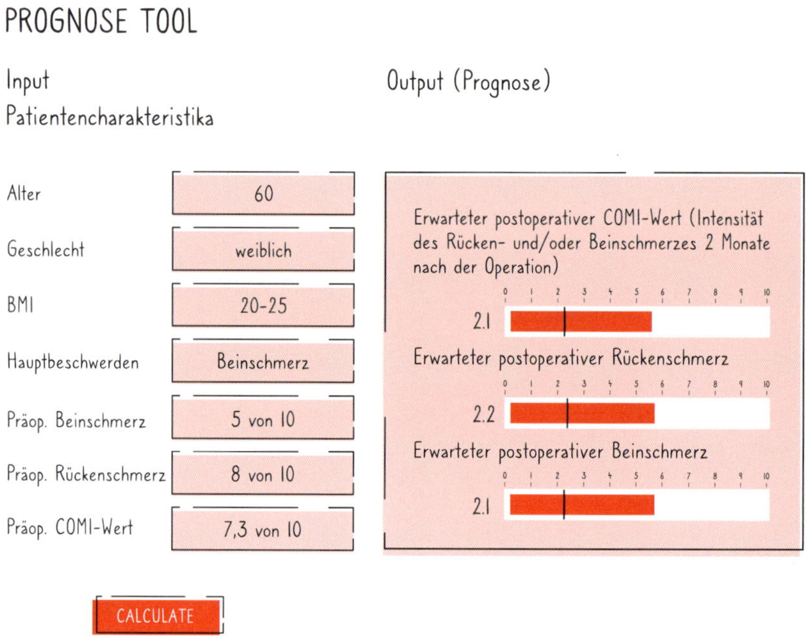

PROGNOSE TOOL

Input
Patientencharakteristika

Alter	60
Geschlecht	weiblich
BMI	20-25
Hauptbeschwerden	Beinschmerz
Präop. Beinschmerz	5 von 10
Präop. Rückenschmerz	8 von 10
Präop. COMI-Wert	7,3 von 10

CALCULATE

Output (Prognose)

Erwarteter postoperativer COMI-Wert (Intensität des Rücken- und/oder Beinschmerzes 2 Monate nach der Operation)
2.1

Erwarteter postoperativer Rückenschmerz
2.2

Erwarteter postoperativer Beinschmerz
2.1

Abb. 13 Prognose-Tool der Schulthess Klinik (Schweiz) für den Erfolg einer Bandscheibenoperation an der Wirbelsäule

Das klassische „Three Talk Model" im Shared Decision Making beinhaltet:

- **Team Talk:** Patientinnen aufzeigen, dass man sie als Gesundheitsfachperson dabei unterstützt, eine eigene Entscheidung zur weiteren Behandlung zu treffen.
- **Option Talk:** Verständliche Darstellung der Behandlungsoptionen und ihrer Chancen und Risiken.
- **Decision Talk:** Unterstützung bei der Bewertung der Behandlungsoptionen und Wahl einer präferierten Behandlungsoption.

Nach VBHC wird das Modell um zwei Komponenten ergänzt (s. Abb. 14)[23]:

- **Monitoring and Management** (Abholen der Value Expectations bei der Behandlung der Krankheit): Bevor die Shared-Decision-Making-Phase startet, wird das aktuelle persönliche Empfinden und der Umgang mit der Erkrankung abgefragt. Dies beinhaltet, welche Symptome und Beschwerden die Patientinnen am meisten stören/behindern und was sie mit der Behandlung zu erreichen wünschen. Dabei wird der individuelle Ist-Zustand in Bezug auf Lebensqualität und Symptome mittels eines PROM erhoben.

---

[23] Damman OC, Jani A, de Jong BA et al. (2020) The use of PROMs and shared decision-making in medical encounters with patients: An opportunity to deliver value-based health care to patients. Journal of Evaluation in Clinical Practice 26 (2), 524–540.

2 Value-based Healthcare

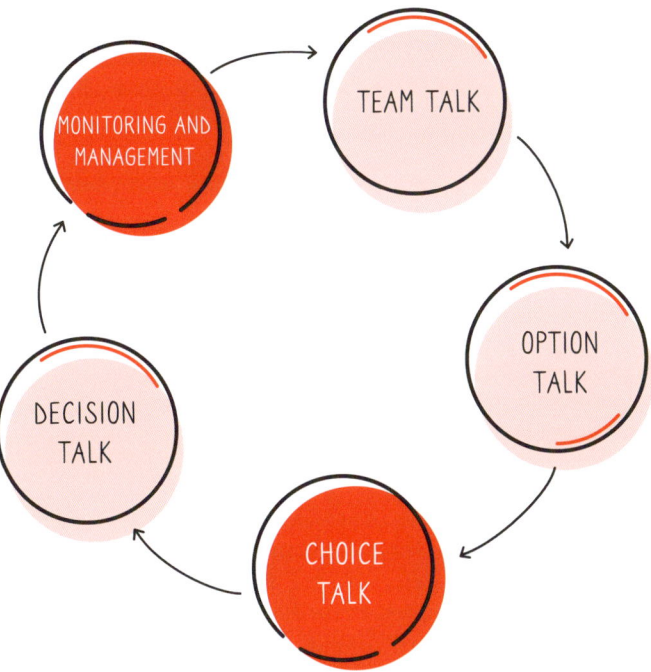

Abb. 14 Das ergänzte Three-Talk-Modell. In Anlehnung an Elwyn und Damman

- **Choice Talk (Reflexion der Value Expectations verschiedener Behandlungsoptionen):** Diskussion mit den Patienten, welche persönlichen Values bei welcher Behandlungsoption erfüllt werden. Dabei kommt es zu einer Auseinandersetzung über die relative Wichtigkeit verschiedener Values, die je nach Behandlungsoption mal mehr oder weniger erreicht werden können. Als Basis dienen wieder die aktuellen Lebensqualitätsparameter auf Basis des PROMs.

2.5 Praxisbeispiel – Stand der Value-based-Healthcare-Umsetzung am Universitätsspital Basel

Gastbeitrag von Florian Rüter

Entstehungsgeschichte

Value-based Healthcare (VBHC) am Universitätsspital Basel (USB) ist ein nationales und internationales Erfolgsmodell mit einer individuellen Herangehensweise. Basierend auf der 2006 in „Redefining Halthcare" von Porter und Teisberg entwickelten „Healthcare Agenda" wird die Idee eines auf Ebene der einzelnen Patientinnen nutzenbasierten Ansatzes umgesetzt, welcher als „Bottom-up-Projekt" mit „Top-down-Unterstützung" und unterschiedlichen Geschwindigkeiten verfolgt wird. Die Evolution des Gesundheitssystems von der Mengen- bzw. Fallzahlensteuerung hin zu einem wertbasierten System erfolgt dabei schrittweise ausgehend von „Physician Leaders", die den „Mindchange" vorantreiben.

> Mit der Berufung von Prof. Christoph A. Meier zum Ärztlichen Direktor am Universitätsspital Basel im Februar 2016 nahm das Thema Value-based Healthcare am USB Gestalt an. Während seiner Ausbildungs- und Forschungszeit am Massachusetts General Hospital der Harvard Medical School in Boston sowie während seiner leitenden Funktionen am Universitätsspital Genf und am Stadtspital Triemli in Zürich beschäftigte er sich mit grundlegenden Maßnahmen zur Weiterentwicklung des Gesundheitswesens. Unter dem Dach der ärztlichen Direktion wurde ein Projektteam gebildet, mit dem Ziel, PROMs als ersten Schritt von VBHC in Pilotkliniken zu etablieren.
>
> Ungefähr zur gleichen Zeit war Prof. Walter Weber während seiner Forschungstätigkeit am Memorial Sloan Kettering Cancer Center, New York, mit dem Thema der Patient-reported Outcome Measures (PROMs) in Kontakt gekommen. Nach seiner Rückkehr, Habilitation und Übernahme der chirurgischen Leitung des neu eingerichteten Brustzentrums am USB und seinem Zusammentreffen mit Christoph Meier war es nicht weit bis zur Entscheidung, die ersten PROMs am USB in der Brustchirurgie zu implementieren, und der Umsetzung. Bevor im vierten Quartal 2017 mit den ersten PROM-Messungen begonnen werden konnte, waren langfristige Entscheidungen zu treffen, die das „PROM-Programm" am USB bis heute geprägt haben.

Grad der Umsetzung

Stand Mitte 2021 sind PROMs für 19 Krankheitsbilder Bestandteil des Behandlungspfades für mehr als 5.100 USB-Patienten, Tendenz steigend. Fünf der dazu eingesetzten PROM-Sets sind Eigenentwicklungen in Bereichen, für die noch keine krankheitsspezifischen ICHOM-Sets[24] zur Verfügung stehen (Extremitätenfrakturen, Schulterverletzungen, Infektionen nach Implantatchirurgie in Orthopädie und Traumatologie, sowie jeweils ein Set für Patienten mit Sarkomen und Kopf-, Hals-Tumoren).

Rund um die Erfassung des individuell wahrgenommenen „Outcome" auf die Lebensqualität wurde ein „PROM-Ökosystem" aufgebaut mit regelmäßigen Informationsforen für beteiligtes medizinisches Fachpersonal („PROM-Forum"), mit systematischen jährlichen Datenauswertungen krankheitsspezifischer Daten in einem standardisierten Austausch mit den behandelnden Einheiten („PROM-Reporting") sowie mit einer quartalsweisen Information der beteiligten Kliniken über Einschlusszahlen und IT-Neuigkeiten („PROM-Update").

Als wegweisend erwies sich auch die Entscheidung, von Beginn an auf eine ausschließlich digitale Erfassung der PROMs zu setzen. Zu diesem Zweck wurde eine mehrjährige Entwicklungspartnerschaft mit dem aus dem Umfeld der Berliner Universitätsklinik Charité hervorgegangenen Start-up Heartbeat abgeschlossen.

Vorteile aus Sicht des Krankenhauses

Durch die Nutzung von PROMs erfüllt das USB verpflichtende kantonale Anforderungen (Spitallisten Zürich 2019; Basel-Stadt, Basel-Landschaft und Solothurn 2021). Weiter gelten PROMs als Maßnahme zur Qualitätssteigerung, Steigerung von Behandlungsqualität und Patientensicherheit und sind Voraussetzung zur Erfüllung von Registeranforderungen (SIRIS – Schweizerisches Implantatregister, SIRIS-Spine) und Zertifizierungen (Deutsche Krebsgesellschaft – DKG, „Onkozert").

---

24 https://www.ichom.org/standard-sets/ (abgerufen am 07. August 2021).

2 Value-based Healthcare

Vorteile aus Patientensicht

Die Rückmeldungen der Patientinnen zur Nutzung der PROMs im USB sind durchweg positiv. Patientinnen mit Brustkrebs nach chirurgischer Behandlung empfinden beispielsweise Fragen zu Folgen für das Körperbild, Konsequenzen für das Intimleben und die Rollenfunktion in der Familie als hilfreich (s. Abb. 15); Fragen, die in der Konsultation bisher eher tabuisiert/nicht adressiert waren, wurden jedoch nach digitaler Beantwortung als Teil der PROMs proaktiv von ihnen bei Problembelastung eher angesprochen oder aufseiten der Behandelnden überhaupt erst als potenzielles Problem wahrgenommen und in das Gespräch integriert.

Lessons learned
Breites Commitment erforderlich

Wichtige Voraussetzung für den Start des VBHC-Projektes am USB ist die Unterstützung durch die verantwortlichen „Key-Stakeholder" im Spitalbetrieb. Im Fall des USB waren dies Verwaltungsrat, Spital- und Ärztliche Direktion, ab 05/21 Medizinische Direktion, die das Projekt VBHC mit dem ersten Schritt der Implementierung von PROMs zu Beginn wohlwollend und nach den ersten Erfolgen mit Überzeugung begleiten.

Dieses „Leadership" erwies sich aber auch auf Ebene einzelner Kliniken oder Bereiche essenziell. Ohne von PROMs/VBHC überzeugte Klinikleitungen ist die Implementierung nicht erfolgversprechend. Bereiche, in denen die Einführung als externes und nicht als intrinsisch gewolltes Projekt angegangen wird, bergen ein immenses Risiko eines enormen Missverhältnisses zwischen Unterstützungsaufwand bis zum Funktionieren oder gar eines Scheiterns. Die Einführung des Inaktivierungsprozesses eines Standardsets aufgrund von mangelndem Interesse und Patienteneinschluss war ein ebenso wichtiger

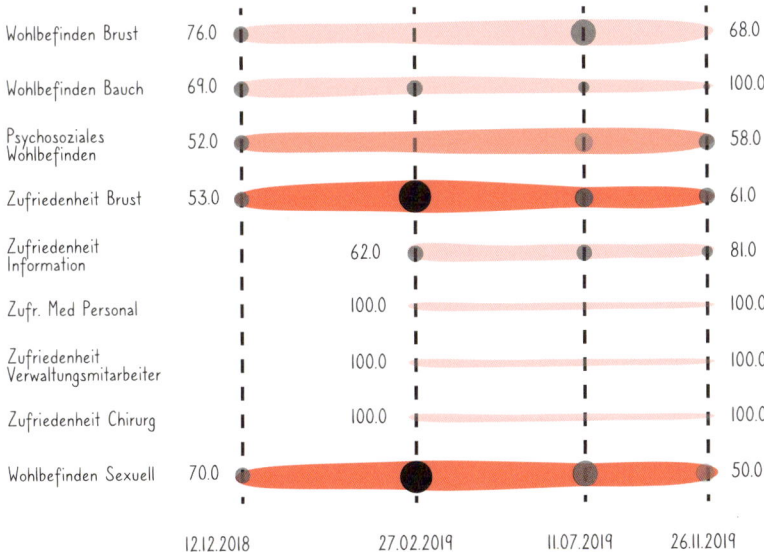

Abb. 15 Beispielhafter Ausschnitt des PROMs names Breast-Q Reconstruction aus dem USB

Lernprozess. Durch die kontinuierliche Verbreitung der PROMs innerhalb des USB und drei Jahre Erfahrungszuwachs mit der Implementierung in unterschiedlichen Settings werden sie nur noch in Bereichen/Kliniken eingeführt, die aktives Interesse zeigen.

VBHC als interprofessionelles Projekt

Ein weiterer „Akzeptanzschub" bei der Implementierung von PROMs wurde durch den Einbezug der Pflege und der jeweiligen administrativen Mitarbeitenden erzielt. In dieser Breite abgestützt wurde aus dem primär in der Ärzteschaft verorteten Projekt – durch Integration weiterer Berufsgruppen und schließlich 2020 durch die explizite Aufnahme als strategisches Ziel in die „Strategie 2025" – ein krankenhausweites Projekt. Auch wenn PROMs für sich allein genommen ein wertvolles Instrument zur Steigerung der Patientenfokussierung darstellen, ist es doch auch von Bedeutung, diese als Bestandteil des größeren Ganzen VBHC repetitiv zu kommunizieren. Dies aus der Überzeugung heraus, den gesamten Wert der PROMs nicht nur patientenindividuell sondern auch aggregiert („Shared Decision Making") und für die ökonomische Seite im Sinne eines „Value-based Costing, Pricing and Reimbursement" nutzen zu können.

Besondere Herausforderungen bei der PROM-Erfassung

Einschluss und Follow-up von Patienten in „Akutsituationen" stellen eine besondere Herausforderung dar. Das Akutsetting, in dem sich Patientinnen beispielsweise nach Schlaganfall im „Stroke-Zentrum" des USB befinden, macht eine Baseline-Befragung – auch mit Unterstützung von Angehörigen – nicht sinnvoll möglich, da Primärversorgung und Verarbeitung des Krankheitsereignisses (neurologische Einschränkungen!) im Vordergrund stehen. Daher wurde beschlossen, diese Befragung retrospektiv im Rahmen des 90-Tage-Follow-ups durchzuführen, was aufseiten der Patienten zu deutlich besserem Commitment und sekundär auch zu wesentlich höheren Einschlussquoten und damit zu einer besseren Datenqualität geführt hat.

Herausforderungen IT-Umsetzung

Die IT-Landschaft eines Krankenhauses, noch dazu eines universitären Großbetriebes, stellt besondere Herausforderungen an die Software zur digitalen Erfassung der PROM-Daten dar. Nach dem – empfehlenswerten – Grundsatzentscheid, die Datenerfassung komplett digital zu organisieren, ist das USB auf der Suche nach einem geeigneten Software-Provider eine Entwicklungspartnerschaft mit der Firma Heartbeat Medical (Berlin, D) eingegangen. So konnte eine Einbindung der Software Heartbeat One mit Absprüngen und Schnittstellen zu wesentlichen Teilen des Klinikinformationssystems realisiert werden. Umgekehrt war das USB an der technischen und inhaltlichen Weiterentwicklung der Software beteiligt und bringt zudem wissenschaftlich validierte Übersetzungen der ICHOM-Standardsets in die Partnerschaft ein sowie die in Zusammenarbeit mit verschiedenen Kliniken erstellten PROM-Eigenentwicklungen.

Neues Tool in der Arzt-Patient-Kommunikation

PROMs stellen für den Großteil des medizinischen Fachpersonals eine neuartige Informationsqualität und -quelle in der (persönlichen) Beziehung zu den Patienten dar. Die unmittelbare Nutzung dieser Daten in der direkten Kommunikation und ihre Trag-

2 Value-based Healthcare

weite für die Therapieplanung sind aufseiten der Behandelnden und der Patientinnen zu Beginn ungewohnt und werden in unterschiedlicher Intensität genutzt.

Zukünftige Herausforderungen
Nachweis der Wirtschaftlichkeit

Von ärztlicher Seite werden immer wieder Bedenken aufgebracht – hinsichtlich eines nicht zu leistenden zusätzlichen Zeitaufwandes zur Integration der PROMs in die aus ökonomischen Gesichtspunkten (Tarmed im ambulanten Setting) eng getakteten Konsultationen. Ob diese Bedenken berechtigt sind, lässt sich noch nicht abschließend beurteilen. Ob eine in der publizierten Theorie beschriebene Effizienzsteigerung in der Realität umsetzbar ist und gelebt wird, ist Gegenstand zukünftiger Projekte.

Start eines ganzheitlichen VBHC-Projekts

In einem aktuellen Private-Public-Partnership-Projekt mit der Roche Schweiz AG wird ein ganzheitliches VBHC-Projekt im Bereich des Lungentumorzentrums für Patientinnen mit Lungenkarzinom seit dem letzten Quartal 2020 umgesetzt: Ziel ist die Abbildung der „Value Equation" mit der Erfassung von PROMs mit dem entsprechenden ICHOM-Standardset in den beteiligten Kliniken Onkologie, Thoraxchirurgie und Nuklearmedizin sowie eine gleichzeitige Auswertung der ökonomischen Kosten- und Leistungskennzahlen unter Hinzuziehen von Finanzabrechnungsdaten. Unter Berücksichtigung aller geltenden Datenschutzbestimmungen werden aggregierte PROM-Daten mit den o.g. Finanzkennzahlen unter Berücksichtigung verschiedener Prozesse im Behandlungspfad ausgewertet.

Prüfung nutzenbasierter Vergütungsmodelle

Ähnliche Ansätze zu ökonomischen Auswirkungen VBHC-basierter Behandlungspfade auf das Gesundheitssystem in der Schweiz sind Ausgangspunkt für weitere Pilotprojekte beispielsweise zur Entwicklung nutzenbasierter Vergütungsmodelle, gemeinsam mit den Kostenträgern.

Automatisierte krankheitsspezifische Feedbacks

Neben der aktiven Nutzung der PROMs im persönlichen Kontakt befindet sich am USB auch ein automatisiertes, krankheitsspezifisches Feedback an die Patientinnen in der Planungsphase. Individuelle „PROM-Resultate" sollen Patientinnen zukünftig unmittelbar nach Eingabe ihrer Daten im „Outpatient Setting" zur Verfügung gestellt werden, damit sie ihren Gesundheitszustand im Vergleich zu aggregierten Daten besser einschätzen können.

2.6 Die Umsetzung: Erst die Gesundheitsfachpersonen überzeugen – dann das Management – aber bitte nach dem MAYA-Prinzip

MAYA ist eine Abkürzung für „**M**ost **A**dvanced **Y**et **A**cceptable" und ist ein erfolgreiches Prinzip, was als Leitfaden für die Umsetzung komplexer Transformationen dienen kann. Es geht darum, Veränderungen umzusetzen, die gerade noch akzeptabel bei den Betroffenen sind. Iterativ eingesetzt, kann so nach und nach das neue Betriebssystem

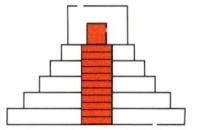

eingeführt werden – denn VBHC umzusetzen ist definitiv eine einschneidende Transformation. In anderen Worten – also lieber die Salami-Taktik als der große Big Bang.

VBHC unter die Leute bringen – mit Leidensdruck fängt der Weg an
Phase A: Den Leidensdruck bei den Gesundheitsfachpersonen aufnehmen und in eine positive Veränderungsenergie umwandeln

Die Gesundheitsfachpersonen sind in der Regel in einem ständigen Konflikt verhaftet zwischen Berufsethos und wirtschaftlichem Rationierungs- und Erfolgsdruck. VBHC wird von vielen als Heilsbringer verstanden, der Gesundheitsfachpersonen ihre Autonomie im klinischen Alltag zurückbringt. Der Fokus wird wieder auf das individuelle Patientenwohl gelegt, und das ist dann auch der Startpunkt. Einzelne Medizinerinnen in Kaderpositionen mit einer Intrapreneurship-Persönlichkeit starten mit der Messung von PROMs und nehmen die Ergebnisse der Messungen mit in die Sprechstunden mit den Patientinnen. Erste Verbesserungsmaßnahmen werden aufgedeckt durch den Vergleich von PROMs zwischen verschiedenen Patientengruppen und behandelnden Ärzten und fangen an zu greifen. Also: klassisches Maya-Prinzip, da in dem bestehenden Betriebssystem eine erste VBHC-Komponente eingebaut wird.

Phase B: Das Top-Management von zwei Seiten in die Zange nehmen und es so auf den steinigen Weg mitnehmen

Die Geschäftsleitung kann in der Regel Experimente, wie in Phase A beschrieben, schwer verhindern, da ihre Machtposition gegenüber den ärztlichen Kaderpersonen häufig begrenzt ist. Dennoch kann das Management ihnen schnell den Spaß verderben und deutlich machen, dass die Initiativen viele Kosten mit sich bringen und letztlich zu Verlusten führen.

Jetzt muss der Zangengriff der VBHC-Initiatoren kommen, bei dem das Management mit zwei Argumenten unter Druck gesetzt wird:

Argument 1: Regulatorischer Druck: Gesundheitspolitisch steht in den meisten Ländern die Kontrolle und Steigerung der Qualität im Bereich der Leistungserbringer ganz oben auf der Agenda. Statt hier über Lobbyarbeit und Erfüllung der Mindeststandards weiter auf das Betriebssystem Kostenreduktion und Fallsteigerung zu setzen, sollte die Geschäftsleitung überzeugt werden, gleich mit einem neuen VBHC-Betriebssystem längerfristig auf weitere Vorgaben im Bereich Qualität vorbereitet zu sein.

Argument 2: Wettbewerbsfähigkeit steigern: Wenn dann die alte Leier kommt, dass aus wirtschaftlichem Kalkül das alte Betriebssystem besser läuft, sollte die Geschäftsleitung damit konfrontiert werden, dass der Wettbewerb um niedrige Kosten als kurzfristige Opimierungslogik langfristig zerstörerisch ist und kein nachhaltiges Überleben am Markt ermöglicht.

Damit die Geschäftsleitung ihr Gesicht wahren kann und wir weiter dem Maya-Prinzip folgen können, wäre es sinnvoll, ihnen Quick-Wins zu verkaufen, bei denen in einem ersten Schritt VBHC-Projekte gestartet werden mit geringem wirtschaftlichem Risiko. Nach einer klassischen Vier-Felder-Matrix (s. Abb. 16) sind das Projekte, bei denen sowohl der Value für die Patientinnen steigt als auch die Kosten pro Fall sinken.

2 Value-based Healthcare

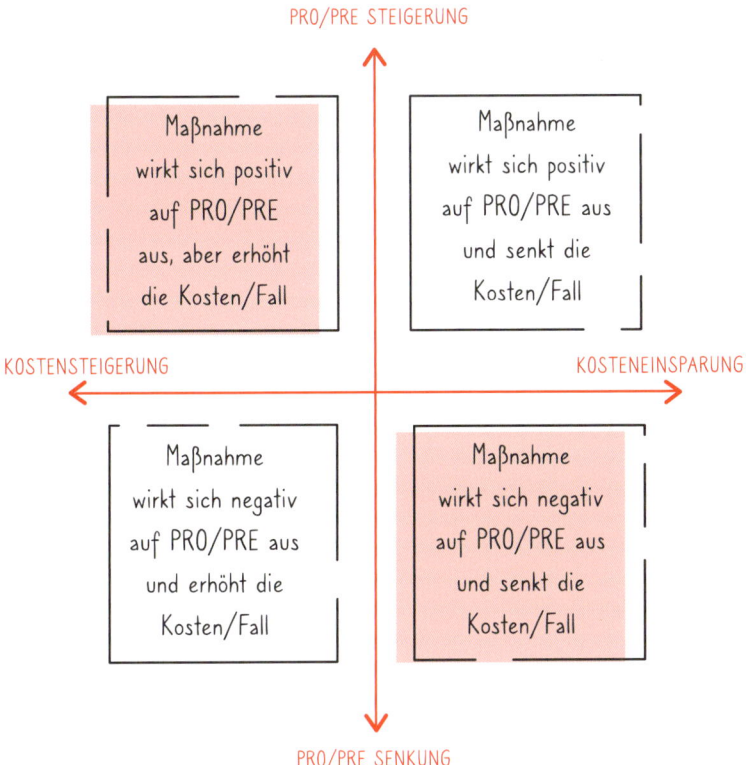

Abb. 16   Vier-Felder-Matrix zur Einordnung von Projekten nach ihrer Wirkung auf den Value pro Fall und die Kosten pro Fall

Phase C: Erfolge sichtbar machen und sich mit anderen messen

Das Thema schlägt intern größere Wellen. Klinische Direktorinnen anderer Abteilungen werden aufmerksam auf verschiedene VBHC-Initiativen und möchten das auch. Jetzt heißt es „Tue Gutes und sprich darüber". Dies sollte über zwei Maßnahmen erfolgen:

(1) Erfolge sichtbar machen: In der internen Unternehmenskommunikation müssen Verbesserungen in VBHC-Kennzahlen, insbesondere Verbesserung bei den PROMs sichtbar gemacht werden – in Form von Erfahrungsberichten begeisterter Patientinnen, die den Mehrwert der Messungen ihrer Perspektive darstellen. Interviews von beteiligten Gesundheitsfachpersonen in VBHC-Initiativen berichten, wie ihre Arbeit jetzt wieder im Einklang mit ihrem Berufsethos und Purpose-driven ist.

(2) Benchmarks: Um den Inner-Group-Effekt zu nutzen, sollte begonnen werden, sich bezüglich der VBHC-bezogenen Kennzahlen mit anderen Leistungserbringern zu messen, die auch auf dem Weg zur Transformation in Richtung VBHC sind. Dies löst Ehrgeiz bei den Mitarbeitenden aus. Zudem macht die relative Sicht auf die Kennzahlen die Zielerreichung sichtbarer und greifbarer. Durch die Nutzung von Standards-Sets bei der PROM-Messung sind diese Benchmarks leicht auch über Landesgrenzen hinweg zwischen Leistungserbringern möglich.

Phase D: Betriebssystemwechsel vornehmen und so VBHC zum Leben erwecken

Sobald die Pilotphasen A, B und C erfolgreich überwunden sind, ist die Organisation bereit, das Betriebssystem zu wechseln. Das Herzstück besteht aus:

(1) Value messen über VBHC-Kennzahlensysteme: An oberster Stelle des Kennzahlensystems stehen Qualitäts-Outcomes in Form von objektiven Qualitätsindikatoren, PROMs und PREMs. Weitere Kennzahlen betreffen wirtschaftliche Erfolgskennzahlen (Fallzahlen, Behandlungskosten) sowie Prozesskennzahlen, die Verweildauern und Prozesszeiten.

(2) VBHC erzeugen über VHBC-Behandlungspfade: Behandlungspfade werden so gestaltet, dass möglichst viel Value für die Patienten erzeugt wird. Dies beinhaltet, die Phasen des VBHC Shared Decision Making fest in die Abläufe zu integrieren. Multiprofessionelle Teams an Gesundheitsfachpersonen ermöglichen die Erfüllung der Outcome-Erwartungen der Patientinnen entlang des Behandlungspfads. So können gute PROs erzielt werden. Mit einem optimalen Grad an Co-Creation durch die Patientinnen und einer optimalen Service- und Prozess-Experience können gute PREs erzielt werden. Unterstützung für die Optimierung der Abläufe leistet idealerweise ein Lean-Health-Team (s. Kap. 4).

(3) Value belohnen über VBHC-Anreizsysteme: Die Erreichung von hohen Werten bei PROs und PREs muss in den Zielvorgaben für Organisationseinheiten, kaskadiert bis hin zur Zielvereinbarung einzelner Mitarbeitender, fester Bestandteil sein. Dies darf nicht konterkariert werden durch wirtschaftliche Erfolgsziele, die nur mit Abstrichen bei der Value Creation für die Patientinnen möglich sind. Eine VBHC-Teamkultur wird sich mit dem neuen Betriebssystem und den abgeleiteten Anreizmechanismen von selbst ergeben.

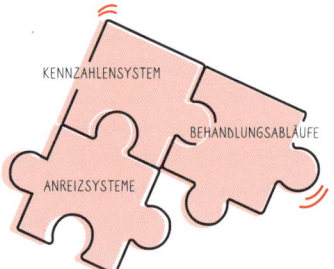

Von Stolpersteinen und falschen Freundinnen – jetzt schlägt die Stunde der guten BWLer

Stolperstein Nr. 1 – Wirtschaftlichen Erfolg durch VBHC in den ersten Jahren erwarten: Die positiven Effekte von VBHC auf wirtschaftliche Kennzahlen lassen zunächst auf sich warten. Qualitätseffekte in der Behandlung wirken sich nur langsam und indirekt positiv auf die Rentabilität aus. Verhandlungen mit Kostenträgern über Pay-for-Performance-Verträge können sich hinziehen. Reputations- und Marketingeffekte bei Zuweisern und Patientinnen sind mittelfristig zu erwarten. Daher sollte man nicht sofort die VBHC-Initiative einstampfen, nur weil sie sich erstmal negativ auf das wirtschaftliche Ergebnis auswirkt. Ein ganzheitlich denkender BWLer wird diese Chancen erkennen – der „böse" BWLer wird dagegen lieber auf die altbewährten Cost-Cutting-Programme setzen und Qualitätsthemen ignorieren, da er das kurzfristige Optimierungskalkül (häufige Strategie von Beratungsfirmen) verfolgt.

Stolperstein Nr. 2 – VBHC = alles für die Patientinnen: Ein klassisches Streitthema zwischen Marketing und Finanzabteilung in jeder Firma ist, alles für die Kunden zu tun und dabei zu vergessen, dass man selbst auch noch wirtschaftlichen Erfolg erzielen sollte. Dies kann auch passieren, wenn es um den Patienten-Value geht. Es bleibt die wichtigste Nebenbedingung, dass VBHC nur soweit umgesetzt werden kann, wie mittelfristig mit dem eigenen Geschäftsmodell auch Gewinn erzielt werden kann.

Stolperstein Nr. 3 – VBHC der QM-Abteilung überlassen: Damit VBHC wirklich als Betriebssystem greifen kann, kann deren Umsetzung nicht einfach dem Qualitätsmanagement überlassen werden. In dem Fall wird VBHC zu einem Qualitäts-Benchmarking reduziert, was weitere „lästige" Dokumentations- und Reporting-Anforderungen für die Gesund-

Um VBHC in einzelnen Abteilungen umzusetzen, braucht es ein multidisziplinäres Team bestehend aus:

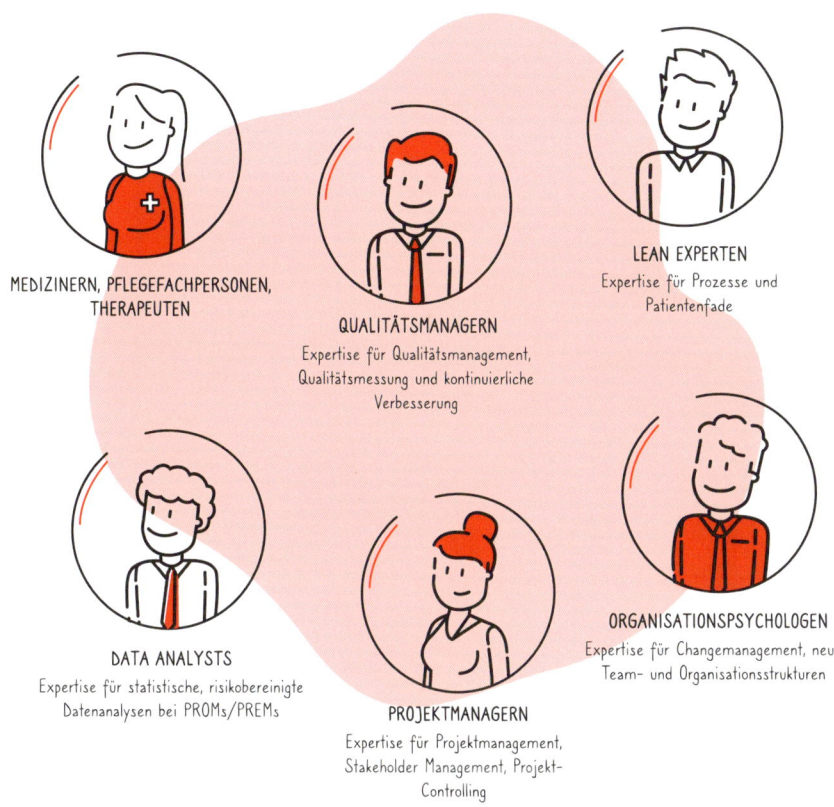

Abb. 17 VBHC als Teamworking und interdisziplinäre Aufgabe

heitsfachpersonen und Abteilungen zur Folge hat. Nein – VBHC ist Teamworking und eine interdisziplinäre Aufgabe, wie Abbildung 17 zeigt.

2.7 Literaturempfehlungen: Wo kann ich mehr erfahren?

„**Redefining Healthcare**" (2006) von M. Porter und E. Teisberg ist ein Klassiker, in dem die Autoren ihre VBHC-Philosophie vorstellen. Ein Muss für jede Person, die in die Welt von Value-based Healthcare tiefer eintauchen möchte. ISBN: 978-1591397786

„**Das Martini-Prinzip**" (2018) von H. Huland et al. ist ein Herausgeberband rund um die bislang bekannteste Umsetzung von VBHC im Deutschen Gesundheitssystem, bei dem in einzelnen Beiträgen die Umstellung der Organisation, die Ergebnismessung mittels PROMs, der Kulturwandel sowie die Weiterentwicklung durch die Digitalisierung bei Value-based Healthcare dargestellt werden. ISBN: 978-3954663958

„**Implementing Value-based Healhcare in Europe**" (2020) von EIT Health ist das erste Handbuch für die Implementierung von VHBC in Europa. Es bietet ein interessantes Framework und liefert viele Fallbeispiele. Es ist breit abgestützt und baut auf der VBH-Philosophie von Porter auf. Lesenswert, aber es eignet sich nur bedingt als detaillierter Leitfaden für den Start in die Transformation nach VBHC.

*Wie können wir
Innovationen im
Expertenumfeld provozieren?*

3

Design Thinking

Christophe Vetterli und Larry Leifer

3.1 Ausgangslage – Zahlreiche Probleme in Expertenorganisationen

Veranschaulichen wir das Problem vieler Akteure im Gesundheitswesen am Beispiel einer kleinen Fallstudie. Sie spielt in einer fiktiven, aber leider sehr realistischen Klinik. In dieser Klinik steht an einem Dienstag um 07:30 Uhr eine Internistin vor dem ersten Zimmer ihrer Intensivstation und ist bereit für die Visite. Die voll isolierte Pflege ist nicht dabei, denn sie arbeitet bereits am Patienten im isolierten Zimmer. Pünktlich eröffnet die visitenführende Assistenzärztin die Visite zum ersten Patienten vor der geschlossenen Tür. Die medizinischen Indikatoren werden konsequent durchgegangen und Anpassungen an der Behandlung besprochen. Es ergeben sich zwei Fragen, welche von der Pflege beantwortet werden müssten. Doch das ist aktuell nicht möglich, da sich die Pflege dafür in der Schleuse wieder umziehen müsste. Das dauert allerdings viel zu lange in der zeitgedrängten Visite. Einem Beobachter würde positiv auffallen, wie zeitlich straff die Visite geführt wird. Doch aus Qualitätsgründen ist das problematisch, da das Pflegewissen komplett fehlt. Der Chefarzt äußert sich im nachfolgenden Debriefing zu diesem hausgemachten Problem und meint, dass auch in nicht isolierten Zimmern die Pflege kein aktiver Teil des Visitenteams sei. Allen ist klar, dass die Pflege mehr Zeit bei und mehr Wissen zu den Patientinnen hat und somit als fixer Bestandteil des Visitenteams fungieren müsste. Des Weiteren ist den meisten klar, dass man diesen Visitenprozess komplett neu durchdenken und überlegen müsste, wie er besser gestaltet werden könnte. Aber wie würde man diese Umgestaltung anstellen? Und wann? Diese Gedanken gehen den Mitarbeitenden durch den Kopf. Doch bald sind sie auch wieder „weg", denn eine Patientenglocke klingt, und der Debriefing-Prozess muss abgebrochen werden. Der Prozess wird erstmal so belassen. Die Mitarbeitenden werden sich noch unzählige Male über den nicht durchdachten Prozessablauf ärgern, ohne dass jedoch etwas daran verbessert wird.

Das Beispiel zeigt ein zentrales Problem der heutigen Gesundheitsversorgung: Die Patientin möchte vom gesammelten Wissen und der Expertise profitieren. Sie möchte eine Leistung aus einer Hand bekommen und nicht selbst Koordinatorin der eigenen Versorgung im Gesundheitssystem sein. Doppelspurigkeiten, Informationsverlust, langsame Prozesse unterstützen den Heilungsprozess nicht. Damit es aus „einem Guss" kommt, müsste eine ganze Gesundheitsregion (inkl. der einzelnen Parteien, wie beispielsweise ein Krankenhaus) die Versorgung in einer abgestimmten Weise erbringen. Die Ambition ist hoch, wenn dies über einzelne Institutionen hinweg geschehen soll. Denn Krankenhäuser tun sich schon schwer, die Versorgung über Disziplinen und Professionen hinweg innerhalb ihrer eigenen Institutionsgrenzen zu erbringen. Das Ziel wird selten erreicht, Patientinnen in einem ruhigen, professionellen Fluss zu bedienen. Zusätzlicher Druck kommt daher, dass Institutionen agil genug bleiben müssen, um sich den ständig wechselnden Anforderungen zu stellen. Dass all dies häufig nicht gut genug gelingt, liegt sicherlich nicht am mangelnden Wissen der Mitarbeitenden. Im Gegenteil, denn wie in Expertenorganisationen üblich, bringen die einzelnen Disziplinen sehr viel tiefes Fachwissen mit. Man spricht von T-shaped-Personen bzw. -Organisationen (s. Abb. 18).

Jedoch besteht die Problematik in der geschickten Verbindung der unterschiedlichen Wissensbereiche des Krankenhauses (Kliniken, Experten etc.). Wenn dies nicht abgestimmt geschieht, entsteht ein siloartiges Gebilde. Darin müssen sich die Patientinnen mehrfach über die Silogrenzen hinausbewegen, um ihre Leistung zu bekommen. Dies kann unter Umständen fatal sein. Das größte Problem dabei ist, dass sich die Organisation strukturell nicht am Patientenfluss orientiert. Stattdessen ist sie entlang von Gruppen von Menschen mit ähnlichem Fachwissen organisiert (beispielsweise Kardiologie, Gynäkologie, Chirurgie, Anästhesie). Die Folge davon: Der Patient wird durch die autonom agierenden, meist aufwändig aufeinander abgestimmten Expertenbereiche holprig bewegt.

Selbst wenn die unterschiedlichen Wissensgebiete gewillt sind und verbunden werden: Es bleibt herausfordernd, Lösungen zu entwickeln, die über Disziplinen hinweg sinnvoll für alle sind. Denn die Menschen denken, arbeiten und lernen komplett unterschiedlich. Die „T"-Form eines jeden Menschen ist unterschiedlich stark ausgeprägt. Der vertikale Balken am „T" ist durch die medizinischen Disziplinen bzw. medizinischen Wissenschaften bestimmt. Der horizontale Balken ist die Fähigkeit zur Kollaboration auch außerhalb dieses Fachwissens. Dort muss sich das kreative Verhalten manifestieren, als Komplementärkompetenz zu den medizinischen Fakten. Die Wissenschaft zeigt, dass die horizontale Verknüpfung v.a. durch emotionale Kompetenzen vorangetrieben wird – Eigenschaften, die typischerweise in der wissenschaftlichen Gemeinschaft historisch heruntergespielt oder gar ignoriert wurden.

Erschwerend zu dieser Problematik kommt die Tatsache hinzu, dass die Vertreterinnen der Kernbereiche häufig zu spät in die Lösung involviert werden. Ihre echte Mitwirkung ist dann oft leider kaum mehr möglich. Nehmen wir einen Neubau, der sich idealerweise an der Funktionalität orientieren müsste. Oder wie der Architekt Louis Henry Sullivan schon 1896 formuliert hat: „form ever follows function". Die Realität zeigt,

3 Design Thinking

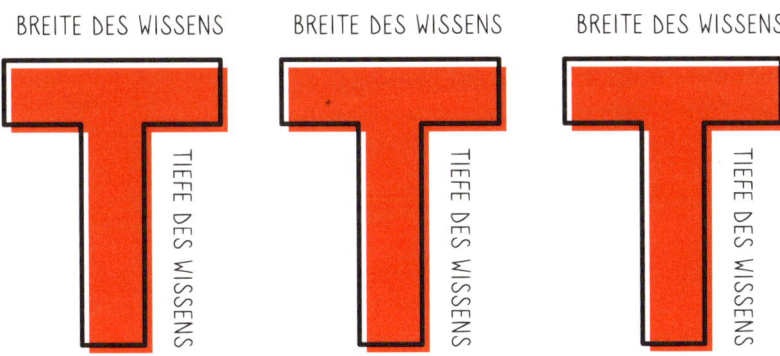

Abb. 18   Drei Personen nach dem T-shaped-Ansatz

dass viele der zentralen prozessualen, funktionalen Fragen erst dann gestellt werden, wenn Räume und Stockwerke klar sind. Ein Chefarzt einer Inneren Medizin meinte: „Wir wurden vor gesetzte Tatsachen gestellt und konnten kaum mitentscheiden." Wäre es nicht gut, von diesen Experten sehr früh im Gestaltungsprozess zu wissen, welche Funktionalitäten und Prozesse wie funktionieren, bevor harte Mauern definiert werden? Die Antwort ist offensichtlich, und trotzdem wird meist noch nach umgekehrter Logik gebaut. Die ökonomischen Folgen sind fatal, wie in Abbildung 19 zu sehen ist.

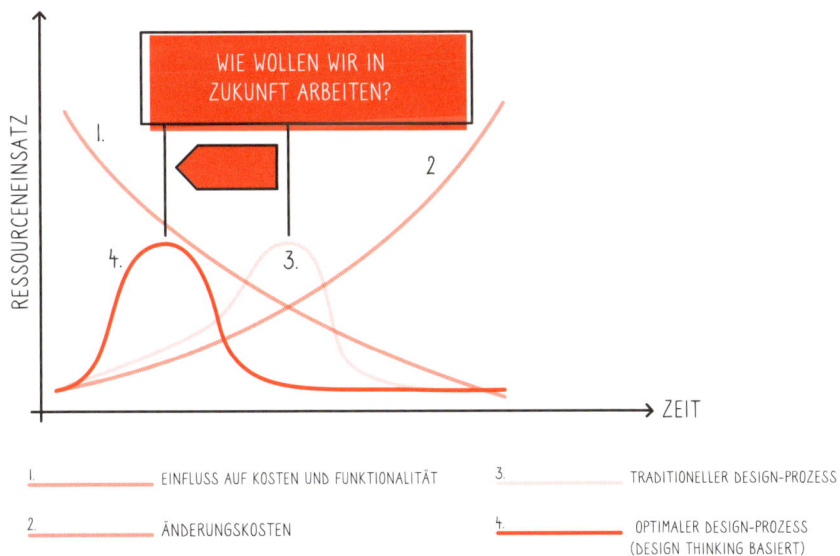

Abb. 19   Vergleich des Ressourcenverbrauchs klassischer Ansätze gegenüber dem Design-Thinking-Ansatz (In Anlehnung an Allen & Smallwood [2014] Project Ideology and its impact on the South African Construction Industry)

II Die sieben Management-Ideen

Heute wird sehr oft die Lösung umgesetzt, welche aus höchster Hierarchieebene innerhalb einer Disziplin vorgegeben wird. Dies ist problematisch, da die entscheidenden Personen teils nicht mehr so stark in das Tagesgeschäft involviert sind. Es ist nicht ideal, wenn sich die Inhalte der Lösung an einzelnen ranghohen Personen orientieren, statt an den echten Bedürfnissen der Mitarbeitenden vor Ort.

3.2 Bisherige Ansätze greifen zu kurz

Es müssen Lösungen entwickelt werden, welche das Potenzial haben, das Gesundheitssystem zu transformieren. Die Branche ist wohl eine der komplexesten Branchen überhaupt. Jede Disziplin, jede Expertin vertritt ihre Werte und Erfahrungen. Die Tatsache, dass es rund 20 Jahre braucht, bis Forschungsergebnisse an die Patientinnen gelangen (Stichwort: „bedside to bench to bedside"), zeigt, wie komplex das „Auf-den-Boden-Bringen" von innovativen Lösungen ist. Ein Mangel an Involvierung und aktiver Mitgestaltung bei Innovationsprozessen schafft zu wenig Verbundenheit zur Lösung und somit tendenziell immer ein „Aber" bzw. ein „Das-kann-nicht-gehen,-weil ...". Das Organigramm in Abbildung 20 zeigt auf humoristische Weise das innovationsfeindliche Umfeld.

Es wird immer eine Person geben, die eine neue Idee nicht zulassen möchte, alias „the Vice President Nein-Sagen". Eine perfekte Lösung ist oft sehr schwer zu finden, und es wird Kompromisse brauchen. Wenn die Expertinnen in den Kompromissfindungs-

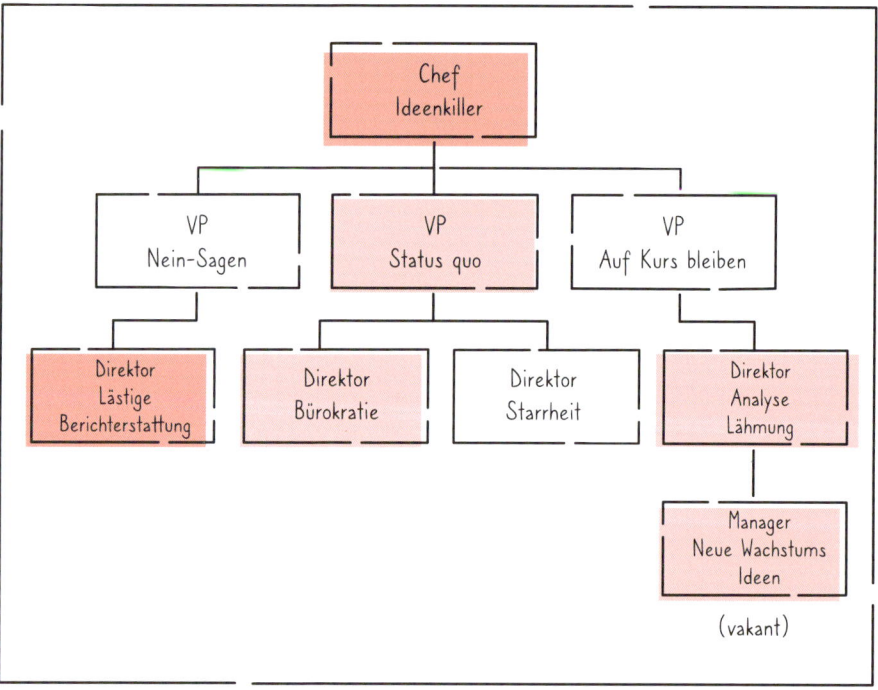

Abb. 20 Das Organigramm des Stillstands. In Anlehnung an Tom Fishburne (marketoonist.com)

3 Design Thinking

prozess nicht involviert werden, ist die Suche nach akzeptierten Lösungen schwer. Der Weg von der Ideenfindung bis zur Realisierung von tiefergreifenden Lösungen dauert meist an. Dies erfordert ein starkes Einstehen für die entwickelte Idee. In Krankenhäusern werden oft aus unterschiedlichen Ecken hieraus Konzepte entwickelt, welche dann an den Tisch gebracht werden, um für die Idee, die mit Kollegen diskutiert wurde, einzustehen. Dabei gibt es meist zu wenig ineinandergreifende, wirklich bedürfnisorientierte Lösungen. Jede Disziplin steht für sich selber ein, und der Sinn für den übergreifenden Patientenfluss wird herunterpriorisiert. Zusätzlich ergeben sich häufig Zielkonflikte. Nehmen wir das Beispiel der Auslastung radiologischer Geräte. Aus ökonomischer Sicht werden die Geräte mit den planbaren Fällen möglichst ausgelastet. Das bedeutet aber, dass in der Notaufnahme keine Geräte für Notfallpatienten mehr vorhanden sind. Die Folge: Nicht-kritische Notfallpatienten müssen lange warten, weil ein elektiver Patient jetzt diagnostiziert wird und die Maschinen besetzt sind. Umgekehrt kann es auch sein, dass geplante Behandlungen verspätet stattfinden, da gerade noch ein Notfallpatient dazwischen geschoben wurde. Beide Situationen sind nicht wünschenswert.

Ein weiteres problematisches Anschauungsbeispiel aus einem realen Neubauprojekt sei hier präsentiert, wo die Prozessinnovation nicht gut verlief. In einer Klinik erstellte eine Expertengruppe einen Prototyp, wie auf der Station zukünftig die Arbeitsprozesse ablaufen sollen. Einige Elemente waren bewährte Modelle aus dem Tagesgeschäft, und einige Lösungselemente waren neu. Beispielsweise sollten die Übergaben und Dokumentationen direkt am Patientenbett stattfinden. Nach dieser neuen Logik muss die Versorgung hauptsächlich in kleineren Teams erbracht werden. Auch sollten täglich Sub-Teams aus der Stationsleitung heraus auf der Station befähigt werden, neu in diesen Unterteams autonom zu arbeiten. An einem darauffolgenden Tag stieß eine Gruppe an Personen hinzu, die nicht in die Lösungsfindung involviert war. die Mitarbeitenden hatten die Papiere ihrer Apothekenlogik zur Hand und waren konzeptionell sehr weit weg von der Lösung des Design-Teams. Die Diskrepanz war rein über Diskussionen kaum überbrückbar, und eines der Teams machte schließlich einen Kompromiss. Dieses Aufeinanderprallen unterschiedlicher Konzepte ist nicht innovationsfördernd. Wenn jeder auf seinem Konzept beharrt, sind es letztlich nur wenige Schritte, die dann wirklich auf einander zugegangen werden können.

3.3 Das große Konzept: Design Thinking

Was nun Hilfestellung bietet, sind Ansätze, die sich stark an den Patienten und ihren Bedürfnissen orientieren. Wichtig ist es, aus dieser Perspektive zum richtigen Zeitpunkt und in der richtigen Art und Weise die richtigen Expertenbereiche in abgestimmter Art zu involvieren. Der übergreifende Orientierungsrahmen ist der Patientenpfad bzw. das Patientenerlebnis für die Patientinnen.

Das konservative ärztliche Gremium des Royal College of Physicians hat festgehalten[25], dass das angestrebte positive Patientenerlebnis der korrekten medizinischen Versorgung gleichzusetzen ist (s. Abb. 21). Dies wird zukünftig im Wettbewerb um Patienten

---

25 Future Hospital Commission (2013): "Future hospital caring for medical patients".

II Die sieben Management-Ideen

Abb. 21 Die Waage „Patientenerlebnis = medizinische Qualität". In Anlehnung an Future Hospital Commission (2013)

immer zentraler. Gleichzeitig müssen Rahmenbedingungen in der Entwicklung neuer Versorgungsprozesse Platz finden und proaktiv eingebunden werden. Es bringt nicht viel, wenn Lösungen entwickelt werden, die nicht realistisch sind. Gleichzeitig zeigt die Innovationswissenschaft, dass die Innovationshöhe leidet, wenn nur das Jetzt in den Fokus genommen wird. Es ist ein schmaler Grat zwischen den beiden Extremen „zu nahe am Ist-Zustand" und „möglichst ambitionierte neue Innovation", um den großen Wurf zu ermöglichen.

Die Anforderung an das dritte große Konzept für das Gesundheitswesen ist klar: Innovation ermöglichen, Patientinnen und Mitarbeitende als Orientierungsrahmen nehmen, die richtigen Personen in die Lösungsfindung involvieren sowie die Bedürfnisse aller Akteure adressieren. Dies erfordert das oben genannte „T-shaped" Verhalten und die Tiefenexpertise von mehreren Expertinnen und nicht nur einer Fachperson. Aus den Neurowissenschaften wissen wir, dass die Kombination aus dem Gestalten mit Hand und Hirn in hohem Maße kreativitätsfördernd wirkt. Zusätzlich hat die Wissenschaft gezeigt, dass die Wahrscheinlichkeit einer radikalen Innovation steigt, je höher die Diversität eines Teams ist.

Diese Anforderungen erfüllt der Design-Thinking-Ansatz, ein führender Innovationsansatz, der ursprünglich nicht im Gesundheitswesen entwickelt wurde, sondern in den späten 60er-Jahren im Bereich der Ingenieurwissenschaften an der Stanford University. Die damalige Motivation des Design Thinkings war klar und einfach: Das sehr technische Entwickeln von Lösungen soll sich viel stärker an den Bedürfnissen der zukünftigen Nutzerinnen orientieren. Aus dieser einfachen Idee heraus entstand eine

3 Design Thinking

globale Bewegung, welche sich über Jahrzehnte weiterentwickelte und dabei im Kern jedoch dieselbe geblieben ist: Ein diverses Innovationsteam soll mithilfe von Prototypen bedürfnisorientierte Lösungen entwickeln. Der Entwicklungsprozess orientiert sich an einem Kreislauf, der zentrale Orientierungspunkte in der Innovationsarbeit gibt (s. Abb. 22)

In diesem Abschnitt wird im Detail auf diesen Design-Thinking-Kreislauf eingegangen. Zentral ist die iterative Logik, die sich am prototypenbasierten Erschaffen neuer Lösungen orientiert. Die Basis für die Innovation bildet die Orientierung am Bedürfnis der involvierten Personen (Patientinnen, Angehörige, aber auch Mitarbeitende und weitere Anspruchsgruppen). Die Orientierung an Bedürfnissen hat eine langfristige Wirkung, da Bedürfnisse über einen langen Zeitraum Bestand haben. Das Notfallbedürfnis beispielsweise ist seit Menschengedenken gleich: Ich möchte schnell und zuverlässig wissen, was los ist, wie schlimm es ist, und was als Nächstes passiert. Wie wir allerdings Notfallmedizin betreiben und uns organisieren, um dieses Bedürfnis zu adressieren, hat sich kontinuierlich verändert. Daher ist die Grundhaltung „Bedürfnisse bleiben, Lösungen gehen" eine erste wichtige Prämisse beim Design Thinking. Die zweite zentrale Prämisse ist die „Logik der kreativen Denkhaltung". Im Design Thinking orientiert sich die Lösungsfindung stark am explorativen Finden von Lösungen und schließt damit ein lineares Vorgehen hin zu einer vordefinierten Lösung aus (s. Abb. 23).

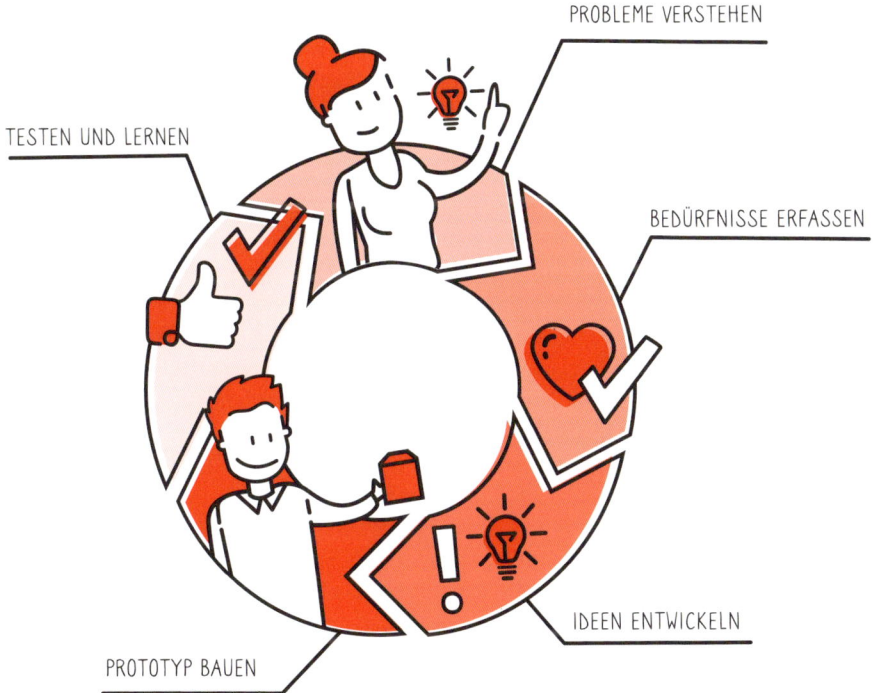

Abb. 22 Der Design-Thinking-Kreislauf. In Anlehnung an ME310, Stanford University (2006)

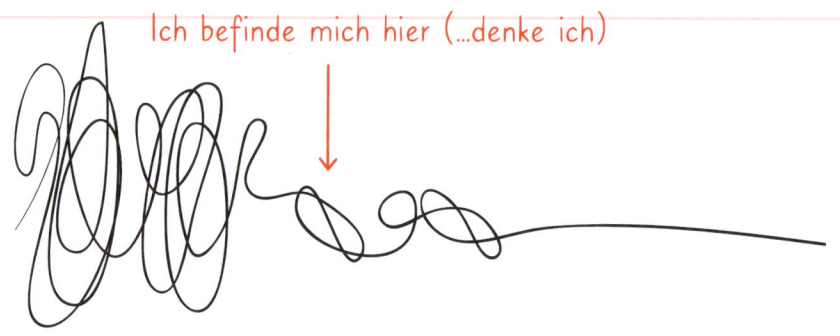

Abb. 23 Nicht-lineare Lösungsfindung. In Anlehnung an Plattner H, Meinel C, Leifer L (2010) Design thinking: understand – improve – apply (understanding innovation). Springer Heidelberg

Die bedürfnisorientierte Haltung im Design Thinking baut auf Empathie, Co-Design und soziale Determinanten auf. Die kreative Denkhaltung integriert die grundlegende Neugier, die sich über Fragen manifestiert. Zusätzlich wird die Kreativität durch Visualisierung, Prototyping und Storytelling gestärkt. Damit ist Design Thinking in der Quintessenz ein ständiger Wechsel zwischen der Bedürfnisperspektive und dem kreativen Lösungsprozess.

Zahlreiche namhafte globale Referenzhäuser wie Mayo Clinic und Kaiser Permanente gingen der Entwicklung voraus und haben Design Thinking fest in ihre tägliche Innovationsarbeit eingebettet. Mittlerweile gibt es zahlreiche europäische Häuser wie das LKH Universitätsklinikum Graz oder die Charité, welche Design Thinking als Innovationsansatz verfolgen. Warum ist das gerade im Gesundheitswesen so erfolgreich? Eine Antwort ist, dass Design Thinking sehr gut in die unterschiedlichen Ebenen des Innovationsbedarfs passt. Sei es für die Entwicklung eines neuen Visitenstandards, für die Entwicklung einer Prozesslogik für ein ganzes Krankenhaus oder für die großen Herausforderungen der Gesundheit der Bevölkerung. Der involvierende Charakter der Vorgehensweise schafft eine hohe Verbindlichkeit zur gemeinsam entwickelten Lösung. Jede Person, unabhängig von Hierarchie bzw. Disziplin, trägt kreatives Potenzial in sich und kann sich in den Lösungsentwicklungsprozess einbringen (je nach ihrer T-Form, s. Abb. 24). Das Gesundheitswesen ist bestückt mit vielen intelligenten Personen, die am liebsten direkt die Lösung in das Tagesgeschäft integrieren würden. Das Prototyping provoziert das Innovationspotenzial und schafft gleichzeitig die Grundlage für den unmittelbaren Transfer ins Tagesgeschäft. Die Expertinnen können über die unterschiedlichen Prototypen ihre Lösungen sukzessive entwickeln und beim Testen auch widerlegen, ohne ihr Gesicht zu verlieren. Zusätzlich ist die Nachhaltigkeit von gemeinsam entwickelten Lösungen sehr hoch. Das belegt ein Fallbeispiel aus einer Prozessentwicklung in einem Unversitätsspital gut: Ein Design Thinking Team entwickelte mittels Prototypen eine aus seiner Sicht ideale Lösung für die Abläufe. Leider konnten die neuen Abläufe wegen einer 5-jährigen Neubauverzögerung noch nicht zu 100% umgesetzt werden. Bemerkenswert ist jedoch, dass sich jedes Mitglied des

3 Design Thinking

Wir brauchen T-Shaped Design Team Mitglieder

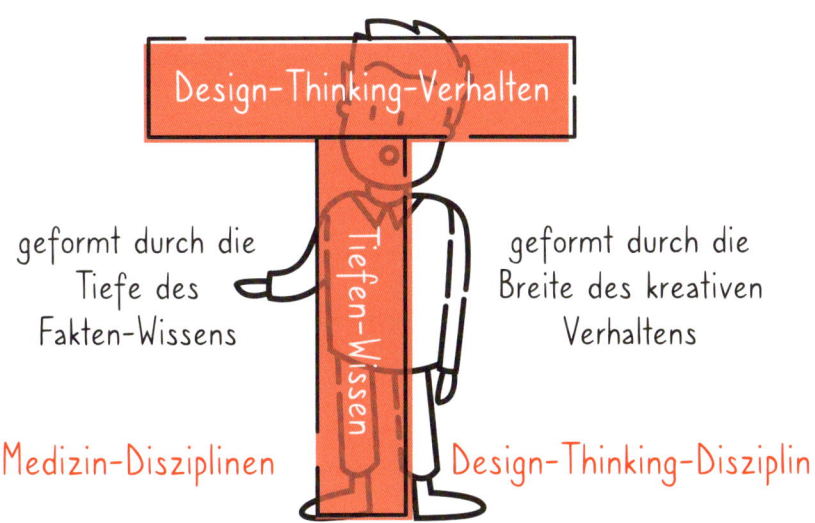

Abb. 24 Das Zusammenspiel der Tiefen (Fakten) und Breiten (Kreativität)

Design-Teams auch nach fünf Jahren nach der Definition des Soll-Prozesses an die detaillierte Lösung erinnern kann!

> **Exkurs Neurodesign**
>
> Warum die Disziplin der Medizin von den Designer-Disziplinen lernen kann? Die Wissenschaft startet mit der Exploration des Wissensgebiets „Neurodesign", um noch besser zu verstehen, wie die neurowissenschaftlichen Unterschiede zwischen Wissenschaftlern und Designerinnen sind. Der Fokus liegt dabei auf „Gehirnplastizität" und damit auf der Fähigkeit des Gehirns, sich unter dem Einfluss des Verhaltens zu verändern – oder gar auch das Verhalten selbst zu verändern! Diese Verhaltensänderung ist aus der Perspektive von wissenschaftlichen Disziplinen wie der Medizin der Fokus des neuen Neurodesign-Forschungsbereichs: Das wissenschaftliche Vorgehen sollte so re-designt werden, dass mehr Kreativität hin zu einem menschzentrierten Ansatz möglich wird.

Fallstricke im Design-Thinking-Umfeld

In der Unternehmenswelt wird der Begriff „Design" oft missverstanden und mit dem bekannteren Aspekt des Designs verwechselt, der in Branchen wie Mode und Branding praktiziert wird, in denen Designer die visuelle Ästhetik für Alltagsprodukte entwerfen. Design Thinking auf diese Weise zu betrachten, trägt zu diesem Missverständnis bei, was dazu führt, dass wichtige Entscheidungsträgerinnen manchmal das Potenzial zur Lösung komplexer Unternehmensprobleme unterschätzen. Dies alles rührt von einer unangebrachten Stigmatisierung des Wortes „Design" her, welche die zugrundeliegende Bedeutungsbreite nicht berücksichtigt. Außerdem muss man nicht zwangsläufig aktives Mitglied im Design-Team sein, um Design Thinking zu praktizieren, da der Innovationsansatz eine demokratische Problemlösung verfolgt. Für die meisten organisatorischen Funktionen im Gesundheitswesen kann Design Thinking somit Anwendung finden. Eine kurze Liste an Beispielen, die sich beliebig verlängern ließe:

- Teams aus Ärzten, die die Wirksamkeit einer neuen Behandlung verbessern wollen,
- Teams aus Ingenieurinnen, die die von einem medizinischen Gerät gesammelten Daten zu Geld machen wollen,
- Teams von Personalentwicklern, die eine Kampagne zur Gewinnung neuer Fachkräfte gestalten.

Durch das starke Involvieren der Teammitglieder entsteht eine hohe Verbindlichkeit zur gemeinsam entwickelten Lösung. Gleichzeitig ist diese Verbindlichkeit aber auch problematisch für die Skalierung der Lernkurve über das Design-Team hinaus. Sehr oft kommt die Frage: Wie kommunizieren wir diese Innovation unseren Kolleginnen gegenüber? Idealerweise würden alle Betroffenen an einem solchen Innovationsprozess teilnehmen. Dies ist v.a. in größeren Organisationen nicht möglich. Was hilft, sind Testrunden mit erweiterten Gruppen, die sich so zumindest teilweise in die Lernkurve einbringen können. Schlussendlich ist es sicherlich zentral, dass sich die „Innovatoren" bei der Einführung der Innovation selbst ins Coaching ihrer Kollegen einbringen.

Der nächste Fallstrick versteckt sich hinter der teils hohen Fluktuation an Mitarbeitenden im Gesundheitswesen. Denn so kann es vorkommen, dass bei Einführung einer Innovation unter den Kollegen einige der Innovatoren nicht mehr dort tätig sind. In diesem Punkt herrschen beinahe schon Zielkonflikte vor. Einerseits ist es zentral, dass die Design-Teams durch eine gewisse Konsistenz gekennzeichnet sind, da ständig wechselnde Teammitglieder den Prozess ungemein verlangsamen. Gleichzeitig soll das Wissen aber nicht auf nur einzelne Mitarbeitende verteilt werden. Somit sollte also die ständige Gratwanderung zwischen schnell wachsendem Wissen und der Gefahr des Wissensverlusts ausbalanciert werden. Dies ist in kürzeren Projekten, in denen Invention und Einführung nicht weit auseinander liegen, weniger problematisch. Schwieriger ist es beispielsweise bei einem Neubau, bei welchem die gesamte Einführung der Lösung auch insgesamt 5–8 Jahre auf sich warten lassen kann.

Um die knapp verfügbaren Ressourcen gut einzusetzen, wird oft versucht, den Innovationsprozess sehr nah am Tagesgeschäft durchzuführen. Die Nähe kann geografisch und/oder auch gedanklich sein. Der Gedanke der geografischen Nähe ist prinzipiell nicht falsch. Im Gesundheitswesen sind die Ressourcen oft besonders knapp, und je näher sich die Experten an der Prototyping-Zone befinden, umso schneller können sie hin und her wechseln. Dahinter verbirgt sich aber auch das große Problem, dass die Mitglieder des Design-Teams Innovationen nie wirklich unabhängig vom aktuellen Status quo entwickeln können. Ein Telefonanruf da, ein „Notfall" hier, und schon sind sie wieder für eine Stunde aus dem Innovationsprozess gelöst und diesbezüglich abgelenkt. Wenn dies geschieht, verschmelzen die geografische und gedankliche

3 Design Thinking

Distanz zu einer einzigen. Um dieser Vermischung vorzubeugen hilft es, die Mitglieder des Design-Teams ihren Innovationsprozess fernab des Tagesgeschäfts konzentriert durchlaufen zu lassen.

3.4 Der Design-Thinking-Kreislauf

Über Design Thinking und was alles „dazugehört", wurde bereits viel geschrieben. Unterschiedliche Denkschulen stellen unterschiedliche Darstellungen in den Vordergrund. An der Basis treffen sich die zentralen Vertreterinnen bezüglich der folgenden Kernelemente:

- iterativer Kreislauf,
- Design-Team, das sich über viel Diversität definiert,
- einige kreativitätsfordernde Elemente, die helfen, besonders innovativ zu sein.

Bei aller Euphorie über die letzten Jahre und bevor wir in konkretere Prinzipien, Konzepte und Werkzeuge einsteigen, bleibt Design Thinking ein pragmatischer Innovationsatz, der einen hohen Anspruch hat, Probleme über den Fokus auf Bedürfnisse zu lösen. Um das zu veranschaulichen, versetzen wir uns in die Lage der Ärztin Frau Dr. Wehrle, die den Design-Thinking-Ansatz in der Praxis umsetzen will. Die Neurologin hat das Ziel, ihre Station interprofessioneller werden zu lassen. Sie hat verstanden, dass Design Thinking attraktiv ist, da es den verschiedenen Experten eine Plattform gibt, auf der sie unterschiedliche Lösungen erarbeiten können. Ihre Station ist eine Doppelstation der Neurologie und Kardiologie und soll u.a. beide Disziplinen im Alltag noch näher zusammenzubringen.

Die Vorgehensweise des Design-Thinking-Zyklus integriert verschiedene Change-Methoden, welche die Nachhaltigkeit und Akzeptanz der entwickelten Lösung fördern. Die Vorgehensweise minimiert Hierarchiegefälle, gibt allen Involvierten eine Stimme und lässt schließlich die Lösung für sich sprechen. Ganz nach dem Motto: Zuerst probieren, dann diskutieren. Frau Dr. Wehrle scheint Gefallen am Grundgedanken zu haben und hat genug von den politischen Grabenkämpfen zwischen Ärzteschaft und Pflege bzw. zwischen ihrer Neurologie und der Kardiologie. Sie will endlich sachlich orientiert einen innovativen und effizienteren stationären Ablauf entwickeln. Begleiten wir sie im Folgenden bei den fünf Schritten des Design-Thinking-Kreislaufs.

Problemverständnis und Problemdefinition
Der erste Schritt wird sein, ein auserwähltes Design-Team aus unterschiedlichen Kolleginnen aus dem Tagesgeschäft zu gründen, welches sich den aktuellen Betrieb anschaut und zentrale Brennpunkte identifiziert. Der Gedanke der T-shaped-Struktur hilft Frau Dr. Wehrle dabei, das Team zusammenzustellen. Die Beobachtungen vor Ort („Gemba", japanisch für „Ort des Geschehens") wird aufzeigen, welche Leistungseinschränkungen aktuell im System Station bestehen und welche positiven Dinge beibehalten werden sollen (s. Abb. 25). Das identifizierte Team nimmt sich 2 Tage Zeit, um alle relevanten Informationen zu sammeln. Dabei ist es zwar möglich, dass einzelne Personen von diesen Informationen bereits wissen. Dennoch sollen in diesem Schritt alle Mitglieder als „Innovationsteam" gemeinsam auf einen Wissensstand kommen.

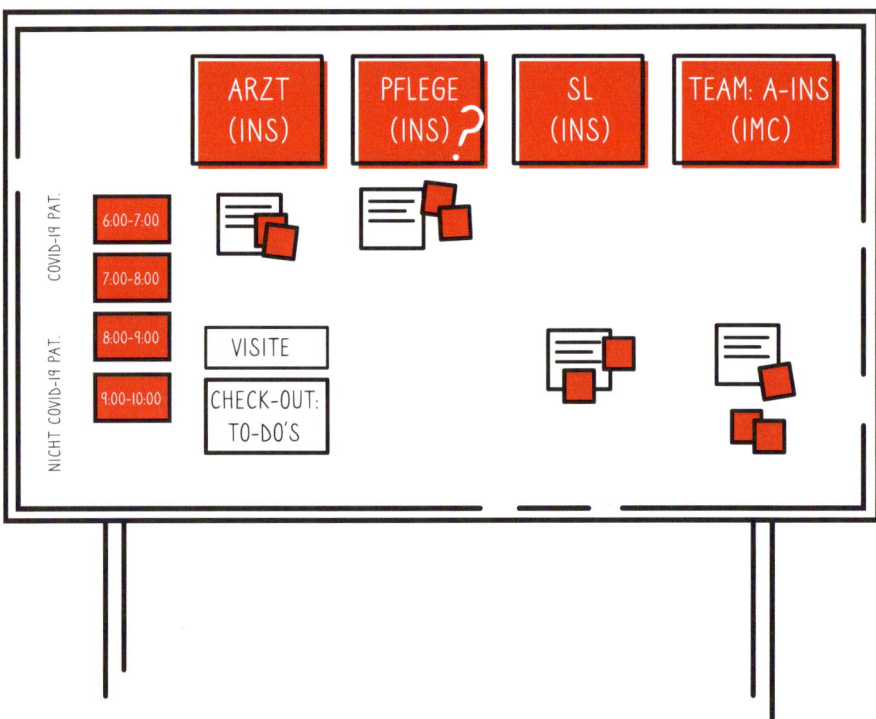

Abb. 25 Visualisierung der Beobachtungen des Gemba-Walks

Auch Frau Dr. Wehrle hat nach 15 Jahren, in denen sie auf der Station beschäftigt war, in diesen 2 Tagen noch manches dazugelernt.

Bedürfniserfassung und Ideengenerierung
Das Design-Team hat nach den zwei Tagen genug gemeinsames Wissen und Verständnis für die anderen Berufsgruppen und Disziplinen aufgebaut und verlässt die Station. Besonders hervorzuheben ist hier der Empathieaspekt, welcher die Mitglieder des Design-Teams dazu befähigt, sich auf die Bedürfnisse der einzelnen Anspruchsgruppen zu fokussieren. Es werden nun die zentralen Bedürfnisse der Patientinnen abgeleitet sowie der Personen, die auf dieser Station arbeiten. Auch die Menschen, die vor- oder nachgelagerte Leistungen erbringen, wie Ambulanzen oder Sozialdienst, werden berücksichtigt. Um diese zentralen Anspruchsgruppen immer im Fokus zu haben, nutzt das Design-Team das Werkzeug der Personas. Bei dem Werkzeug Persona werden Einzelbedürfnisse der Zielgruppe abstrahiert und in Form eines fiktiven, archetypischen Nutzers dargestellt, der sehr konkret beschrieben wird (s. Abb. 26).

Diese einzelne Persona mit all ihren Bedürfnissen, Fähigkeiten, Sorgen, Wünschen und Gedanken repräsentiert somit eine gesamte Bedürfnisgruppe. Typischerweise erstellen Design-Teams 5–8 Personas, um einen Großteil der Anspruchsgruppen abzubilden. Diese werden in der Prototyp- und Testphase kontinuierlich herangezogen,

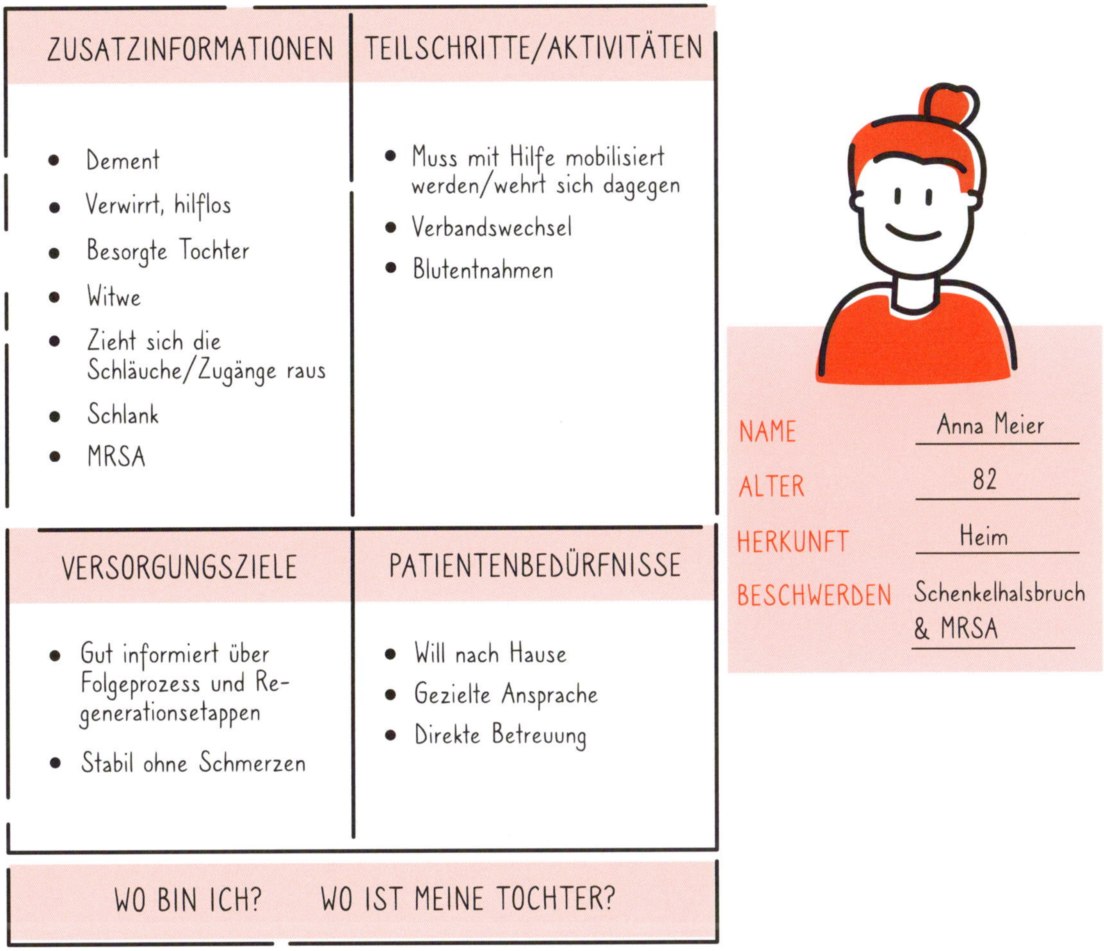

ZUSATZINFORMATIONEN	TEILSCHRITTE/AKTIVITÄTEN
• Dement • Verwirrt, hilflos • Besorgte Tochter • Witwe • Zieht sich die Schläuche/Zugänge raus • Schlank • MRSA	• Muss mit Hilfe mobilisiert werden/wehrt sich dagegen • Verbandswechsel • Blutentnahmen

NAME	Anna Meier
ALTER	82
HERKUNFT	Heim
BESCHWERDEN	Schenkelhalsbruch & MRSA

VERSORGUNGSZIELE	PATIENTENBEDÜRFNISSE
• Gut informiert über Folgeprozess und Regenerationsetappen • Stabil ohne Schmerzen	• Will nach Hause • Gezielte Ansprache • Direkte Betreuung

WO BIN ICH?	WO IST MEINE TOCHTER?

Abb. 26 Beispiel einer Persona

um zu schauen, welche Gewinne bzw. Schwächen die entwickelte Lösung für die jeweiligen Bedürfnisgruppen birgt.

Nachdem die Bedürfnisse verstanden wurden, geht es darum, möglichst viele Ideen zu generieren. Eine ausgezeichnete Quelle ist die Begehung vor Ort, die in der Regel viele Verbesserungsideen im Team provoziert. Das Design-Team startet mit Brainwriting, sodass es zunächst im Stillen die ersten Ideen niederschreibt. Ein Hauptvorteil von Brainwriting ist, dass die Teilnehmenden gleichberechtigt in Ruhe ihre Ideen zum Ausdruck bringen können. Erst danach wird in den dynamischeren Modus des Brainstormings gewechselt. So kommen sehr viele, teils sehr abgefahrene Ideen zusammen, z.B. die Staffelung der Visitenzeiten über die Disziplinen hinweg, ein telemedizinischer Konsiliardienst, ein interprofessionelles tägliches Zusammenkommen, um die Zeitpunkte der Visite zu definieren, sowie konkrete Festlegungen der Rollenverteilungen und Kommunikationsinstrumente für den Informationsfluss.

II Die sieben Management-Ideen

Die Gestaltung der haptischen Prototypen

Der Kern im Design Thinking definiert sich sehr stark über das haptische (greifbare) Bauen von Prototypen. Jede Idee soll idealerweise in testbare, haptisch aufgebaute Prototypen überführt werden. Heterogene Design-Teams entwickeln über das konkrete Bauen eine gemeinsame Vorstellung, was unter der einen oder anderen Lösung genau zu verstehen ist. Wenn dieser Bauprozess fehlt, ergeben sich häufig Missverständnisse darüber, was beispielsweise die Kollegin aus der anderen Disziplin genau unter der Idee versteht. Über diesen Bauprozess – in der Diskussion und dem Ausprobieren – klären sich viele dieser Fragen. Das Team baut beispielsweise ein interprofessionelles Board, das die zentralen Punkte für den Tagesablauf darstellt. Oder sie basteln ein Patientenboard für jeden Patienten, auf dem Fragen und Termine festgehalten werden können.

Dieser haptische Bauprozess ist einer der wirkungsvollsten Prozesse im Design Thinking und eines der Markenzeichen des Innovationsansatzes Design Thinking. Gerade in einem Expertenumfeld wie dem Gesundheitswesen ist es essenziell, dass die unterschiedlichen Perspektiven im Lösungsfindungsprozess konstruktiv zusammenfinden. Es werden im Prototypen-Bauprozess Entscheidungen provoziert. Die Verbindung von Hand und Kopf fördert zusätzlich Kreativität. Rasch entstehen mehrere Prototypen, die zum Teil auch als Alternativen oder aber auch als jeweilige Weiterentwicklungen zu betrachten sind (s. Abb. 27). Schlussendlich ist dabei jeder Prototyp ein Lernobjekt für das gesamte Team. Zu beachten ist: Solch gefertigte Prototypen beantworten gerade zu Beginn, in den ersten Iterationen, nicht alle anfallenden Fragen. Jedoch provozieren sie meist weitere wertvolle Fragestellungen.

Abb. 27 Prototypisierung in der Prototypenzone

3 Design Thinking

Ein entscheidender Punkt, um erfolgreich Innovation zu realisieren, ist, dass im Innovationsprozess möglichst früh die richtigen Fragen gestellt werden. Prototypisieren gibt dem Design-Team die Möglichkeit, dies sehr früh zu tun, da Fragen insbesondere dann sichtbar werden, wenn die Innovation in Form eines Prototyps umgesetzt ist. Damit das Design-Team agil bleibt, arbeitet es in dieser Phase mit einfachen Materialien wie beispielsweise Pappe, Klebeband, Papier, Post-its oder Knetmasse. Damit kann das Team mehrere Varianten austesten und schnell weitere Ideen in die Prototypen integrieren. Dies schafft die Möglichkeit, innerhalb von fünf Minuten eine Alternative aufzubauen.

Kehren wir zurück zum Design-Team von Frau Dr. Wehrle, das in der Zwischenzeit mehrere verschiedene Prototypen gebaut hat. Darunter ist ein gemeinsamer Check-in vor dem Zimmer sowie ein mobiler Visitenwagen, bei dem das Konsil über eine telemedizinische Infrastruktur zugeschaltet werden kann. Der Prototyp muss nicht immer 1:1 haptisch aufgebaut sein. Gerade im Gesundheitswesen kann auch ein Rollenspiel eines Prozesses ein guter und testbarer Prototyp sein. Die Wissenschaft der Prototypen hat in den letzten 60 Jahren gezeigt, dass verschiedene Prototypenarten dabei helfen, noch innovativer zu werden (s. Exkurs zu Prototypenarten und Abb. 28). Die Prototypenarten haben das Ziel, einerseits die Innovationshöhe zu maximieren und den Design Space auszureizen, ohne andererseits an Effizienz bezüglich der Einhaltung von Deadlines einzubüßen. Dank divergierender Prototypenarten werden möglichst viele Ideen geschaffen („Masse statt Klasse"), und der Kreativität wird freier Lauf gelassen. Bei den konvergierenden Arten geht es darum, effizient zu einem finalen nachhaltigen und gut getesteten Prototyp zu kommen.

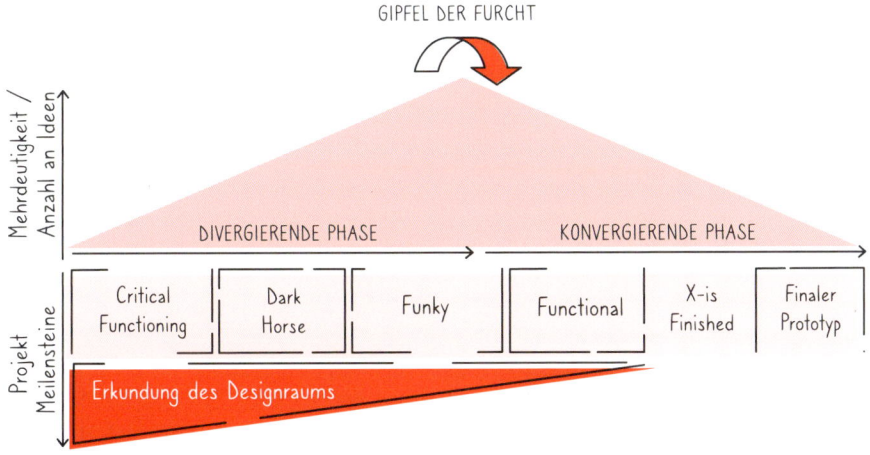

Abb. 28 Projektmethodik mit Fokus Prototyping: In Anlehnung an Vetterli et al. (2012)

> **Exkurs: Unterschiedliche Prototypenarten, die in der Abfolge zu einer hohen Erfolgswahrscheinlichkeit führen**
>
> - **Critical-Function-Prototyp:** Die kritischen Funktionen wie beispielsweise Individualität, Standardisierung oder Interprofessionalität sollen in den unterschiedlichen Prototypen als „Basis" integriert werden.
> - **Dark-Horse-Prototyp:** Grundannahmen werden hinterfragt wie beispielsweise, ob der Patient dafür überhaupt im Krankenhaus sein muss bzw. wie die Patientin außerhalb des Krankenhauses versorgt werden könnte. Das Dark-Horse-Prototyping hilft bei gedanklichen Sackgassen und schafft signifikante Innovationshöhen.
> - **Funky-Prototyp:** Aus den Lerneffekten der anderen beiden vorhergehenden Prototypenarten werden die erfolgversprechendsten Elemente zusammengefügt, sodass einige noch nicht 100% konsistente Prototypenkonzepte entstehen („funky"). Es kann beispielsweise eine interprofessionelle Absprache mit einem speziellen Patientenzimmeraufbau zusammengebracht werden.
> - **Functional-Protoyp:** Die Konsistenz der einzelnen Prototypenelemente wird erhöht, indem die Prototypenkonzepte funktionaler werden. Es entstehen immer bessere Lösungssysteme. Beispielsweise wird prototypisiert, wie sich eine interprofessionelle Visite mittels der richtigen Zimmerarchitektur voll entfalten kann.
> - **X-is-finished-Prototyp:** Diese Prototypenart hilft vor allem, dem Ende einen signifikanten Schritt näher zu kommen. Eine Funktion „x" wird dabei soweit wie möglich fertig prototypisiert.
> - **Finaler Prototyp:** Dieser Prototyp soll das Nacherleben des zukünftigen Erlebnisses ermöglichen. Es ist noch ein Prototyp, d.h. nicht alle Funktionen sind komplett fertig erstellt. Beispiel Check-in im Krankenhaus: Beim Prototyp fehlt noch die Programmierung der Benutzeroberfläche, um sich selbstständig einzuchecken. Die skizzierten Vorlagen und die Prozesselemente geben aber eine klare Vorschau, wie das Check-in geschehen wird.

Das Testen der Prototypen

Das haptische Aufbauen oder vorzeigbare Rollenspiel bietet die Möglichkeit, dass diese Ideen als Prototypen nun getestet werden können. Hier können einerseits „Kundinnen" (Mitarbeitende, Patienten), aber auch Entscheidungsträger hautnah in die Vorschau der zukünftigen Lösung eingebunden werden. Es kann zu jedem Element eine Rückmeldung eingeholt werden. So sind rasch Verbesserungsvorschläge in der nächsten Version des Protoyps umsetzbar. Denn eine Idee, die nicht getestet wird, bleibt eine Hypothese. Auch Frau Dr. Wehrle hat das erkannt. Das Design-Team bekommt zeitnah Rückmeldung, dass der telemedizinische Konsiliardienst nicht direkt dann zur Verfügung steht, wenn das visitierende Team beim entsprechenden Patienten vor dem Zimmer steht. Es werden nun Alternativlösungen prototypisiert und bei der nächsten Testrunde auf Innovation und Realisierbarkeit geprüft.

Lernen über rasche Iterationen

Die Geschwindigkeit in der Lösungserarbeitung ist zentral. Die erstbesten Lösungen sind nicht immer die innovativsten. So ist der Weg schon fast das Ziel. Sprich: Eine hohe Anzahl an Iterationen ist ein Teil des Ziels. Was die weltweit innovativsten Design-Teams *nicht* ausmacht, ist, dass sie aus einer möglichst hohen Anzahl von Daniel Düsentriebs bestehen. Ihr Erfolgsgeheiminiss ist, dass sie rasch die unterschiedlichen Designzyklen durchlaufen. Sie wollen möglichst schnell lernen, welche Lösung am besten auf die identifizierten Bedürfnisse passt.

3 Design Thinking

Frau Dr. Wehrle kennt diesen Erfolgsfaktor und will nun nach fünf Iterationen und einigen Critical-Function-Prototypen einen Dark-Horse-Prototyp provozieren. Sie möchte mehr Innovation und hinterfragt bewusst radikal, ob die Patienten überhaupt noch tagsüber im Bett sein müssen? Die nächste Iteration ist lanciert. Die zahlreichen Iterationen in den unterschiedlichen Prototyping-Workshops generieren ein immer konsistenteres Bild über die verschiedenen Perspektiven in den unterschiedlichen Prototypenvarianten. Frau Dr. Wehrle ist mit dem Ergebnis zufrieden. Ihre Neurologen konnten sich mit den Kardiologen zusammentun und entwickelten eine gemeinsame Interaktionsplattform. Auf dieser wird mehrfach am Tag über die Professionen und Disziplinen hinweg der Status gecheckt. Bei Abweichungen vom Tagesziel können Gegenmaßnahmen gemeinsam entschieden werden.

Diese Iterationen brauchen eine klare Struktur, um gut zu funktionieren. Aus zahlreichen Projekten hat es sich bewährt, die Prototyping-Sessions in mehrere Blöcke zu unterteilen (s. Abb. 29). Ein Block besteht aus 2–3 Tagessprints. Es ist erstaunlich, wie

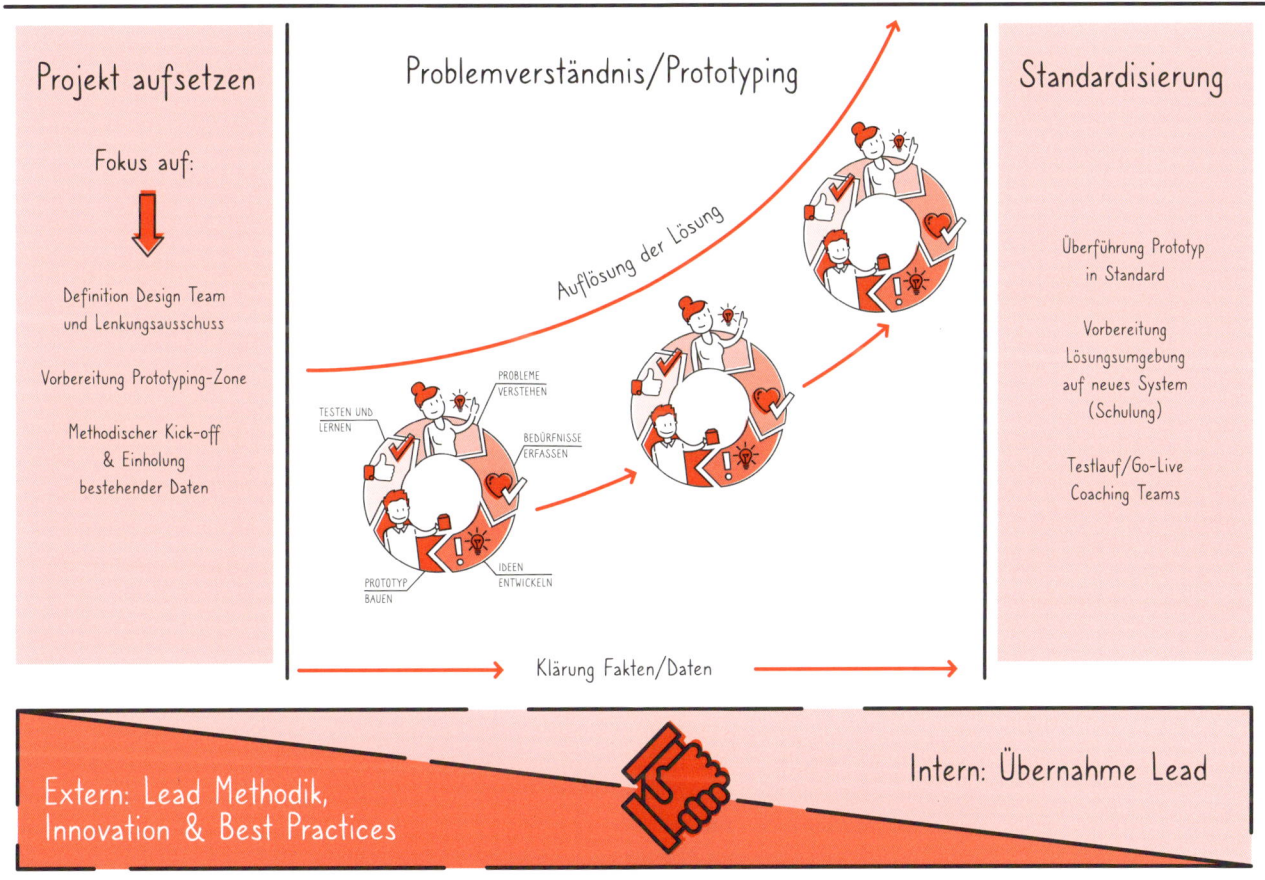

Abb. 29 Beispiel eines Projektverlaufs (In Anlehnung an ME310, Stanford University 2016)

weit ein Team innerhalb eines solchen mehrtätigen Sprints kommt. Ideen, die eventuell ganz zu Beginn am ersten Tag dominant waren, haben sich stark weiterentwickelt. Das Team hat nach einiger Zeit einen geeinigten Blick auf mögliche Lösungen erhalten und weiß, welche Details noch fehlen. Außerdem wird über diese intensiven Sprints jedes Mitglied des Design-Teams befähigt, anderen außenstehenden Personen den Kern des Prototyps zu berichten. Wichtig ist das Momentum. Zwischen den einzelnen Mehrtagessprints sollte nicht zu viel Zeit vergehen. 2–3 Wochen bis zur nächsten Runde reichen, um gewisse Gedanken reifen zu lassen bzw. gewisse Daten zu einer spezifischen Fragestellung zu sammeln. Dann sollte das Design-Team wieder zusammenkommen und die nächsten Prototypen-Iterationen durchlaufen. Diese Sprintstruktur schlägt zwei Fliegen mit einer Klappe: Sie ermöglicht einerseits eine gewisse Distanz zum Tagesgeschäft, welche bessere Innovationen zur Folge hat. Andererseits führt sie zu einer hohen Dynamik und Geschwindigkeit auf dem Weg zu einer erfolgreichen Umsetzung.

Die Prototypen-Sessions können grundsätzlich überall stattfinden, beispielsweise in einem heute gerade leeren Stationszimmer für kleinere Vorhaben, oder in einer großen Halle für größere Vorhaben. Das anvisierte Ziel und der Umfang des Projektes bestimmen dabei, wie groß eine solche Prototyping-Zone sein sollte. Die Prozessdefinition von einem kompletten neuen Krankenhaus beispielsweise erfordert eher eine größere Halle, um die unterschiedlichen Prototypen auch über die Prototypensprints hinweg stehenzulassen. Zudem ist es auch für die Kommunikation hilfreich, gewisse Zwischenergebnisse anderen Kolleginnen als Anschauungsbeispiel zeigen zu können.

3.5 Praxisbeispiel – wie eine Uniklinik Design Thinking tief einbettet

Ein deutschsprachiges Universitätsklinikum hat Design Thinking über mittlerweile 7 Jahre hinweg in die eigene Innovations- und Projektmethodik eingebettet. Es wurden in der Zwischenzeit zahlreiche Projekte mit dem Vorgehen durchlaufen und ganz unterschiedliche Probleme gelöst. Das chirurgische Patientenzimmer, der Besucherfluss der neuen Küche, die zentralen Prozesse der zentralen Notaufnahme (ZNA) oder das Grundsystem einer stationären Logik wurden allesamt nach Design-Thinking-Prinzipien aufgegleist. Es entwickelte sich über die Jahre ein Bewusstsein, welche Probleme mit Design Thinking angegangen werden können und, vor allem, welche nicht. Zur Unterstützung der Anwendung wurde ein fixe Design-Thinking-Umgebung geschaffen. Dieser neue Raum entfaltete eine starke Signalwirkung in das gesamte Haus.

Die Design-Thinking-Reise startete mit einem Bauprojekt. Das Ziel war es, ein Ambulatorium neu zu planen. Die Entwicklung sollte Innovationen provozieren und die Vorgabe für einen Neubau sein und, noch wichtiger: Sie sollte die Prozesse neu definieren. Es war allen klar, dass die zentralen Prozesse effizienter und effektiver werden müssen. Das Design-Team in dieser ersten Phase bestand aus Ärzteschaft und Pflegenden aus verschiedenen Disziplinen, ergänzt durch administrative Fachkräfte sowie IT-Personal, das punktuell dazu kam. Die Entwicklung des Soll-Prototyps dauerte insgesamt 9 Designsprinttage für einen tief aufgelösten Prototyp und 16 Designsprinttage für den hoch aufgelösten Prototyp. Aus diesen Sprints entstand die Vorlage des neuen interdisziplinären zentralen Ambulatoriums. Viel wichtiger aus einer evolutionären Perspektive war aber der hausinterne Beweis, dass mit Design Thinking zentrale Probleme angegangen und Innovation provoziert werden können. Zusätzlich wurde durch die zahlreichen Sprinttage bereits eine erste Auswahl an Personen initiiert, welche sich vermehrt mit diesem Ansatz beschäftigen wollten und konnten. Dies half, um dann in der nächsten Etappe der Einbettung bereits ein internes Team zu stellen. Dieses interne Team konnte die nächsten Projekte also dabei unterstützen, ebenfalls nach den Design-Thinking-Prämissen vorzugehen.

Mit der Zeit entwickelten sich immer mehr kleinere Teams, die selbst eigene Projekte initiierten. Ein Beispiel war die Überprüfung der zentralen Notfallprozesse für den Neubau der ZNA. Das allererste Design-Thinking-Projekt für das neue Ambulatorium zeigte Lösungsansätze, welche die ZNA ebenfalls für sich prüfen wollte. So wurde das jahrelang erstellte Grundkonzept einer „Prüfung" unterzogen. Dabei durchlief ein großes Team an Experten aus dem Bereich der Notfallmedizin und deren Schnittstellen 2 Tage lang den Design-Thinking-Zyklus. Sie gingen in die aktuellen unterschiedlichen Notfallanlaufstellen des Krankenhauses und sammelten über Beobachtungen viele Hinweise, welche Elemente in der Zukunft beizubehalten bzw. zu vermeiden seien. Mit den Ergebnissen und den Zahlen der zukünftigen Patientenvolumen wurden Personas erstellt, die den Plan über prototypische Elemente durchleuchteten. Es wurde rasch klar, dass der ursprüngliche Ablaufplan nicht die notwendige Verbesserung brachte, beispielsweise die Einbettung der Radiologie in den Prozess. Dementsprechend entwickelte das Team über Monate hinweg in kurzen Designsprints immer bessere Prototypen der Ablaufpläne für die ZNA. Der finale Prototyp wurde dann in den Bauplan überführt und als Grundlage für die Planung herangezogen.

Es zeigte sich über die zahlreichen Projekte, dass die Expertenumgebung „Krankenhaus" sich besonders gut für die Design-Thinking-Herangehensweise eignete. Das universitäre Umfeld akzentuiert gewisse Verhaltensweisen über Expertenverhalten sogar noch stärker. So wurde immer mehr bei interdisziplinären und interprofessionellen Umgebungen über das prototypenbasierte Entwickeln nach gemeinsamen Lösungen gesucht. Die Diskussions- Entwicklungsqualität schaffte über die einzelnen Prototypen, was viele vorhergehende Anläufe nicht geschafft hatten. Parallel dazu entwickelte sich eine immer bessere interne Kompetenz, die Projekt für Projekt an Erkenntnissen und Legitimation gewann. Mittlerweile darf von einer lernenden Organisationseinheit gesprochen werden. Über Lean-Gestaltungsprinzipien (s. Kap. 4) und den Innovationsansatz Design Thinking wird sehr viel Wirkung im strategischen Umfeld sowie in sehr operativen Aufgabenstellungen bewirkt. Die wechselnden Herausforderungen können so gewinnbringend angegangen werden.

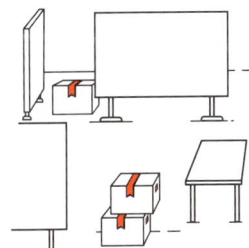

3.6 Hinweise zur Umsetzung in die Praxis

Eingangs wurde die Frage gestellt: Wie können interprofessionelle Innovationen provoziert werden? Design Thinking ist ein bewährter Weg, um in interprofessionellen und interdisziplinären Teams Innovation zu betreiben. Die Frage stellt sich, wie eine Gesundheitsinstitution den Ansatz in die eigene Organisation einbetten kann. Der Einbettungsprozess, aber auch die Entwicklung der Sensibilität darüber, welche Fragestellungen sich dafür eignen, sind hier zentral. Für den Einbettungsprozess haben sich drei Stufen bewährt: lernen, adaptieren, diffundieren (s. Abb. 30).

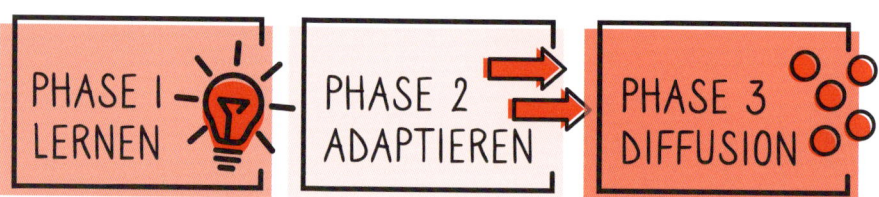

Abb. 30 Einbettung von Design Thinking in die Praxis

Phase 1: Lernen

Die erste Phase lässt zu, sich den Effekten und Voraussetzungen anzunähern und zu lernen, wie einerseits der Prozess läuft, und andererseits, welche Ergebnisse daraus entstehen. Die meisten Organisationen haben Respekt davor, dass keine nachhaltige Lösung entsteht. Dies ist selten ein Problem. Typischerweise haben die Organisation jedoch keine hausinterne Projektstruktur, die ein Lieferergebnis in Form eines getesteten Prototyps integrieren und in die Umsetzung überführen kann. Idealerweise entwickelt die Institution einen guten Filter dazu, welche „wicked Problems" durch den Design-Thinking-Ansatz angegangen werden können. „Wicked Problems" sind komplexe Probleme bzw. Problembereiche, die keine eindeutige Lösung haben. Problemstellungen, die ein klares Zielbild bereits vor Beginn der Arbeit haben, eignen sich definitiv nicht für ein Design-Thinking-Projekt.

Phase 2: Adaptieren

Die Adaptionsphase muss in der Entwicklung einer organisationsinternen Projektstruktur münden. Diese Struktur beinhaltet eine divergierende Phase zur Exploration des Design Space („Lösungraum"). Bewährt hat sich die sogenannte Jagdstrategie. Hinter dieser Strategie verbirgt sich das Ziel, über die unterschiedlichen Prototypen zu „jagen" und dabei nicht müde zu werden – sondern, je nach Testergebnis, das Problemverständnis wieder zu adaptieren und neue Erkenntnisse zuzulassen. Viele klassische Projektansätze haben risikominimierende Elemente. In einem ersten Schritt nicht so sehr bei Design Thinking. Man braucht dort eine Projektstruktur, die in der divergierenden Phase den Mut hat, die Jagdstrategien zu ändern. Das bedeutet zwar mehr Risiko, jedoch auch mehr Ideen und mehr Innovationspotenzial. Die gute Nachricht: Über die gesamte Projektlaufzeit hinweg ist die Design-Thinking-Projektstruktur mit weniger Risiko behaftet. Denn das Durchlaufen von unterschiedlichen Prototypenarten, bevor es zu einer Umsetzungsphase kommt, schafft eine hohe Sicherheit, was genau entwickelt werden muss. Deswegen sollte zumindest die Critical-Function- und Dark-Horse-Phase in die Projektstruktur integriert werden, um das Innovationspotenzial einer Fragestellung abzuschöpfen.

3 Design Thinking

Phase 3: Diffundieren

Die Diffusion in der Breite der Organisation läuft idealerweise über immer weiter steigende Methodenkompetenzen, die sich ein Botschafterteam („Ambassadoren") über mehrere Projekte und Varianten aneignen musste. Es hat sich gezeigt, dass der reine hauseigene Aufbau von Expertise die große Gefahr birgt, sich zu sehr an den „alten" Status quo von Projekten anzunähern. Die Majo Clinic, Kaiser Permanente, aber auch europäische Beispiele wie das LKH Universitätsklinikum Graz lassen regelmäßig ihre Projekte durch externe Expertise in Methode und Best Practices anreichern. Damit sind sie ständig informiert, was „außen" als Referenz gilt. Viele Organisationen bauen so durch externe Kompetenz ihre interne Kompetenz Stück für Stück auf und sichern sich immer mehr eigene erfolgreiche Referenzprojekte. Die Prämisse, dass es so weitergeht, wie es angefangen hat, ist wohl auch hier richtig: Das erste Projekt muss „sitzen", dann kommen die nächsten Gelegenheiten von allein.

> Zusammengefasst: *Was macht Design Thinking zu so einem erfolgreichen und beliebten Ansatz in der Praxis? Es ist zum einem das ständige, iterative Durchlaufen des innovationsfördernden Kreislaufs. Weiters hat sich das Zusammenspiel unterschiedlicher Perspektiven als sehr wertvoll erwiesen. Sehr viel Motivation und Inspiration kommen aus dem dynamischen, haptischen Interagieren in den Prototyping-Zonen. Zu beachten ist, dass der Erfolg des Vorgehens stark von der adäquaten Moderation abhängt. Wenn die Voraussetzungen gegeben sind, hat Design Thinking ein großes Potenzial, was viele internationale Vorzeigehäuser im Gesundheitswesen seit Jahren nutzen. Just do it!*

3.7 Literaturempfehlungen: Wo kann ich mehr erfahren?

Das Werk „**Design Thinking: Das Handbuch**" (2015) von F. Uebernickel et al. fasst auf einer operativen Ebene zusammen, welches die zentralen Schritte und Ingredienzen für die Anwendung von Design Thinking sind. ISBN: 978–3956010651

„**Change by Design: How Design Thinking Transforms Organizations and Inspires Innovation**" (2009) von T. Brown gilt als eines der ersten Bücher, welche das Design Thinking des heutigen Verständnisses erläutert. ISBN: 978–3800652594

Das Paper „**Delight by Design als Erfolgsfaktor im Spitalwesen**" (2017) von Vetterli et al. in der Marketing Review St. Gallen ist eines der ersten wissenschaftlichen Papers, wie Design Thinking im Gesundheitswesen angewendet wurde und wie die ersten Einbettungsschritte erfolgten.

*Wie werden wir
jeden Tag etwas besser?*

Lean und Kaizen

Alfred Angerer

mit einem Gastbeitrag von Mark Graban

4.1 Heutige Probleme

Hand aufs Herz: Wie finden Sie die Arbeitsabläufe in Ihrer Organisation? Viele der Organisationen, die wir analysiert haben, zeigen immer wieder die gleichen Symptome:

- Lange Bearbeitungszeiten – Bis eine kleine Anfrage genehmigt wird, vergehen Wochen.
- Unklare Vorgaben – Wer muss nochmals darüber entscheiden, ob wir das machen dürfen?
- Lange Meetings – Die halbstündige Diskussion zwischen zwei Personen hätte auch ohne die anderen zehn Personen im Raum stattfinden können.
- Feuerwehrübungen – Hektisches Reagieren und Entscheidungen in letzter Sekunde, obwohl das Thema schon vor Wochen angesprochen wurde.

Ein Systemfehler – kein menschlicher Fehler

Dass unsere Organisationen sich mit diesen Problemen plagen, ist kein Problem der Mitarbeitenden per se. Es sind kluge Menschen, die hart arbeiten, rational agieren, und trotzdem funktioniert das Gesamtsystem nicht. Das Problem ist schon aus der Physik bekannt: Entropie. Was kompliziert klingt, ist einfach zu verstehen. Alle Systeme neigen dazu, im Verlauf der Zeit an Unordnung (= Entropie) dazuzugewinnen. Und bei unseren Organisationen ist es genauso. Selbst wenn wir die perfekten Abläufe einmal eingerichtet haben, werden diese im Laufe der Zeit immer schlechter passen. Denn alles verändert sich: Die Technik, die Wünsche der Kunden, die Ansprüche der Mitarbeitenden etc. Ein perfekter Prozess vor 20 Jahren, um eine Kundenbeschwerde per Fax zu bearbeiten, ist heute veraltet und umständlich. Viele Gesundheitsorganisationen stecken in Teufelskreisen, die sie daran hindern, ihre Prozesse zu verbessern. Denn schlechte Prozesse führen zu Stress und zu schlechten Leistungen. Gestresste Menschen haben aber keine Zeit, sich um Prozessoptimierungen zu kümmern. Das führt zu Frustration: Man arbeitet hart und kommt trotzdem nicht voran – so wie Sisyphus und sein rollender Stein in der griechischen Mythologie (s. Abb. 31).

4.2 Bisherige Ansätze greifen zu kurz – gut gemeint ist nicht gut gemacht

Arbeitskreise. „Wenn man nicht mehr weiterweiß, bildet man einen Arbeitskreis", sagt das bissige Sprichwort. Ein Arbeitskreis ist eine Gruppe von Menschen, die sich regelmäßig trifft, um Probleme gemeinsam zu lösen. Der Kreis findet parallel zu den generellen Aufgaben der Mitarbeitenden statt – diese behalten also ihre bisherige Arbeitsstelle und vorgesetzte Person. An sich sind Arbeitskreise keine schlechte Idee. Wenn sie allerdings unstrukturiert, ohne die richtigen Werkzeuge und mit wenig Macht ausgestattet vorgehen, werden sie als zahnloser Debattierclub die ohnehin schon zu knappe Zeit der Mitarbeitenden stehlen, statt diese zu vermehren!

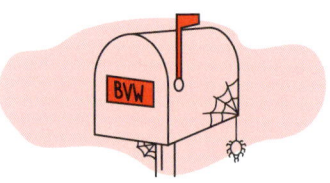

Betriebliches Vorschlagswesen. Gibt es einen anderen Begriff, der so verstaubt klingt, wie „betriebliches Vorschlagswesen"? Dabei steckt doch eine tolle Grundidee dahinter: Mitarbeitende sollen Ideen äußern, wie die Organisation besser gestaltet werden könnte. Allerdings ist es entscheidend, wie diese Ideen gesammelt und bewertet werden. Der klassische Briefkasten mit einem Papierformular ist dabei keine gute Lösung. Ich habe es selbst bei meinem alten Arbeitgeber ausprobiert und eine Idee eingeworfen. Nach mehreren Wochen kam ein dreizeiliger Brief zurück, in welchem mitgeteilt wurde,

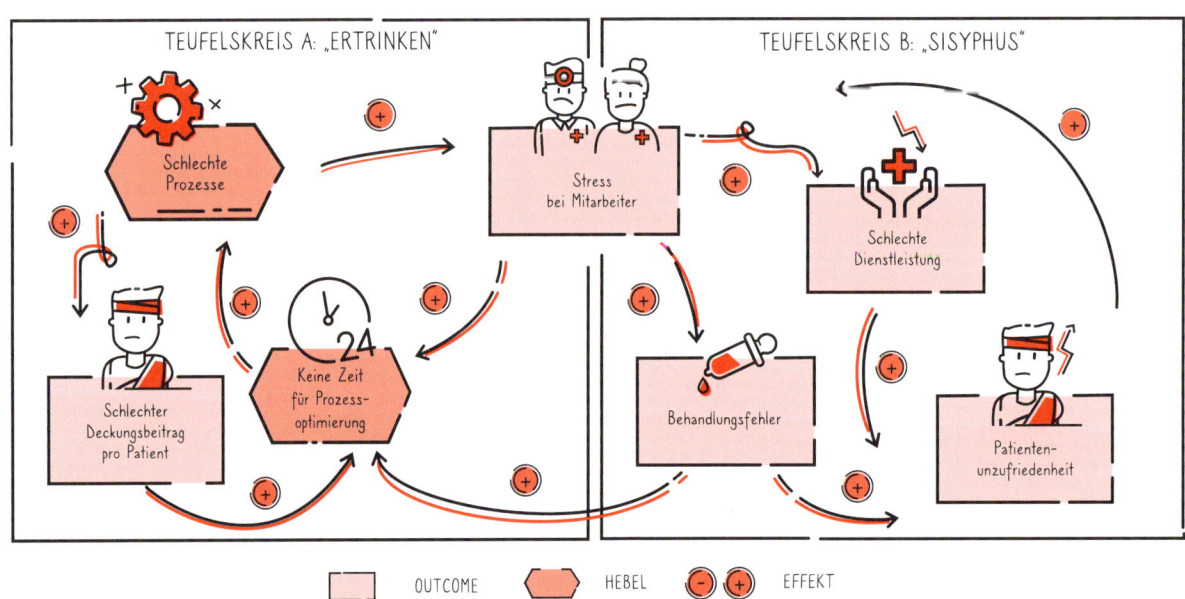

Abb. 31 Die Teufelskreise „Ertrinken" und „Sisyphus" in unseren Organisationen

dass diese Idee abgelehnt wurde – ohne große Begründung und Empathie. Danach habe ich nie wieder einen Vorschlag eingereicht.

Externe Berater. Wiederum keine per se schlechte Idee sind externe Beraterinnen, wobei man jedoch aufpassen muss. Gut ist, dass man erfahrene, externe Personen an Bord holt. Diese können gegen Betriebsblindheit helfen und frischen Wind sowie Expertise mitbringen. Jedoch kann das nur eine begleitende Maßnahme sein, die temporär begrenzt sein sollte. Auf Dauer muss der Betrieb selbst die Fähigkeit entwickeln, sich selbst zu helfen. Und wie wir gerade gehört haben: Die nächste Krise kommt dank der Entropie garantiert! Weiters droht bei externen Beratern immer das Problem des „Not-invented-here"-Syndroms. Lösungen, die von externen Personen entwickelt werden, haben es häufig schwer, akzeptiert zu werden. Coachen statt beraten kann eine Lösung sein.

Reorganisation. Der Vorschlaghammer der Organisationsgestaltung ist die Reorganisation. Man merkt, dass das Chaos der Arbeitsabläufe zu groß geworden ist und zieht die Notbremse. Auf einer grünen Wiese plant man, wie die Organisation aufgebaut und die Mächte verteilt sein sollten. Ein Big-Bang-Ansatz! Das kann aus mehreren Gründen problematisch sein. Die Frage ist einerseits, ob die neue Organisation wirklich sach- und lösungsorientiert designt wird, sodass Abläufe reibungslos stattfinden können, oder ob doch nur ein erbitterter Machtkampf zwischen den Führungskräften entsteht, bei der jede versucht, ein möglichst großes Stück vom Kuchen abzubekommen. Dieser Kampf lässt häufig die schlechtesten Seiten von uns Menschen zum Vorschein kommen. Andererseits darf man nicht vergessen, dass eine Reorganisation ein sehr schwerer Eingriff in das System ist. Er wirft die Mitarbeitenden aus ihren bekannten Bahnen. So wie eine Chemotherapie nicht ohne wirklich triftigen Grund verordnet wird, sollten umfassende Reorganisationen nur in sehr ausgewählten Fällen stattfinden.

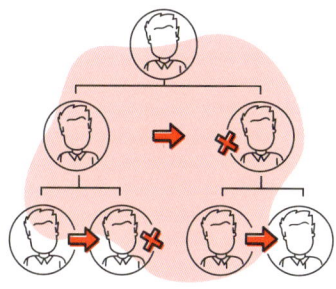

4.3   Lean und Kaizen – die partizipative Optimierungsphilosophie

Was wäre, wenn es in unseren Organisationen nicht mehr einen „Qualitätsmanager", eine „Prozessberaterin" und einen „Innovationsbeauftragten" als eigenständige Stellen gäbe, sondern jeder einzelne Mitarbeitende in einer Personalunion all diese Funktionen gleichzeitig innehätte?

Diese Mitarbeitenden würden jeden Tag mit offenen Augen durch ihre Organisation laufen und denken: Welche Tätigkeit stiftet wirklich Nutzen für unsere Kundinnen? Wo verlieren wir jeden Tag Zeit? Wie könnte man die Abläufe frei von Bürokratie noch besser gestalten?

Und diese Mitarbeitenden würden nicht nur Ideen entwickeln, sondern hätten auch noch die Kenntnisse, Ressourcen und die Macht, um die Verbesserungen auch umzusetzen!

Man würde jeden Tag vielleicht nur mit ganz kleinen Schritten voranschreiten (Kaizen). Aber mit der Zeit würden sich all die kleinen Verbesserungen zu einer enormen Optimierung aufsummieren! Und man hätte eine Organisation, die das Attribut „lean" verdient hätte.

Lean ist eine Optimierungsphilosophie, die zunächst in der japanischen Autoindustrie entstanden ist, inzwischen jedoch in allen Branchen und Industrien Verwendung findet. Nach Lean sollten Prozesse immer danach untersucht werden, ob diese auch

II Die sieben Management-Ideen

für die Kunden Wert stiften. Wenn nicht, gelten sie klar als Verschwendung, und man versucht, diese zu eliminieren oder zumindest zu reduzieren. Die Verbesserung passiert dabei partizipativ durch ermächtigte Mitarbeitende („bottom-up"). Denn wenn sie von oben („top-down") verordnet wird, gibt es eine große Chance, dass sie a) nicht gut ist und b) nicht akzeptiert wird. Gute Prozesse laufen im Fluss, sind standardisiert und beherrschbar. Im Gesundheitswesen kennt man die Optimierungsphilosophie Lean in seiner Ausprägung „Lean Healthcare" (siehe auch die Wissensplattform www.leanhealth.ch).

4.4 Wichtige Werkzeuge und Konzepte

Flussprinzip und Wertstromdiagramme

Stellen Sie sich eine ziemlich volle Autobahn vor. Theoretisch könnten alle Autos ungehindert mit 120 km/h flüssig fahren. In der Praxis fahren die vielen Autos stattdessen in einem Stop-and-Go-Verkehr. Man kann ein kleines Stück fahren, danach muss man vollbremsen und lange warten, bis das vordere Auto wieder fahren kann. Zu häufig sind die Prozesse im Gesundheitswesen in der gleichen Situation, egal, ob es sich um die Bearbeitung von Patientinnen, Akten oder Material handelt: Wenn die bearbeitenden Personen nicht aufeinander abgestimmt sind, kommt es zu Stau, sprich Wartezeiten. Diese kosten Geld, verärgern Menschen und führen zu mehr Fehlern. Gute Prozess-Designer achten dementsprechend auf einen gleichmäßigen Fluss. Dieser wird erreicht, indem man aufhört, nur lokale Silos zu optimieren, und anfängt, die gesamte Prozesskette aufeinander zu synchronisieren.

Wertstromdiagramme sind das klassische Lean-Werkzeug, um den Fluss zu visualisieren. Dabei werden alle Prozessschritte eines Patienten (oder eines Materials/einer Information) entlang der Organisation aufgezeichnet, beispielsweise vom Empfang im OP bis zur Entlassung. In diesem Diagramm werden die Aktivitäten, ihre Dauer und die Akteurinnen festgehalten. Dies geschieht gern auf einem großen Papier an der Wand, denn damit bekommt man einen guten Überblick über die jetzige Ist-Situation. Nun sollte man die einzelnen Schritte und den Fluss kritisch begutachten. „Warum müssen drei Personen das gleiche Formular ausfüllen? Warum dauert der Besuch im Ambulatorium insgesamt fünf Stunden, obwohl nur dreimal je fünf Minuten Interaktionen mit dem Fachpersonal stattfinden?" Die kritischen Fragen zusammen mit der Visualisierung helfen dabei, einen neuen Soll-Prozess zu definieren. Und der wird natürlich auch mittels eines Wertstromdiagramms festgehalten (s. Abb. 32).

Wertschöpfung und Verschwendung

Wenn Aktivitäten passieren, die aus der Sicht der Patientin gut und notwendig sind, spricht man von „wertschöpfend". Das Gegenteil davon wird in der japanischen Lean-Sprache „Muda" genannt. Es wird meistens mit „Verschwendung" übersetzt. Genauer wäre es, Muda mit „für die Katz'" zu übersetzen. Um Wertschöpfendes von Muda zu unterscheiden, gibt es drei gute Hinweise:

1. Die Patientin ist bereit, Geld für die Aktivität zu bezahlen.
2. Die Aktivität transformiert den Patienten/das Material in irgendeiner Weise.
3. Nur bei der ersten korrekten Durchführung ist die Aktivität wertschöpfend.

4 Lean und Kaizen

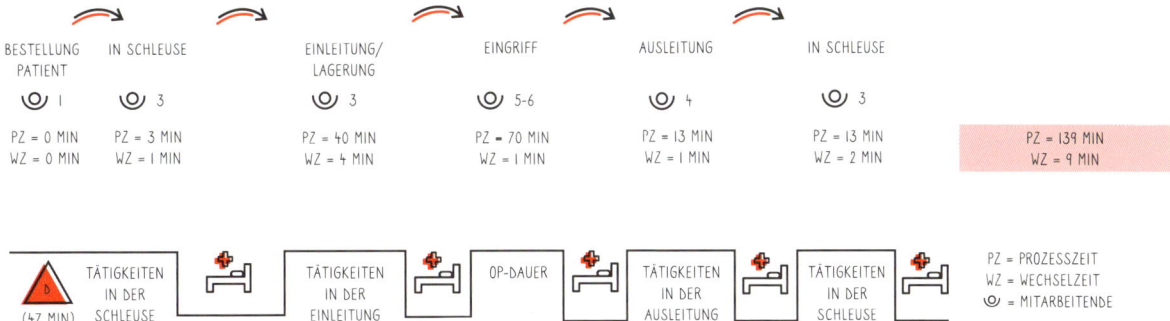

Abb. 32 Beispiel eines Wertstromdiagramms im OP

Wenn man einen Tag lang mit Gesundheitspersonen mitläuft, dann kann man eventuell eine ähnliche Verteilung sehen, wie wir sie gemessen haben (s. Abb. 33). Bei diesen Ärzten waren nur rund 20% der Zeit wirklich wertschöpfend, nämlich die Zeit, die

Abb. 33 Eine 9-Stunden-Schicht eines Assistenzarztes, die wir in einem Schweizer Spital gemessen haben.

für die direkte Patientenversorgung genutzt wurde. Eindeutig Verschwendung waren 10% der Zeit, beispielsweise das Warten auf eine Kollegin. Diese Muda-Zeiten sollten nach einer Optimierung möglichst komplett eliminiert werden. Bei den rund 70% der anderen Aktivitäten ist es schwieriger zu beantworten, ob sie als Verschwendung zu erachten sind. Wird in einem Meeting wirklich Wichtiges besprochen oder handelt es sich nur um verlorene Zeit? Man spricht hier von „wertunterstützenden Aktivitäten" oder auch von „verdeckter Verschwendung". Man müsste genauer nachbohren, um zu verstehen, in welche Kategorie diese Aktivitäten fallen.

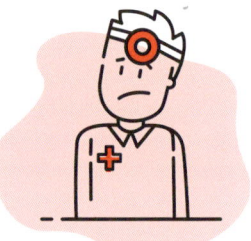

Ein Arbeitstag wie dieser hinterlässt sehr unglückliche Mitarbeitende. Die wenigsten Gesundheitsfachpersonen werden jahrelang gelernt und sich haben ausbilden lassen, um dann einen großen Teil ihres Tages mit Meetings und Schreibarbeit zu verbringen. Eine Optimierung ist angesagt! Diese Zeiten werden sich zwar niemals komplett eliminieren lassen können. Jedoch sollte versucht werden, sie so weit wie möglich zu reduzieren. Wenn das gelingt, gewinnen alle. Der Mitarbeitende freut sich, dass er sich um die Kernprozesse rund um die Patientenbehandlung kümmern kann. Die Patientin erlebt eine entspannte Fachperson, die sich auf einmal Zeit für sie nimmt. Und der Betriebswirtschaftler freut sich, dass er nicht mehr teure Mitarbeitende für das Sitzen in endlosen Meetings bezahlen muss.

Bei dieser Optimierung hilft das in vielen Jahrzehnten entstandene Wissen von Lean. Die Geschichte hat gezeigt: Die Arten der Verschwendung wiederholen sich immer wieder, unabhängig davon, in welche Branche man einen Blick wirft. In Abbildung 34 sind nun die sogenannten 7+1[26] Verschwendungskategorien mit Beispielen aus dem Alltag von Gesundheitseinrichtungen aufgeführt.

Kaizen – in kleinen Schritten zum Ziel

Kaizen ist japanisch für „Veränderung zum Besseren". Den Kern dieses Ansatzes bilden drei Elemente:

1. Alle Mitarbeitenden werden einbezogen,
2. die Veränderung passiert in kleinen Schritten,
3. die Optimierung ist nie zu Ende, denn es gibt immer etwas zu optimieren.

Im Abschnitt 4.4. wird anhand des Werkzeugs Kaizen-Board gezeigt, wie das im Alltag funktioniert. Im Gegensatz dazu steht „Process-Reengineering", auch Big-Bang-Ansatz genannt (s. Abb. 35). Dabei werden unter hohem Einsatz von Ressourcen („Blut, Schweiß und Tränen") radikal die Abläufe angepasst.

Wie alles im Leben haben beide Methoden ihre Vor- und Nachteile. Auf der Plusseite von Process-Reengineering ist sicherlich der Veränderungsumfang zu nennen. Dadurch können größere Veränderungen auf einmal vorgenommen werden. Das geht aber nur top-down und birgt ein hohes Risiko. „Kaizen" hat diese Nachteile nicht. Die Optimierung geht in kleinen Schritten voran und bindet die Mitarbeitenden stark in

---

26 Die klassische Lean-Lehre kennt nur 7 Verschwendungsarten. Moderne Quellen fügen jedoch die 8. Verschwendung, ungenutztes Potenzial der Mitarbeitenden, hinzu, um die partizipative Bedeutung der Mitarbeitenden für die Optimierung zu unterstreichen.

4 Lean und Kaizen

Lagerbestände erhöhen die Kosten und meistens sogar die Verfügbarkeit.

Große Mengen an Medikamenten, die ungebraucht weggeschmissen werden müssen.

Mehr produziert, als der Patient gerade benötigt.

Überflüssige Dokumentationen, die keiner mehr anschaut.

Fehler und die damit folgenden Nacharbeiten.

Patientendokumentation wurde schlecht durchgeführt und muss nochmals geschrieben werden.

Schlechte oder überflüssige Prozessschritte.

Pflege und Ärztinnen holen Informationen beim Patienten mehrmals ab.

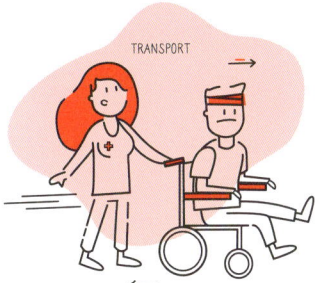
Unnötige und lange Transportwege zwischen den verschiedenen Arbeitsorten.

Patientinnen werden zwischen mehreren Gebäuden transportiert.

Leerlauf durch Warten auf Menschen/Prozesse/Material.

Patientenvisite verzögert sich, weil die Kollegin nicht da ist.

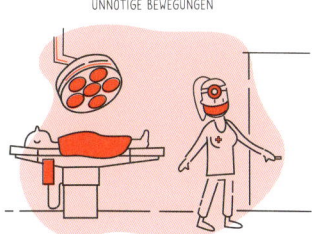
Mitarbeitende bewegen sich unnötig viel zwischen den Prozessschritten.

Verlassen des OPs, weil Material vergessen wurde.

Mitarbeitende haben gute Ideen, die von der Organisation jedoch nicht genutzt werden.

Chef interessiert sich nicht für die Meinung der Lagermitarbeiterin, wie man das Material besser sortieren könnte.

Abb. 34 Die 7+1 Verschwendungen nach Lean

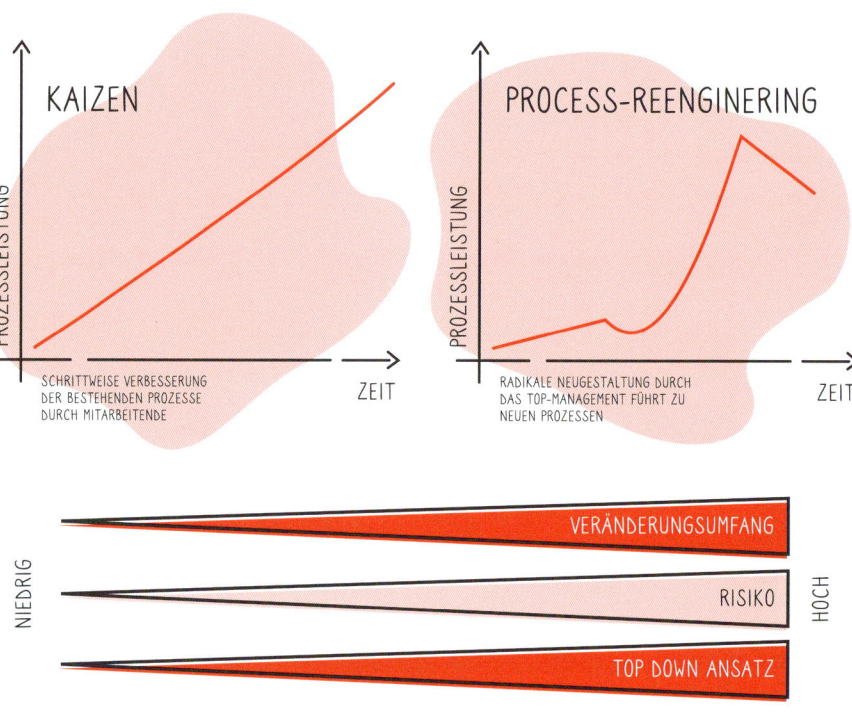

Abb. 35 Gegenüberstellung Kaizen vs. Process-Reengineering. Quelle: LHT-BOK (2018)

den Verbesserungsprozess ein. Die Mitarbeitenden empfinden Kaizen-Initiativen als „menschlicher" – die Akzeptanz ist ungleich höher.

Anwendungsbeispiel: Das Kaizen-Board des Teams Management im Gesundheitswesen

In unserem Teamraum, wie in vielen Krankenhäusern der Schweiz, hängt ein Kaizen-Board. Das ist ein einfaches Whiteboard mit Zetteln, die mittels Magneten befestigt werden. Dort werden Verbesserungsideen gesammelt, bewertet und ihr Fortschritt verfolgt.

Der Prozess ist sehr einfach. Sobald ein Mitarbeitender eine Idee hat, wird diese auf einem Zettel aufgeschrieben und dort aufgehängt. Diese Zettel haben immer die gleiche Struktur und sollten neben dem Brett griffbereit liegen. Die Idee zu erfassen sollte so niederschwellig wie möglich sein!

Ein Beispiel für eine Kaizen-Idee an unserem Brett: Ein Mitarbeitender hatte die Idee, all unsere Projektordner auf dem Laufwerk immer gleich zu strukturieren. 10 Vertrag; 20 Projektmanagement; 30 Daten und Interviews ... Dazu schrieb er den erwarteten Vorteil („Schnelleres Finden von Dateien") und die nächsten Schritte („Struktur im Team definieren – Testen – Rollout bei Bewährung") auf. Dieser Zettel wurde links in das Feld „Ideen" aufgehängt.

4 Lean und Kaizen

Bei unseren wöchentlichen Fünf-Minuten-Kaizen-Meetings standen (nicht saßen!) wir vor dem Board und ließen den Mitarbeitenden seine neue Idee präsentieren. Diese fand das Team gut und einigte sich darauf, wer den nächsten Umsetzungsschritt erstellen sollte. Auch wurde eine realistische Deadline auf den Zettel geschrieben. Der Zettel wanderte in den nächsten Wochen immer weiter nach rechts, bis die Umsetzung abgeschlossen war. Als Bonusaktivität zählen wir jede eingebrachte Idee. Und bei 20 Ideen belohnen wir uns mit einem kleinen Team-Event (Pizza für alle!)

Zusammenfassung: Das Kaizen-Board ist wie das klassische betriebliche Vorschlagswesen, nur in persönlich, motivierend und wirksam!

Nivelliere, standardisiere und gewinne!

Man kann sich gut vorstellen, was in diesem Krankenhauslabor um 7:00 Uhr morgens los ist (s. Abb. 36). Hektik, lange Wartezeiten auf die Ergebnisse, unzufriedene Mitarbeitende. Arbeitsspitzen sind immer schlecht für reibungslose Abläufe. Die Lösung ist Nivellieren oder Heijunka, wir die Lean-Expertin sagt.

Als Erstes würde man sich fragen, warum diese Spitzen vorkommen und, ob man sie nicht reduzieren kann. Eine Spitze loszuwerden oder zumindest zu vermindern ist immer die beste Lösung. Müssen die externen Proben von der Logistik zeitgleich mit den internen Proben kommen? Erst danach kommt die zweite Bewältigungsstrategie: Man schaut, dass die Flexibilität des Systems steigt, sodass man mit Spitzen umgehen kann. In diesem Fall könnte man beispielsweise die Anzahl von Mitarbeitenden oder Geräten erhöhen, die um diese Uhrzeit im Einsatz sind.

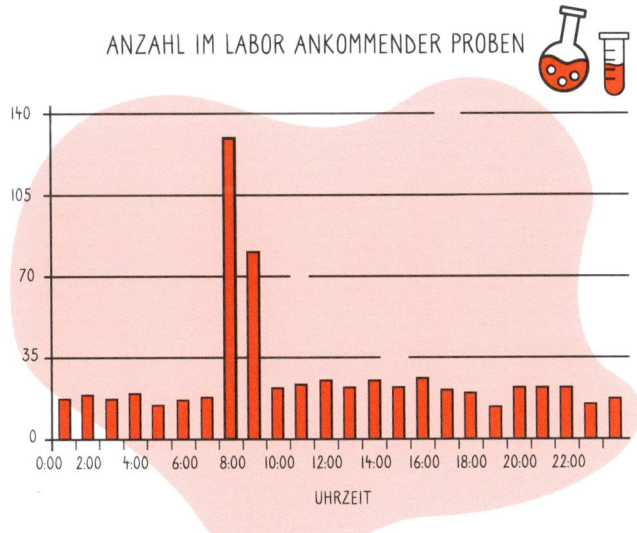

Abb. 36 Beispiel einer Belastungsspitze eines Spitallabors (Angerer [2015] in Walker (Hrsg.) Lean Hospital. In Anlehnung an M. Graban)

II Die sieben Management-Ideen

Ein Beispiel aus einem Ambulatorium zeigt ein anderes Problem: In dieser Station wird sehr viel gelaufen. Eine Analyse mittels eines Spaghetti-Diagramms macht deutlich, dass die Fachperson hier ein Drittel ihres Tages läuft (s. Abb. 37). Um zu sehen, wi eviel davon vermeidbar ist, ist das „5×-Warum" Werkzeug hilfreich. Man fragt 5× „Warum?", bis man versteht, was die echte Ursache für ein Problem ist. In diesem Fall z.B. könnte man fragen, warum die Person so viel gelaufen ist. Nach einigen Warum-Fragen würde man herausfinden, dass die Person an drei verschiedene Schränke gelaufen ist, weil das Material, je nach Tag, an einem anderen Ort gelagert wird. Warum? Weil es keinen Standard gibt. Und da könnte man nun ansetzen und einen Standard für den Lagerungsort definieren.

Standards sind eine wichtige Säule im Lean Management. Denn diese erlauben es, die Prozesse berechenbar zu machen – zumindest in 80% der Fälle, die sich auch standardisieren lassen. Was passiert mit den anderen 20% der Fälle, die sich nicht in Standards pressen lassen? Die müssen natürlich individuell angegangen werden. Gut, dass die Mitarbeitenden dafür noch frisch im Geiste sind, denn sie haben die Standardfälle ohne Mühe bewältigen können. Klingt paradox, aber Standards erhöhen die Flexibilität der Mitarbeitenden, auf Unvorhergesehenes reagieren zu können, indem sie die Abarbeitung der Standardfälle vereinfachen.

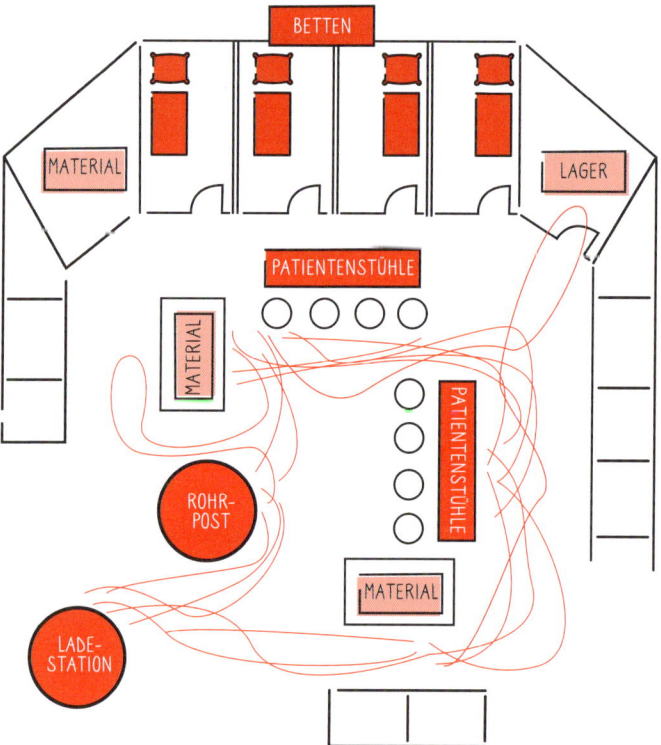

Abb. 37 Spaghetti-Diagramm in einem Ambulatorium

4 Lean und Kaizen

4.5 Fallstudie: Mark Graban führt Lean in einem OP-Zentrum ein

Gastbeitrag von Mark Graban

Die Lean-Methodik wird am häufigsten mit Toyota in Verbindung gebracht. Aus gutem Grund, da viele der Praktiken dort entstanden sind. Die Menschen im Gesundheitswesen könnten protestieren und sagen: „Aber wir sind keine Fabrik, und Patientinnen sind keine Autos." Diese Aussagen sind wahr, aber die Stärke des Lean-Ansatzes ist, dass es nicht um den Bau von Autos geht – es ist ein Ansatz, der sich auf Kunden konzentriert, Menschen engagiert und entwickelt und die Problemlösung zum Nutzen aller Beteiligten verbessert.

Der Managementansatz „Toyota Way" hat zwei Säulen, die als gleich wichtig betrachtet werden:

1. kontinuierliche Verbesserung (oder „Kaizen" auf Japanisch),
2. Respekt vor den Menschen.

Diese beiden Säulen sind eng miteinander verbunden. Weil wir unsere Patientinnen respektieren, sind wir im Gesundheitswesen getrieben, uns kontinuierlich zu verbessern. Da wir unsere Ärzte und Mitarbeitenden (auf allen Ebenen und in allen Funktionen) respektieren, sind wir verpflichtet, sie zur kontinuierlichen Verbesserung zu befähigen. Dieses Engagement schafft Vertrauen bei den Mitarbeitenden, steigert ihre Fähigkeiten und führt zu besseren Ergebnissen. Die Ära der Chefs, die immer alle Antworten parat hatten, liegt hinter uns. Sie sollte auch deswegen Geschichte sein, weil es nie möglich war, dass hochrangige Führungskräfte alles wissen konnten.

Ausgangslage: Ein OP-Zentrum hat ein klares Ziel

Im Jahr 2019 wurde ich gebeten, mit einem ambulanten Operationszentrum zu arbeiten. Es war Teil eines großen akademischen Gesundheitsnetzwerkes in einer großen US-Stadt an der Ostküste. Im Einklang mit der Lean-Philosophie wurde ich nicht als Experte ins Spiel gebracht, der alle Antworten haben würde. Ich sollte Lehrer, Coach und Unterstützer für diese Organisation sein.

Meine Aufgabe war es, eine interne Verantwortliche für Prozessverbesserungen direkt zu unterstützen. Diese Person war eine Pflegefachkraft, die eine Six-Sigma-Black-Belt-Ausbildung aus einer früheren Arbeitsstelle mitbrachte. Sie hatte jedoch keine Erfahrung in der Führung von Projekten und wenig Wissen über den Lean-Ansatz. Was sie jedoch hatte, war viel Antrieb und Energie für ihre Arbeit. Außerdem hatte sie wichtige Beziehungen zur Pflege und zu anderen wichtigen Mitarbeitenden, da sie selbst einmal als OP-Pflegerin gearbeitet hatte.

Das Mandat von der Führungsspitze bestand darin, „die Kennzahl Patienten-Erfahrungen zu verbessern". Die Organisation, beginnend mit dem Vizepräsidenten für Chirurgie (ein Arzt), hatte erkannt, dass diese Aufgabe nicht durch das Benchmarking mit anderen Organisationen oder durch das Kopieren von Best Practices gelöst werden würde. Die Mitarbeitenden hätten selbst die Fähigkeit, ihre Probleme zu lösen. Dazu müssten sie nur ihre Motivation mit einigen neuen Konzepten (Lean) kombinieren –

II Die sieben Management-Ideen

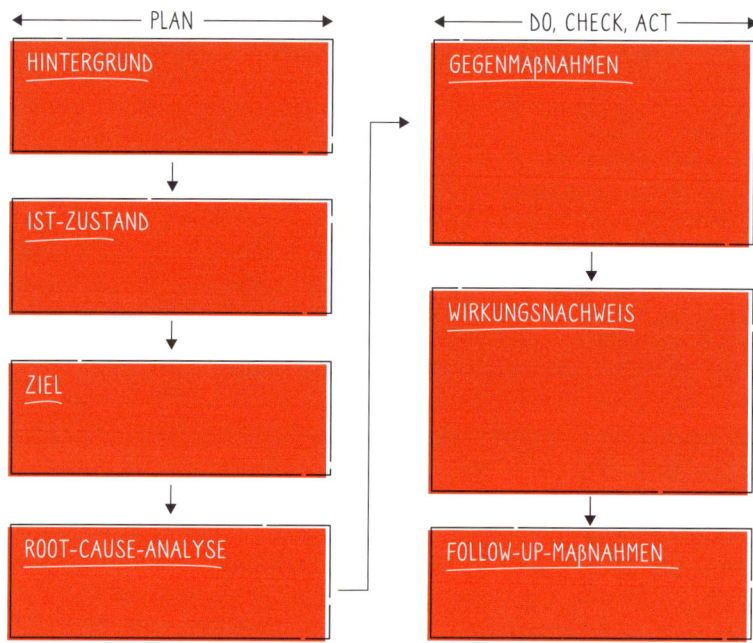

Abb. 38 Der Aufbau eines A3-Dokuments

und zwar mit Unterstützung eines Coaches (meine Wenigkeit). Ich als Coach schlug dann vor, das Problem mit einem Ansatz namens A3 anzugehen (s. Abb. 38). Der A3-Ansatz strukturiert Probleme mit einem einzigen (elektronischen) Papier im A3-Format. Es ist eine etwas detailliertere Form des Plan-Do-Check-Act-Zyklus[27] (s. Kap. 7), der oft als „Deming Cycle" bezeichnet wird.

Verständnis des Problems und der Situation schaffen

Menschen neigen dazu, bei Problemen vorschnell zur Lösung zur springen. Die A3-Methode hilft, dies zu vermeiden. Der berühmte General Motors-Ingenieur Charles Kettering sagte einst: „Ein Problem, das gut definiert ist, ist schon halb gelöst". Dementsprechend war unser erster Schritt, dem A3-Ansatz folgend, das Problem genau zu definieren. Was bedeutet es genau, „die Patienten-Erfahrungen zu verbessern"? In Zusammenarbeit mit der Pflege-Prozessverantwortlichen und den anderen Mitarbeitenden definierten wir das Problem genauer. Jede entlassene Patientin erhielt einen Fragebogen und wurde gefragt, ob sie das OP-Zentrum empfehlen würde. Dabei konnte man mit „definitiv nein", „nein", „ja" oder „definitiv ja" antworten. Demzufolge definierten wir das Problem als: „Die Quote unserer Patienten, die unser OP-Zentrum mit „definitiv ja" empfehlen, ist in der unteren Hälfte der US-Einrichtungen". Der Prozentsatz der Patientinnen, die auf eine bestimmte Weise antworteten, war bestenfalls ein ungenaues Maß für die tatsächliche zugrunde liegende Patientenzufriedenheit.

---

27 Auch Plan-Do-Study-Adjust-Zyklus genannt.

4 Lean und Kaizen

Trotz aller Fehler war es ein Instrument, das wir verwenden konnten, um eine Vorher-Nachher-Analyse zu tätigen.

Wir skizzierten die Gründe, warum es sich lohnen würde, das Problem der schlechten Werte bei den Patientenerfahrungen anzugehen. Das Team trug diese Aussagen zusammen:

- Das Zentrum möchte ein wettbewerbsfähiger Leistungserbringer sein.
- Die Mitarbeitenden wollen die Erfahrungen der Patienten in Einklang bringen mit der qualitativ hochwertigen medizinischen Versorgung, die das System bietet.
- Die Führung hält es für richtig.
- Eine verbesserte Patientenerfahrung wird es uns ermöglichen, neue Fachkräfte zu gewinnen.
- Es wird in naher Zukunft erwartet, dass schlechte Umfragewerte eine direkte, negative Auswirkung auf die finanzielle Erstattung haben werden.

Meine Erfahrung sagt mir: Eine Organisation sollte sich auf die genaue Problemdefinition einigen – und zwar genau auf die Art und Weise, wie Verbesserungen gemessen werden. Ansonsten könnte die Zeit, die sie damit verbringt, sich auf Lösungen zu einigen, Zeitverschwendung sein.

Eingrenzung des Problems

Das Team untersuchte die „Voice of the Customer"-Daten, um die Ursachen der Unzufriedenheit der Patientinnen zu verstehen. Es gab in der Befragung offene Fragen, die es uns erlaubten, Beschwerden zu kategorisieren und ein Pareto-Diagramm zu erstellen. Dieses zeigte, dass die beiden größten Unzufriedenheiten 1) die langen Wartezeiten und 2) das schlechte Aussehen sowie der schlechte Zustand des Gebäudes waren. Beschreibungen wie „schmuddelig", „schäbig" und „unter dem Standard" wurden geäußert.

Diese Reduzierung des Problemlösungsraums auf zwei Kategorien erlaubte es uns, uns zu fokussieren. Einige Teammitglieder und Führungskräfte beschritten daraufhin jeden möglichen Patientenpfad, um nach problematischen Elementen zu suchen, die das Wartungsteam verbessern könnte (sogenannte „Gemba-Walks"). Dazu gehörten Stellen an Wänden und Böden, die repariert oder wieder angemalt werden mussten. Gerümpel wurde entfernt. Die Signaletik wurde verbessert, um sie hübscher und gleichzeitig hilfreicher zu gestalten. Wir kombinierten die gehörte „Stimme des Patienten" aus der Befragung mit den eigenen Begehungen im Gebäude, bei der wir immer die Perspektive der Patientinnen einnahmen. Als Berater war meine externe, „frische Sichtweise" hilfreich. Denn ich sah Mängel, an welche sich die internen Mitarbeitenden schon zu sehr gewöhnt hatten. Als Ergebnis erstellten wir eine lange Liste von „Just do it"-Verbesserungen (kleines Kaizen). Zugegebenermaßen: Wir waren nicht auf der Suche nach Ursachen dieser Probleme. Damit könnten diese Probleme wieder auftauchen, wenn beispielsweise frisch gestrichene Wände in Zukunft wieder Macken bekommen. Wir haben auf einfache Weise jahrelange Vernachlässigungen behoben.

Beim zweiten Thema, den langen Wartezeiten, gab es keine einzige magische Gegenmaßnahme. Genauso wie es nicht einen einzelnen Grund dafür gab, dass sich ein Patientenaufenthalt länger als nötig gestaltete. Für diesen Teil des Problems wählten wir einen langsameren, systematischeren Ansatz.

Hypothesen bilden

Unsere damaligen Verbesserungshypothesen waren:

- Wenn wir das physische Erscheinungsbild des Gebäudes verbessern, dann werden die positiven Erfahrungswerte der Patienten zunehmen.
- Wenn wir Verzögerungen und Wartezeiten am Tag der Operation reduzieren, dann werden die positiven Erfahrungswerte der Patientinnen zunehmen.

Beide Hypothesen schienen vernünftig. Aber wir konnten nicht wissen, wie weit sie die Bewertungen der Patientenerfahrung verbessern würden. Die Top-Führungskräfte waren sich einig, dass dies die richtigen Teilprobleme waren, an denen wir arbeiten sollten. Wir diskutierten mit ihnen direkt am Arbeitsplatz, auch Gemba genannt (Gemba ist japanisch für „Ort des Geschehens") und hatten wöchentliche Updates mit ihnen. Mit dem Front-Line-Manager hatten wir sogar einen täglichen Austausch. Zu beachten ist, dass wir dem Team zu dem Zeitpunkt noch nicht einfach mitteilen konnten: „Gehen Sie und lösen Sie das Problem mit diesem Ansatz XY". Denn wir hatten immer noch nicht herausgefunden, welches die Grundursachen für die Unzufriedenheit bei der Wartezeit seitens der Patientinnen waren.

Daten sammeln, Ziele festlegen, Ist-Zustand visualisieren

Eine Ursache für Patientenverzögerungen war damals schon bekannt – und zwar Fälle, die morgens schon nicht pünktlich anfingen. Es gibt eine Maxime im Gesundheitswesen, die besagt: „Wenn du den ersten Fall nicht rechtzeitig beginnst, wird nichts mehr pünktlich sein". Wir fanden Daten pro Saal, die den Anteil der pünktlich beginnenden Fälle aufzeigten. Der Ausgangswert lag über einen Zeitraum von sechs Monaten bei durchschnittlich 35,6 %. Das Team setzte sich das ambitionierte Ziel von 70 %, um diese Kennzahl zu erhöhen. Der Wert kam dabei durch eine einfache Faustregel zustande, anstatt viel Zeit mit Benchmarking oder aufwendigen Analysen zu investieren. Das Ziel, diesen Prozentsatz zu verdoppeln, sollte ein „Durchbruchdenken" („Process-Reengineering") anspornen, statt nur schrittweise Verbesserungen anzustreben. Das Ziel war es, das System zu transformieren und nicht nur zu optimieren.

Wir hatten auch Daten für die Zeitdauer zwischen der Ankunft des Patienten und dem Eintreffen im Saal. Diese Daten waren mangelhaft, so konnte der Patient schon einige Zeit vor der im System gespeicherten Ankunftszeit angekommen sein. Wenigstens waren diese Daten über den Zeitverlauf konsistent mangelhaft. Also konnten wir diese Daten immer noch verwenden, um unsere Verbesserungen zu messen. Der Basiswert vor den Verbesserungen lag bei knapp zwei Stunden (116 Minuten). Auch hier wurde ein ambitioniertes, jedoch vernünftiges Ziel von einer Stunde gesetzt. Wir wussten noch nicht, wie wir das erreichen könnten, aber wir fühlten uns zuversichtlich, es zu versuchen.

Verschiedene Teammitglieder folgten Patientinnen, die zu verschiedenen Tageszeiten ankamen, um zu sehen, wie deren Erfahrung war. Außerdem wollten wir die Ursachen der Verzögerung verstehen. Wir starteten sehr früh – eine Stunde, bevor sich die Eingangstür des Zentrums öffnete. So bemerkten wir, dass es zu unserer Überraschung Patienten gab, die bereits draußen warteten. Typisch für den Lean-Ansatz fragten wir: „Warum kommen Sie so früh?". Die Patienten fuhren oft aus großer Entfernung an und hatten Angst vor dem Stoßverkehr oder einer schwiegen Parksituation. Die Befragten waren nicht unbedingt über diese Situation verärgert. Jedoch gab es Bedenken hinsichtlich der Sicherheit und des Komforts der Patientinnen, da man sie ungern draußen, im Dunkeln, in einer städtischen Lage warten lassen wollte. Tiefer in Situationen wie diese einzutauchen, führt häufig relativ schnell zu Gegenmaßnahmen. Wir entwickelten Ideen zur Verbesserung der Kommunikation mit den Patientinnen sowie zum Zeitpunkt, zu welchem der Sicherheitsdienst am Morgen die Tür öffnen soll.

Wir entdeckten zusätzliche Barrieren für den Patientenfluss und die Kommunikation, die sich aus dem Grundriss des Gebäudes ergaben. Die Patienten betraten das Krankenhaus und gingen zur Registrierung in den 3. Stock. Danach wurden sie zum Wartezimmer in den 4. Stock geschickt. Aber wir stellten fest, dass dieses Wartezimmer in der Frühe nicht besetzt war – eine der vielen Folgen von Silos in der Organisation, welche sich im Laufe der Zeit entwickelt hatten und unentdeckt blieben. Wenn der 4. Stock nicht geöffnet war, mussten die Patientinnen auf dem 3. Stock warten. Als das Operationszentrum im 5. Stock für den ersten Patienten bereit war, wussten sie oft nicht, an wen sie sich wenden sollten. Das Verständnis dieser Probleme führte zu relativ schnellen Anpassungen der Arbeitszeiten des Teams im vierten Stock. Damit wurde das Lean-Prinzip der „Kundenfokussierung" ernst genommen.

Das Team fragte sich auch, warum die ersten Patientinnen des Tages überhaupt im 4. Stock anhalten mussten. Warum ins Wartezimmer gehen, wenn es keinen wirklichen Grund zum Warten gab? Es wurden Prozesse geändert und neue Kommunikationsinstrumente eingeführt, die es den ersten Patienten des Tages ermöglichten, direkt in den 5. Stock zu gehen. Unsere Hypothese: Damit sollte der Anteil der pünktlichen Erstfälle verbessert werden.

Neben der direkten Beobachtung der Patientinnen erfassten die Teammitglieder einzelne Mitarbeitende in unterschiedlichen Rollen – in der Registrierung, im Wartebereich, bei der präoperativen Vorbereitung, in den Operationssälen und im Aufwachraum. Durch diese Beobachtungen und durch direkte Gespräche mit den Mitarbeitenden entstanden jede Menge Ideen. Es zeigte sich wieder: „All you gotta do is ask", wie das Kaizen-Buch des verstorbenen Norman Bodek betitelt ist. Viele kleine Ideen konnten sofort umgesetzt werden. Andere, größere Ansätze für systemische Veränderungen wurden diskutiert.

Außerdem wurde ein Ad-hoc-Team gebildet, um die Prozesse zu Beginn eines jeden Tages in Landkarten zu visualisieren. Wir verwendeten ein Prozessverbesserungstool namens Schwimmbahndiagramm, bei dem jede horizontale Bahn eine Berufsgruppe darstellte und die vertikalen Bahnen die Tageszeit in 15-Minuten-Schritten (s. Abb. 39). Wenn Prozesse mit dieser oder verwandten Methoden wie dem Wertschöpfungsdiagramm visualisiert werden, entsteht immer wieder die gleiche Erkenntnis: Keine

II Die sieben Management-Ideen

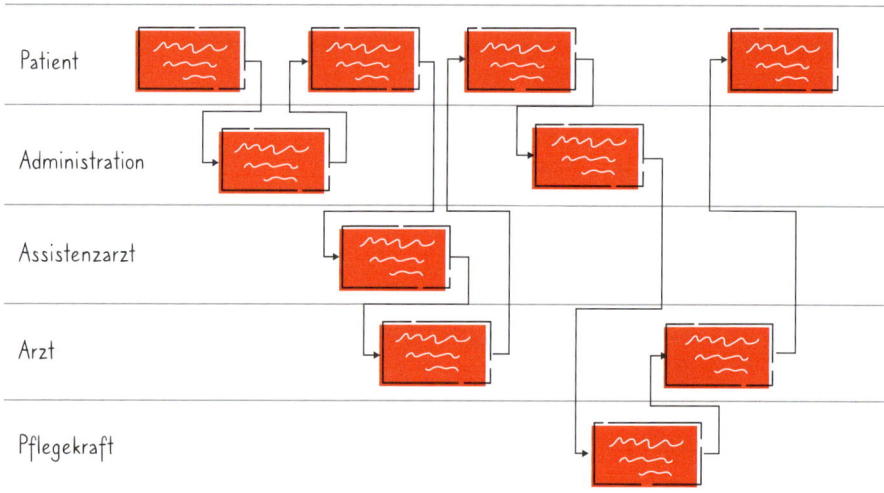

Abb. 39 Visualisierung eines Prozesses mit einem Schwimmbahndiagramm

einzelne Person versteht den gesamten Prozess. Niemand hat die Prozesse jemals so bewusst entworfen, sie haben sich einfach organisch so entwickelt.

Als das Team den gesamten Fluss und die Abfolge der Arbeit visualisierte – wer hat was und wann getan? –, war es in der Lage, Unterbrechungen, Fehlkommunikationen und falsche Annahmen zu identifizieren. War dieser Prozess so konzipiert, dass der erste Fall immer pünktlich starten kann? Das Team verstand sofort: Nein, sicher nicht. Es ging dann nicht darum, die Schuld für diesen Zustand zu bestimmen, sondern den Fokus auf die Verbesserung dieses Zustandes zu legen. Die neue Hauptfrage war: „Was muss passieren, damit die Fälle zuverlässig und pünktlich beginnen können?" Das Team bestimmte den Zeitpunkt und die Reihenfolge der Prozesse, die erforderlich waren, um das zu ermöglichen. Einige Schritte wurden umgeordnet, andere parallelisiert. Die Kommunikation wurde mittels computerunterstützter Textnachrichten verbessert, und somit wurden viele Verzögerungen verhindert.

Pilotieren des neuen Prozesses
Das Team entwickelte mit Zustimmung der Führungskräfte einen zweistufigen Plan für die Einführung eines neuen Prozesses und Patientenflusses. Im Idealfall hätten wir eine Änderung nach der anderen getestet, um Ursache-Wirkungs-Beziehungen zwischen Prozessänderungen und Kennzahlen zu messen. Jedoch waren einige Änderungen notwendigerweise miteinander verflochten und mussten entsprechend gleichzeitig implementiert werden.

Es gab viele mögliche Verbesserungsideen, die wir hätten testen können. Also priorisierten wir eine kleine Anzahl von Änderungen, von denen wir erwarteten, dass sie den größten Einfluss auf die Leistung des Systems haben würden. Die Veränderungen in der ersten Phase der Prozessoptimierung umfassten:

4 Lean und Kaizen

- Festlegung der Startzeit für das Personal in allen Bereichen auf 6:00 Uhr morgens. Im alten Prozess trafen einige Mitarbeitende später ein.
- Die ersten Patientinnen des Tages sollten um 6:15 Uhr statt um 6:00 Uhr eintreffen. Denn wenn das Administrationspersonal erst um 6:00 Uhr morgens mit der Arbeit beginnt, haben die früher ankommenden Patienten keinen Nutzen davon.
- Verwendung eines neuen Messenger-Dienstes über Smartphones, um Nachrichten zwischen Mitarbeitenden auf verschiedenen Etagen zu senden. Damit konnte klar signalisiert werden, sobald eine Patientin bzw. das Personal für den nächsten Schritt des Prozesses bereit war.
- Schaffung einer Stabsstelle, die als „Fluglotse" bezeichnet wurde. Ihre Aufgabe bestand darin, den Patientenfluss in Echtzeit zu überwachen, die Kommunikation zu erleichtern und zu priorisieren, was getan werden kann, um den Patientenfluss zu verbessern.

Umstellungen analysieren und anpassen

Am ersten Tag des neuen Prozesstests kommunizierten wir den Mitarbeitenden, dass der neue Prozess zwar mit dem Input des Personals konzipiert wurde, jedoch nicht erwartet werden konnte, dass er perfekt sei. Das Projektteam und die Leiter wollten ein Umfeld schaffen, in dem es sicher war, über Ideen zur Optimierung dieses verbesserten Prozesses zu sprechen. In der Tat bekamen wir in den ersten 15 Minuten der Nutzung des neuen Messaging-Systems eine Verbesserungsidee. Diese wurde nicht als „Fehlschlag" der Planung angesehen, sondern als erster Schritt einer kontinuierlichen Verbesserung. Das Projekt wurde als eine Möglichkeit gesehen, eine Kultur der Verbesserung in der Organisation zu verankern, die auch nach Projektende bestehen würde.

Erste Rückmeldungen zu den Änderungen waren positiv: Die Mitarbeitenden berichteten, dass die Prozesse „ruhiger" waren. Der Patientenstatus war besser sichtbar, es gab weniger Telefonanrufe und damit weniger Unterbrechungen des Personals. Der Patientenfluss verbesserte sich. Das Projektteam sah sich zusätzlich die quantitativen Daten an und stellte sich die Frage: Haben wir die Aufenthaltsdauer der Patienten

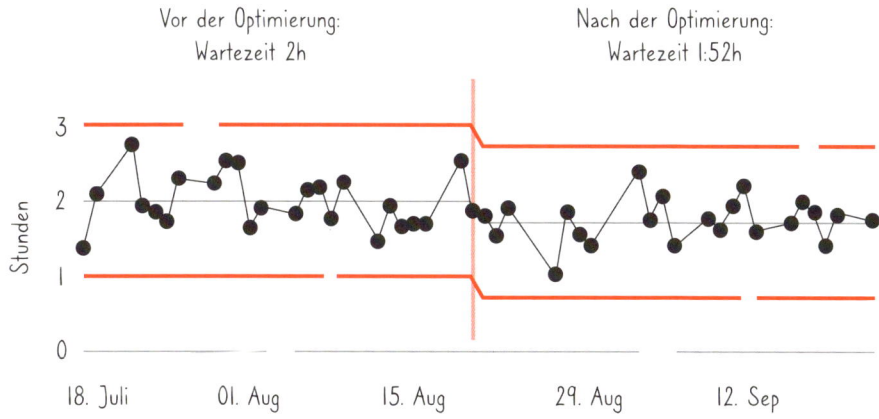

Abb. 40 Regelkarte der durchschnittlichen Dauer von der Ankunft der Patientin im Krankenhaus bis zur Ankunft im OP-Saal

II Die sieben Management-Ideen

reduziert, und wenn ja, wie stark hat sich das auf die Erfahrungsergebnisse der Patientinnen ausgewirkt? Dazu wurde eine Methode namens „Process Behavior Charts" (Prozessregelkarten) verwendet, um die Hypothesen zu überprüfen. Denn viele Projekte tappen in die Falle, zu vereinfachende Vorher-Nachher-Vergleiche zu machen, die statistisch nicht aussagekräftig sind. Zwei Datenpunkte sind kein Trend. Wir wollten sicherstellen, dass wir die Hypothese fair und objektiv in einer Weise bewerten, die statistische Gültigkeit hat. Die Regelkarte für die Dauer des Aufenthalts der Patienten ist in Abbildung 40 zu sehen.

Die Reduzierung von acht Minuten war nicht dramatisch. In der zweiten Phase der Verbesserungen sollte die Aufenthaltsdauer um weitere 15 oder 30 Minuten gekürzt werden. Es gab immer noch laufende Diskussionen und Konflikte mit den Chirurginnen und ihrem administrativen Personal darüber, zu welchem Zeitpunkt ein Termin mit den Patienten vereinbart werden sollte. Mit dem neu gestalteten Prozess waren sich das Projektteam und die Leiterinnen des Operationszentrums sicher, dass die Patientinnen nur 60 Minuten vor ihrem Eingriff eintreffen mussten. Aber viele Chirurgen waren mit dem alten Status quo zufrieden, und so wurde den Patientinnen kommuniziert, dass sie 90 oder 120 Minuten früher ankommen sollten. Diese Variation in der Kommunikation mit den Patienten behinderte die Bemühungen, die Aufenthaltsdauer zu verkürzen.

Beeindruckender war jedoch die messbare Verbesserung der Patientenerfahrungs-Kennzahl. Wie bei der Dauer der Aufenthaltsbasis schwankte die Kennzahl im Laufe der Zeit um einen stabilen Durchschnitt. Die Prozessoptimierung verschob die Kennzahl dabei auf außerhalb der Grenze der zufälligen Streuung (s. Abb. 41).

Ein Datenpunkt lag über der berechneten oberen Kontrollgrenze aus dem Basisprozess. Das war ein solider Beweis dafür, dass das Team nicht nur zufällig einen überdurchschnittlichen Datenpunkt generiert hatte. Dies, plus die nächsten drei Datenpunkte, lieferte solide statistische Beweise dafür, dass die Patientenerfahrungsergebnisse tat-

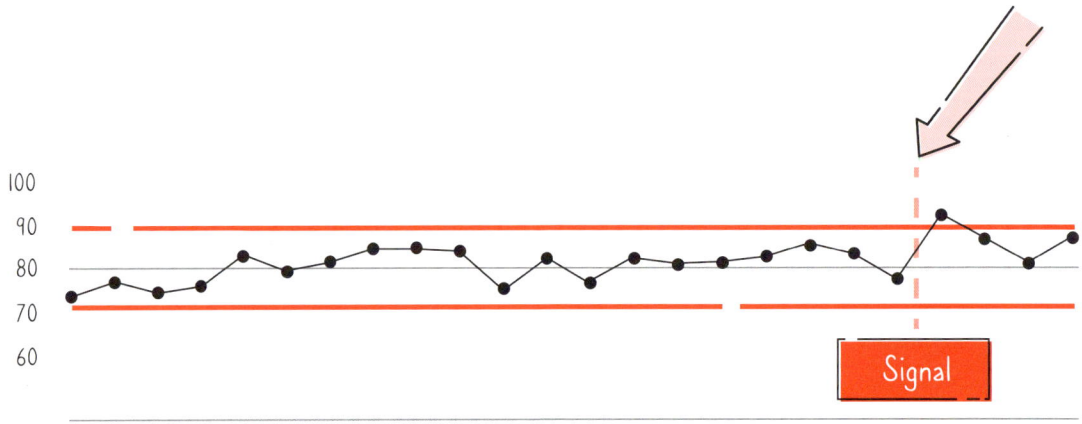

Abb. 41 Anteil der Patienten in Prozent, die mit 9 oder 10 geantwortet haben bei der Frage „Bewerten Sie unsere Institution"

4 Lean und Kaizen

sächlich höher waren. Das Feedback deutete darauf hin, dass es wohl weniger Beschwerden über das Erscheinungsbild der Einrichtung, Wartezeiten oder chaotische Prozesse gab. Auch wenn die Wartezeit nur etwas kürzer war, wurde die Patientenwahrnehmung verbessert.

Das Team und die Sponsoring-Führungskräfte waren mit den Ergebnissen zufrieden. Außerdem gefiel ihnen, dass sie mithilfe der A3-Struktur eine Methode zur Prozessverbesserung gelernt hatten. Sie konnten diese Methodik zukünftig nutzen und damit weiter erfolgreich daran arbeiten, eine offene und sichere Kultur der kontinuierlichen Verbesserung zu etablieren. Anstatt immer abwehrend auf negatives Feedback zu reagieren, konnten die Fragebögen genutzt werden, um positive Veränderungen voranzutreiben.

Nachlese und gewonnene Erkenntnisse
Die letzte Nachricht aus dem OP-Zentrum erreichte mich im Februar 2020, kurz bevor die Organisation (und die Welt) durch die COVID-19-Pandemie auf den Kopf gestellt wurde. Die Projektleiterin berichtete, dass es zwar gelegentliche Prozessstörungen gäbe, sich die Prozesse im Prä-OP-Bereich jedoch grundsätzlich besser anfühlen würden – weniger Druck und weniger Chaos. Die Änderungen aus der zweiten Optimierungsphase, einschließlich der Verlegung der Registrierung in den vierten Stock, wirkten sich positiv auf die Kommunikation und den Patientenfluss aus.

Einige Erkenntnisse, die im Einklang mit den Lean-Prinzipien stehen:

- Ein besserer Prozess führt zu besseren Ergebnissen.
- Das Einbeziehen und Engagieren von mehr Menschen in Prozessdesign und -verbesserungen führen zu besseren Ergebnissen.
- Die Verbesserung des Patientenflusses bedeutet, die Kommunikation zu verbessern, Silos abzubauen und Verzögerungsursachen zu beseitigen. Es bedeutet nicht, schneller zu arbeiten.
- Die Verbesserung des Patientenflusses und die Verbesserung der Qualität gehen Hand in Hand. Sie sind keine Kompromisse.

Eine der wichtigsten Erkenntnisse fasst der chirurgische Standortleiter gut zusammen: „Wir stehen nicht still. Wir optimieren unseren Prozess weiter und probieren neue Dinge aus." Darum geht es bei Lean – nicht um die Werkzeuge, sondern um die Denkweise.

4.6 Die Umsetzung – mit Leuchttürmen die Transformation starten

Beim Big-Bang-Ansatz wird eine Organisation innerhalb kurzer Zeit mit enormem Ressourceneinsatz radikal verändert. Kein Prozess ist heilig, alles wird in Frage gestellt. Im Gesundheitswesen beobachten wir dieses Vorgehen sehr selten. Wahrscheinlich ist entweder der Druck nicht hoch genug, um eine solche Veränderung anzugehen, oder das Risiko ist zu hoch. Ein ganzes System herunter- und dann wieder hochzufahren, ist alles andere als trivial. Deswegen sind wir eher Freunde der Philosophie der kleinen Schritte – Kaizen (s. Abb. 42).

II Die sieben Management-Ideen

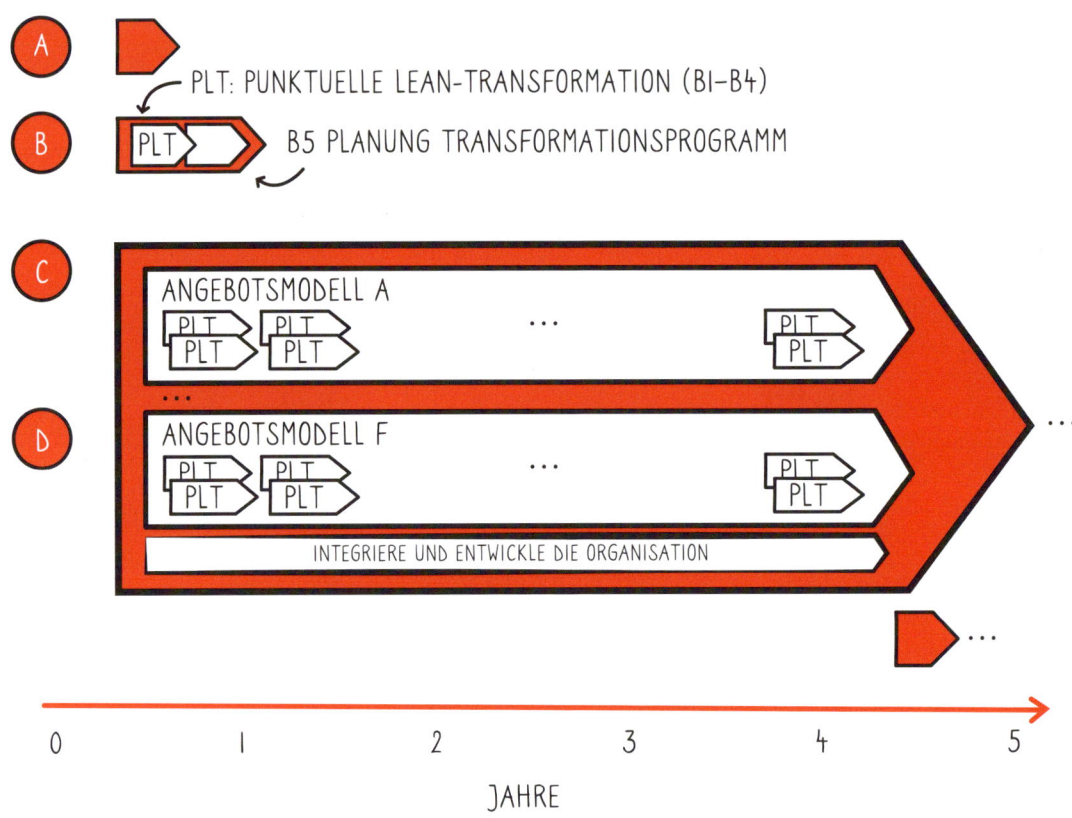

Abb. 42 Der Lean-Transformationsplan einer Organisation

In **Phase A** wird eine Vision erstellt – was wollen wir mit der Lean-Philosophie erreichen? Eine kleine Schulung in Lean-Philosophie macht das Projektteam bereit für die Reise.

Phase B besteht aus einem kleinen Testballon – so z.B. aus der Optimierung eines logistischen Prozesses. Vorher- und Nachher-Messung nicht vergessen, damit man den Erfolg belegen kann!

Wenn die Mitarbeitenden überzeugt sind und dank dem Leuchtturm-Projekt Lust auf mehr bekommen haben, ist man für **Phase C** bereit. Nun wird das Programm ausgerollt. Einheit für Einheit wird die Organisation optimiert.

Lauter optimierte Silos nutzen wenig für den Gesamtfluss. Dementsprechend muss in **Phase D** auch die Integration der Einzeleinheiten vorangetrieben werden. Das Ziel muss es sein, einen kontinuierlichen Fluss zu erhalten. Beispielsweise betritt eine Patientin ein Krankenhaus, bis sie nach einem aufwendigen onkologischen Pfad das Haus Tage später wieder verlässt: Alles aus einem Guss.

Eine Transformation einer Gesamtorganisation zu Lean ist kein Projekt, sondern eine Generationenaufgabe. Denn Lean zu implementieren ist viel mehr als nur eine Sammlung von Werkzeugen. Es ist eine Kulturveränderung. Und die Kultur einer Organisation verändert man nicht in Monaten, sondern eher in Jahren – in vielen Jahren. Das Seattle Children Hospital ist schon seit 1999 unterwegs, und selbst nach mehr als 20 Jahren sieht es sich nicht am Ziel der Reise. Aber seine Ergebnisse aus Qualitäts- und ökonomischer Sicht sind so eindrucksvoll, dass jeder froh ist, auf diese Reise gegangen zu sein.

4.7 Literaturempfehlungen: Wo kann ich mehr erfahren?

Das **„LHT-BOK Lean Healthcare Transformation Body of Knowledge"** (2018) von A. Angerer ist ein Wissenskompendium rund um das Thema Lean im Gesundheitswesen. Auf leanhealth.ch können einige der Konzepte, Werkzeuge und Fallstudien elektronisch abgerufen werden. ISBN: 978-1724256867

Eines der ersten Bücher zum Thema Lean im Krankenhaus: **„Lean Hospitals – Improving Quality, Patient Safety, and Employee Engagement"** (2016) von M. Graban. Ein echter Lean-Healthcare-Klassiker mit vielen praktischen Beispielen. ISBN: 978-1498743259

Im deutschsprachigen Raum die wohl bekannteste Einführung in das Thema Lean Healthcare am Beispiel des Krankenhauses. **„Lean Hospital: Resilienz, Qualität und Wirtschaftlichkeit stärken"** (2021) vom Herausgeber D. Walker. (1. Auflage von 2015) ISBN: 978-3954665846

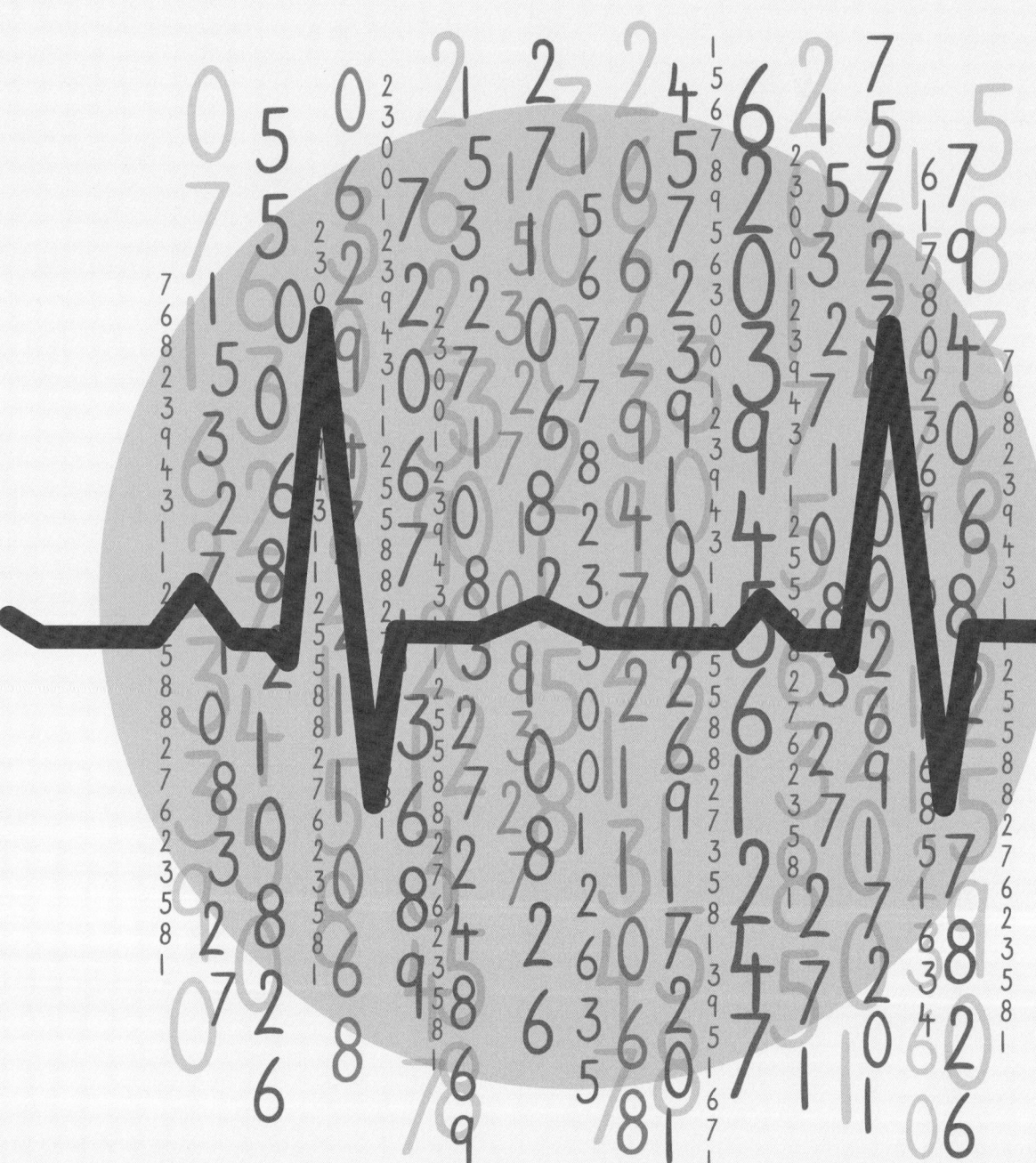

Wie nutzen wir das volle Potenzial der Digitalisierung?

5

Digital Health

Alfred Angerer

mit einem Gastbeitrag von Inga Bergen

5.1 Ausgangslage: Heutige Probleme

Denken Sie einen Moment an Ihre Organisation. Wir leben im 21. Jahrhundert. Ist das die moderne, digitale Zukunft, an die Sie gedacht haben, als Sie noch ein Kind waren? Sind Ihre Science-Fiction-Träume im Berufsalltag wahr geworden?

Es besteht eine große Chance, dass die Antwort nein lautet. Vielleicht haben Sie sich sogar erwischt, wie Sie an das Faxgerät bei Ihnen in der Organisation gedacht haben. Dann ist die Antwort noch eindeutiger. Das Fax, eine Technologie aus den 1960er-Jahren, ist leider noch fester Bestandteil der meisten Organisationen im Gesundheitswesen. Das musste die Schweiz am 20. März 2020 schmerzlich spüren. Das war der Tag, an dem breit bekannt wurde, dass die zentrale Gesundheitsbehörde nicht mit dem Zählen der Coronavirus-Infizierten hinterherkam. Damals kamen zu viele Faxe auf einmal beim Bundesamt für Gesundheit an. Die von Ärzten handgeschriebenen Meldescheine wurden in der zentralen Schweizer Behörde manuell abgetippt. In einer Pandemie, in welcher wir schnelle, verlässliche Daten brauchen, um zu entscheiden, ist das natürlich eine echte Katastrophe. Manuelles Tippen ist nicht nur langsam, sondern auch fehleranfällig. So wurde im April 2020 aufgrund eines Tippfehlers der Tod einer 9-Jährigen verkündet – die Dame war in Wirklichkeit 109 Jahre alt. Die natürliche Antwort mancher Manager wäre nun zu sagen, dass wir bessere, zuverlässigere

Schreibkräfte brauchen. Aber wer das Lean-Kapitel (s. Kap. 4) gelesen hat weiß, dass wir die Grundursache angehen müssen. Wir müssen, wo sinnvoll, die analoge Welt schnell hinter uns lassen.

Unter analogen Prozessen leiden viele und in erster Linie die Patientinnen. Manchmal sind das eher Unannehmlichkeiten. Wenn ich inzwischen bei vielen Restaurants bequem auf meinem Handy freie Termine sichten und gleich buchen kann, warum muss ich bei meiner Arztpraxis anrufen und mühsam gemeinsam nach einem freien Termin suchen? In anderen Situationen ist die analoge Welt noch viel mehr als nur ein schlechter Service. Wie viele Menschen mussten unnötigerweise leiden oder sogar sterben, weil ihre Medikationen nicht an einem zentralen Ort gespeichert und so gefährliche Wechselwirkungen nicht erkannt wurden? Als Schlagezeile könnte man pointiert zusammenfassen: „Analoge Vorgänge töten Patienten. Manchmal. Zumindest töten sie ihre Geduld."

Nicht nur die Patientinnen leiden. Sehr lästig ist auch, was die Mitarbeitenden unserer Gesundheitsorganisationen für analoge Qualen erdulden müssen. Wie viele Arbeitsstunden haben wir vernichtet, in denen Mitarbeitende nach Dokumenten gesucht oder durch die Gegend telefoniert haben, um die richtige Information herauszufinden? Wie viele Mitarbeitende im Gesundheitswesen wurden bei der Ausübung ihrer Tätigkeit gestört, weil eine Information nicht am richtigen Ort vorhanden war und man noch schnell die Kollegin anrufen musste? Eine klassische Lose-Lose-Situation für die Organisation: Die Mitarbeitenden sind unglücklich, weil sie durch die administrativen Aufgaben am Ausführen ihrer geliebten Kerntätigkeiten gestört werden. Und die Effizienz des Betriebes leidet, da weniger Geld für die wichtigen Bereiche zur Verfügung steht.

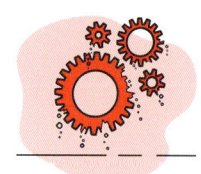

Und als drittes leidet das Gesundheitssystem insgesamt. Da unsere Branche aus vielen unabhängigen Akteuren besteht, sind die Effektivität und die Effizienz des Systems davon abhängig, dass die einzelnen Rädchen gut miteinander kommunizieren.

Einen analogen Worst Case durfte ich bei einem Projekt erleben. Es ging um die Kommunikation zwischen einem Krankenhaus und einer Versicherung. Das Krankenhaus verschickte Rechnungen für erbrachte Leistungen an die Krankenversicherung klassisch per Post. Und wenn diese nicht bezahlt wurden, schickte das Krankenhaus folgerichtig einen Mahnungsbrief, wie wir das aus unserem Privatleben auch kennen. Die Mitarbeiterin bei der Versicherung erzählte uns, wie sie diese Briefe öffnete, den Titel „erste Mahnung" las, und danach sofort schredderte, ohne den Rest zu lesen. Warum? Weil sie als erfahrene Mitarbeiterin genau wisse, dass solch eine Mahnung in 90% der Fälle unbegründet sei. So würden sich Zahlungseingänge häufig überschneiden und Geldzahlungsprozesse schon längst angestoßen sein. Und wenn die Mahnung doch einmal berechtigt sei? Dann würde das Krankenhaus schon eine zweite Mahnung schicken. Und eine dritte. Wir haben also ein System, in welchem Menschen bezahlt werden, Briefe zu schreiben, und andere Menschen dafür, diese Briefe zu schreddern. Digitalisierung zusammen mit Lean-Ansätzen konnte diesen Wahnsinn stoppen.

Wir werden in diesem Kapitel noch sehen, dass es schwierig ist, eine vernünftige Digitalisierung hinzubekommen und manchmal sogar auch Nachteile hat. So steigt durch die Digitalisierung auch die Gefahr, die von Kriminellen ausgeht. Der Missbrauch von Daten in einer digitalen Welt ist um einiges einfacher, und diese bekannte Gefahr müssen wir ernst nehmen. Wir können sie allerdings auch meistern. Doch um ein Klischee gleich zu Beginn zu entkräften: Digitalisierung heißt nicht Entmenschlichung. Menschliche Wärme für Patienten kommt durch eine Interaktion mit empathischen Gesundheitsfachpersonen. Ein digital optimiertes Gesundheitssystem hat sogar noch mehr Raum für solch menschliche Interkationen. Und ganz unter uns: Ein Fax ist nicht wirklich etwas, das das menschliche Herz erwärmen kann. Eine Romantisierung der bisherigen analogen Welt bringt uns also sicher nicht weiter.

5.2 Bisherige Ansätze greifen zu kurz – die Digitalisierung ist voller Stolperfallen

Kaum eine Organisation wird die Digitalisierung ihrer Prozesse komplett ablehnen. Doch gibt es sehr große Unterschiede in den Meinungen darüber, was Digitalisierung bedeutet, wie dringend diese tatsächlich ist und wie man am besten vorgehen sollte. Nachfolgend werden einige der häufigsten Digital-Irrtümer dargestellt.

Digitalisierung ersetzt Prozessoptimierungen

Wenn man in seiner Organisation schlechte Abläufe hat, dann wird die Digitalisierung dieser schlechten Prozesse einen nicht voranbringen. Das Bonmot dazu sollte inzwischen jeder gehört haben: „Wer einen Scheißprozess digitalisiert, wird danach einen digitalen Scheißprozess haben".

Die Reihenfolge der Optimierung ist entscheidend. Zunächst werden die Abläufe nach Lean optimiert (s. Kap. 4), und erst danach wagt man sich an die Automatisierung. Die genaue Reihenfolge kann man sich mit der E.V.A.-Logik gut merken. **E**liminiere alles, was **U**nnötig ist. Danach **v**ereinfache all die an sich guten, wertstiftenden Prozesse. Erst im Anschluss kommen dann die **A**utomatisierung und Digitalisierung. Ein zusätzlicher Charme dabei ist: Unnötiges wegzuassen verursacht nur wenig Aufwand, wobei der Nutzen jedoch sehr hoch ist. Dementsprechend ergibt es

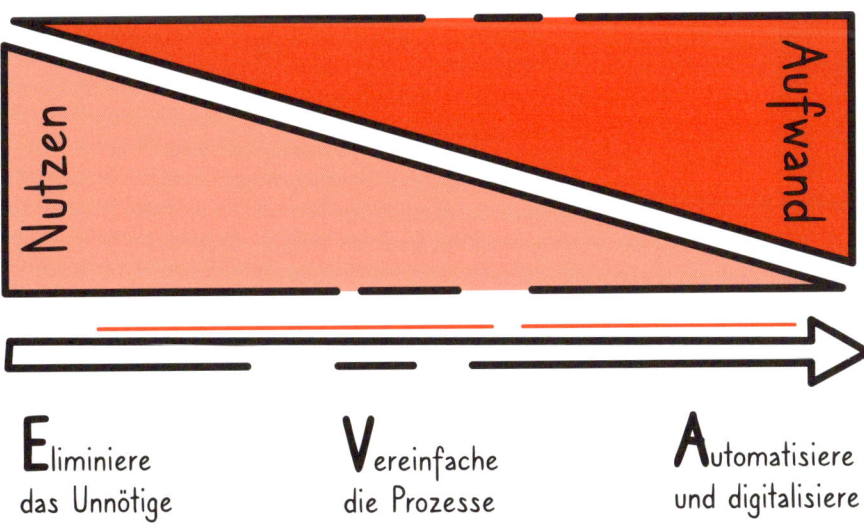

sehr viel Sinn, mit diesem Vorgehen zu beginnen. Je weiter man dabei die Optimierung vorantreibt, umso schlechter wird leider auch die Kosten/Nutzen-Bilanz. Dennoch es ist der einzige Weg, um noch besser zu werden.

Die IT-Abteilung richtet es

Alle größeren Organisationen haben eine IT-Abteilung. Und bei den meisten Organisationen wird gern über sie geschimpft. Die IT-Abteilung hat es aber auch nicht leicht. Ihre Hauptaufgabe ist es meistens, Feuer zu löschen. Die meisten Flammen entstehen durch sogenannte „Legacy-Systems". Das sind all die alten Soft- und Hardwaresysteme, die in einem Haus noch im Betrieb sind, aber eigentlich nicht mehr dem Stand der Technik entsprechen. Ihre Wartung ist sehr komplex und bündelt das Gros der IT-Fachkräfte. Ein großes Krankenhaus hat schnell mal über 1.000 solcher Legacy-Systeme. Da wundert es einen nicht, wenn keine Zeit bleibt, die übergreifende Digitalisierung voranzutreiben. Der IT-Leiter eines Krankenhauses erzählte mir einmal: „Ich habe keine Zeit für Digital Health Start-ups und ihre Ideen. Meine Hauptsorge ist, das Informationssystem des Krankenhauses am Laufen zu halten. Alles andere muss warten". Aus seiner Sicht ist dies natürlich verständlich, aber aus Gesamtkrankenhaussicht eine sehr schlechte Nachricht.

Punktuell statt ganzheitlich

Wenn die Digitalisierung tatsächlich das Potenzial hat, eine Organisation oder sogar Branche komplett umzukrempeln, muss sie zu einer strategischen Priorität erklärt werden. Und im Wort Strategie stecken schon viele wichtige Aspekte. Zu einem bedeutet eine Strategie, dass man sich klare Ziele setzt. Was will meine Organisation in welchem Zeitrahmen wirklich erreichen? Zum anderen muss man einen systematischen Plan entwickeln, wie diese Ziele erreicht werden können. Dieser strategische Plan ist leider alles andere als trivial. Häufig sind Praktikerinnen schon dabei überfordert, einen Überblick über die vielen Möglichkeiten der Digitalisierung zu gewinnen. Welche Technologien gibt es heute auf dem Markt? So kommt es vielfach dazu, dass einfach irgendwo angefangen wird. Punktuell wird eine neue Software installiert, weil man Gutes von einer Kollegin dazu gehört hat. Doch die Summe vieler guter Einzelinitiativen führt leider selten dazu, dass das Gesamtsystem wirklich gut funktioniert. Entsprechend braucht es eine ganzheitliche Digitalstrategie. Bei unserer letzten Analyse der Schweizer Krankenhäuser sagte allerdings nur ca. ein Viertel aller Befragten, dass es in ihrem Haus eine solche Strategie gibt. Hier ist noch viel Luft nach oben.

Digitized ≠ Digitalized ≠ Digital Transformation

Im Englischen kann man die unterschiedlichen Bedeutungen von „Digitalisierung" klarer darstellen. Die erste Stufe „digitized" bedeutet, dass man etwas, dass in Papierform vorhanden ist, in ein elektronisches Medium überführt. Ein Arztbrief auf Papier wird gescannt, schon ist er digital. Das kann eventuell ein erster guter Schritt sein, aber noch lange nicht das Ende der Fahnenstange. Wenn wir im Deutschen landläufig von digitalisiert sprechen, meinen wir meistens das englische „digitalized". So sind in einer digitalisierten Organisation idealerweise alle Schlüsselprozesse elektronisch abgebildet. Als Beispiel denken Sie an eine Patientenreise durch eine Klinik. Eine leidende Patientin kommt zu der Notaufnahme eines Krankenhauses und wird nach vielen Behandlungsschritten 5 Tage später geheilt entlassen. Diese Patientenreise ist dann komplett digitalisiert, wenn alle für den Prozess notwendigen Informationen elektronisch abgebildet wurden. Sie standen der Patientin und den Gesundheitsfachpersonen stets nur einen Klick entfernt zur Verfügung – am besten in Echtzeit, also ohne zeitliche Verzögerung. Wenn unsere Organisationen eines Tages so weit sind, werden wir schon einen Riesenfortschritt erzielt haben.

Doch Digitalisierung kann noch weiter gehen und noch mehr Türen aufsperren. Die digitale Welt kann ganze Produkte, Dienstleistungen und Geschäftsmodelle ermöglichen, die zuvor nicht denkbar waren. Denken Sie an die Bücherwelt. Die Digitalisierung eines Buchladens bedeutet nicht einfach, dass ich am Ende meines Einkaufs im Laden statt einer Papierrechnung eine elektronische Rechnung per E-Mail zugeschickt bekomme. Ein Teil der Branche ist komplett transformiert worden: Ich kann von daheim aus in Millionen von Büchern schmökern. Eine künstliche Intelligenz (KI) kann mir personalisierte Empfehlungen geben aufgrund meiner bisherigen Lektüre. Und ich kaufe das Buch mit einem Klick und lade es auf meinen Reader herunter. Nun habe ich hunderte von Büchern in meiner Tasche. Ob diese neue Bücherwelt einem gefällt oder nicht, ist eine erstmal irrelevante Frage. Fest steht, dass ein Teil des Marktes durch digitale Mittel radikal transformiert wurde. Und nun liegt es an uns allen, zu gestalten, wie ein digital transformiertes Gesundheitssystem für uns aussehen soll.

5.3 Digital Health – unser digitales System der Zukunft

Definition und Ordnungsrahmen
Es muss nicht alles komplex sein in diesem Leben. Dementsprechend haben wir die Definition von Digital Health einfach gehalten.

> *Digital Health ist der Einsatz moderner Informations- und Kommunikationstechnologie (ICT) im Gesundheitswesen zur Erhöhung der Qualität, der Effizienz und der vermehrten Ausrichtung an Patientenbedürfnissen.*

Man bemerke, dass bei dieser Definition als erstes Ziel die Qualität steht. Sogar noch vor der Effizienz! Aus ethischen Gründen ist dies bewusst so gestaltet. Aber es hat auch marktwirtschaftliche Gründe. Denn eine Digitalisierung ohne qualitativen Mehrwert für die Patientinnen ist letztendlich sinnlos und wird nicht vom Markt akzeptiert. Oder würden Sie freiwillig zu einer Ärztin gehen, die Ihnen sagt: „Dank des neuen KI-gesteuerten Roboters können wir Sie für die Hälfte der Kosten operieren. Leider kommt es aber häufiger als früher zu Komplikationen. Sie werden wohl starke Schmerzen erleiden müssen"? Sicher nicht. Deswegen muss Digital Health beides bieten können: Eine bessere Qualität und eine höhere Effizienz. Als drittes Element wird noch das Thema Patientenbedürfnisse extra erwähnt. Wenn wir krank sind und uns in die Hände von Gesundheitsfachpersonen begeben, haben wir neben dem Gesundwerden

II Die sieben Management-Ideen

noch eine ganze Reihe an weiteren Bedürfnissen. Ein Beispiel dafür ist das Bedürfnis nach Informationstransparenz. Ein anderes Beispiel ist, dass wir auf uns persönlich individuell abgestimmte Behandlungen erfahren möchten. Auch diesen Bedürfnissen soll Digital Health besser als bisher begegnen können.

Die derzeit entstandenen Digital-Health-Lösungen haben sehr viele Facetten. Diese können eine kleine App auf meinem Mobiltelefon umfassen oder eine große Maschine im Krankenhaus für mehrere Millionen Euro. Ein Ordnungsmodell hilft dabei, die Vielfalt einzuordnen (s. Abb. 43). Vier Felder werden unterschieden: Zwei davon sind Anwendungen, die aus bestehenden Technologien entstanden sind. Bei den anderen beiden stehen eher betriebswirtschaftliche Überlegungen im Vordergrund.

- **Trend Health**: Anwendungen im Bereich LifeStyle, Fitness
- **eHealth**: Digitale Vernetzung der Akteure untereinander
- **Tech Health**: Hardware im Vordergrund
- **Data Health**: Verarbeitung von Daten

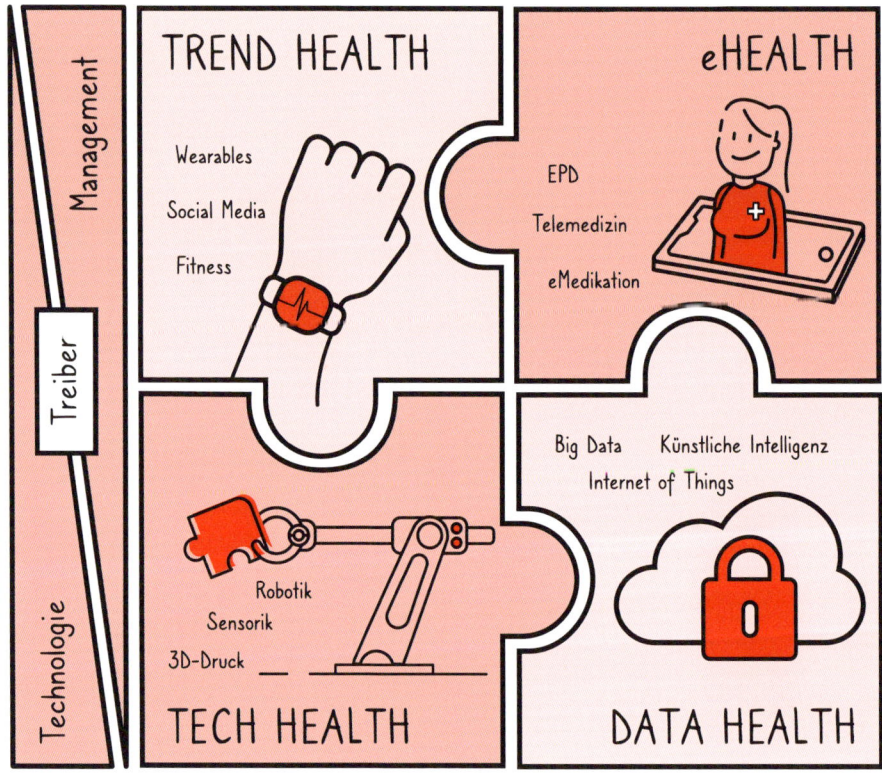

Abb. 43 Das WIG-Ordnungsmodell für Digital-Health-Lösungen

5 Digital Health

Sieben disruptive Technologien

Digital Health ist ohne moderne Technologie undenkbar. Manche Lösungen benötigen relativ einfache Technologien, die uns schon seit einigen Jahren zur Verfügung stehen. So braucht man für eine elektronische Patientenakte nur einen relativ einfachen technischen Unterbau. Sie ist eher eine politische als technische Herausforderung. Andere Digital-Health-Applikationen hingegen sind erst mit den neuesten Entwicklungen möglich geworden. Nachfolgend ist eine nicht abschließende Liste mit Technologien aufgeführt, die das große Potenzial haben, komplett neue Produkte und Dienstleistungen zu ermöglichen.

Augmented/Virtual Reality
Computergenerierte Wirklichkeiten.
Beispiel: Bei einer Operation werden der Chirurgin zusätzliche Informationen direkt auf den Patientenkörper projiziert.

Blockchain
Dezentrale Datenbank, die die Unveränderlichkeit der Einträge sicherstellt.
Beispiel: Transportdaten bei Impfstoffen können manipulationssicher abgelegt werden.

Digitale Assistenzsysteme
Computergenerierte Darstellung von Personen (Avatare), die Menschen bei einer Aufgabe unterstützen.
Beispiel: Virtueller Concierge beim Einchecken in eine Klinik.

Internet der Dinge (IoT)
Vernetzung von Gebrauchsgegenständen mit dem Internet, die unabhängig untereinander kommunizieren.
Beispiel: Haus für Betagte, in welchem die Haushaltsgegenstände auf den Bewohner aufpassen.

II Die sieben Management-Ideen

Maschinelles Lernen (Künstliche Intelligenz)
Software, die durch das Verarbeiten von großen Datenmengen autonom und selbstlernend komplexe Aufgaben löst.
Beispiel: Computerprogramm, das eine Diagnose aufgrund von Röntgenbildern erstellt.

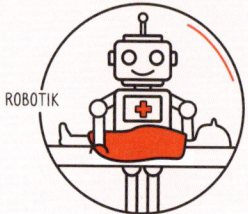

Robotik
Technische Apparatur, die den Menschen bei mechanischen Arbeiten unterstützt.
Beispiel: Pflegeroboter, der eine Patientin umlagern kann.

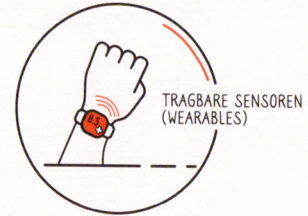

Tragbare Sensoren (Wearables)
Mobile Sensoren, die direkt am Körper getragen werden und physiologische Daten aufnehmen.
Beispiel: Sensor für den Zuckerwert von Diabetikern in einer Armbanduhr.

Veränderungsfelder – so wirkt Digital Health

Die verschiedenen Technologien werden zahlreiche Aspekte unseres Gesundheitssystems verändern. Aus einer Vogelperspektive betrachtet stechen drei große Veränderungsfelder ins Auge (s. Abb. 44).

Information und Prävention

Die günstigste Patientin ist die, die erst gar nicht in das Gesundheitssystem eintritt. Digital-Health-Anwendungen können Patienten mehr Informationen und Macht über ihre eigene Gesundheit geben. Zuverlässige Information zu den verschiedensten Gesundheitsgebieten sind auf ihren Mobiltelefonen nur einen Wisch entfernt. Menschen werden mittels Wearables und Apps animiert, sich besser zu ernähren und mehr zu bewegen. Auf Wunsch werden ihre Vitalparamater laufend aufgenommen. Bei statistischen Auffälligkeiten werden sie aufgefordert, diese mit einer Fachperson zu besprechen. Im Idealfall führt die kontinuierliche Beschäftigung mit der eigenen Gesundheit zu einer grundsätzlichen Kompetenzsteigerung bei der Bevölkerung. Dann können sich die Patientinnen bei kleinen Wehwehchen mit den Mitteln der Hausmedizin auch selbst therapieren und dabei das System entlasten, sodass sie sich zudem auch noch wirkmächtig fühlen. Diese Selbsttherapie wird begleitet von intelligent designten Programmen, welche die Sicherheit des Vorgehens gewährleisten.

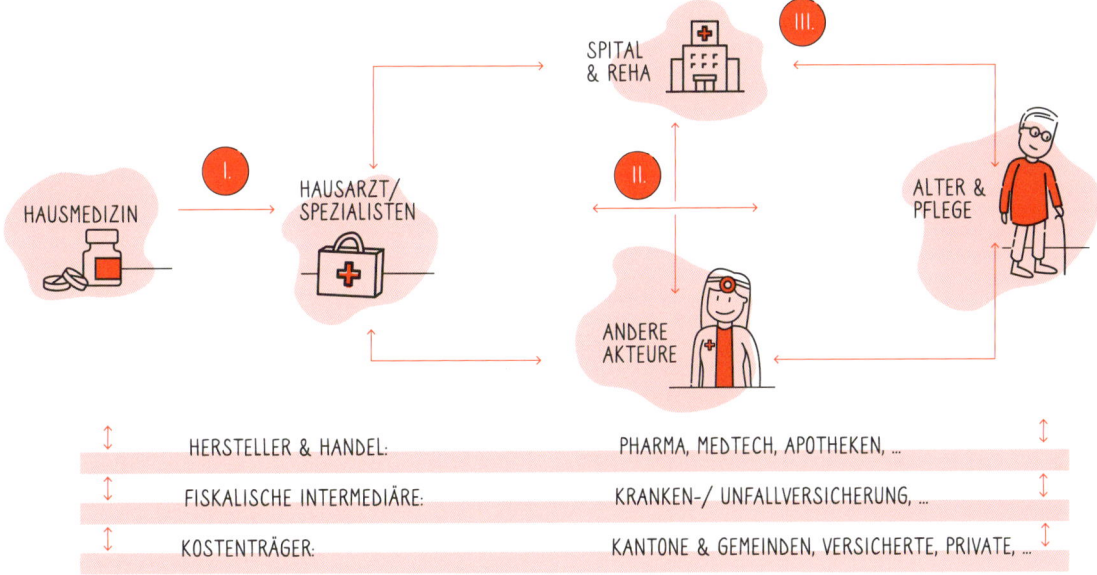

Abb. 44 Die drei großen Veränderungsfelder in der Health Value Chain durch Digital Health

Kontaktpunkte und Patientenfluss

Unser Gesundheitssystem ist ein komplexes Gebilde, bestehend aus vielen einzelnen Organisationen, die nur sehr spärlich miteinander kommunizieren – geschweige denn sich untereinander koordinieren oder gar kooperieren. Die heutigen Patientenreisen durch das System können leider zu häufig einer Achterbahnfahrt ähneln. Die digitalen Mittel haben das Potenzial, das zu ändern. Einerseits schafft die Digitalisierung die notwendige Transparenz und Vernetzung über alle Akteurinnen hinweg. So kann der Übertritt zwischen den Akteuren besser geplant, gesteuert und abgewickelt werden. Die Daten sind zentral vorhanden, Doppeluntersuchungen werden somit vermieden, und die Auslastung des Systems wird besser gesteuert. Zum anderen werden die Patientinnen die Unterschiede zum heutigen System sofort spüren. Denn auch die Art und Weise, wie wir mit den Leistungserbringern kommunizieren, wird sich radikal ändern. Telemedizin ist hier wohl die einschneidendste Veränderung. Bequem von zu Hause kann der Patient mit den Fachpersonen per Videochat kommunizieren. Der Patient teilt bei Bedarf seine Sensorendaten mit den Leistungserbringern. Und auch im Falle, dass der Patient persönlich in die Praxis gehen muss, werden seine Termine zumindest online arrangiert, und sein Kalender erinnert ihn automatisch daran.

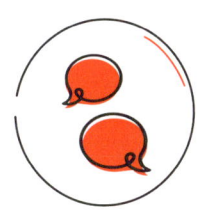

Diagnose und Therapie

Die Kernaktivitäten eines Gesundheitssystems sind auch im digitalen Zeitalter die gleichen: Anamnese, Aufklärung, Therapie, Pflege. Doch wie sie durchgeführt werden, kann durch die Digitalisierung stark verändert werden. Eine Ärztin kann mithilfe einer selbstlernenden Software (KI) eine bessere Differenzialdiagnostik stellen als je zuvor. Beim Aufklärungsgespräch kann sie präzisere Prognosen stellen, da die Software Wahrscheinlichkeiten ausrechnet und somit das Risiko quantifiziert. Die 3D-Visualisierung

des Eingriffs am Bildschirm hilft dem Patienten, die Operation besser zu verstehen. Der chirurgische Eingriff erfolgt mit robotischer Unterstützung und ist somit komplikationsärmer. Und schlussendlich wird die Pflege entlastet, da der Logistikroboter die Medikamente und das Essen in der Klinik selbstständig transportiert. All dies erhöht direkt die Behandlungs- und Servicequalität der Patientinnen. Doch kann es durch Digital-Health-Lösungen auch indirekt Vorteile geben. Dann nämlich, wenn dem Personal die administrativen Aufgaben abgenommen werden und es sich so auf die genannten Kerntätigkeiten fokussieren kann. Die meisten Gesundheitsfachpersonen leiden unter einem großen Dokumentationsaufwand. Die IT-Firma, die für diese Tätigkeit gute, automatische Systeme entwickelt, wird sicherlich ewige Dankbarkeit des Personals erhalten.

5.4 Wichtige Prinzipien, Konzepte, Werkzeuge – Digitalisierung wirkt!

Die drei Hebel der Digitalisierung

Es lohnt sich einmal, sich zurückzulehnen und zu überlegen, warum die Digitalisierung eines Wirtschaftsbereiches grundsätzlich wirkt. Eine Antwort ist sicherlich, dass Digitalisierung ein Hebel ist, mit dem sich Organisationen auf dem Markt erfolgreicher behaupten können. Beim Wettbewerb geht es immer darum, die Mutter aller BWL-Fragen zu beantworten: „Warum soll die Kundin zu mir kommen und nicht zur Konkurrenz gehen?" Eine Analyse von vielen erfolgreichen Firmen quer durch alle Branchen hat ergeben, dass die Digitalisierung drei Aspekte verändert:

- das Produkt/die Dienstleistung an sich,
- die Interaktionsform der Kunden mit den Organisationen,
- die Hintergrundinteraktionen zwischen den Organisationen.

Produkte und Dienstleistungen

Diese Veränderung spürt man als Kundin sofort. Wer kann sich noch daran erinnern, wie Flugreisen früher funktioniert haben? Ohne ein physisches Papierticket, das die Reiseagentur per Post nach Hause geschickt hat, durfte keiner in ein Flugzeug steigen. Dabei war das Papier an sich wertlos. Es war nur ein Legitimationsmittel und Informationsspeicher. Genauso verhält es sich mit dem Rezept einer Ärztin. Wenn ich damit zu einem Apotheker gehe, will dieser nur wissen „Darf der Kunde das wirklich kaufen?" und „Was hat die Ärztin genau verschrieben?" Beides braucht keine Zellulose. Eine direkte elektronische Nachricht von der Leistungserbringerin hin zur Apotheke ist schneller, sicherer und günstiger.

Die Interaktionsform zu den Kundinnen

Denken Sie an das das letzte Mal, dass Sie in einem Amt waren. Wie haben Sie den Termin organisiert, und wie ist der Besuch abgelaufen? Es besteht eine große Chance, dass der Besuch eines Arztes auch ähnlich aufwendig ist. Beide Kundeninteraktionen lassen sich in einer digitalen Welt ganz anders gestalten. Radikal anders ist es im Bereich Telemedizin, in welchem der ganze physische Aspekt wegfällt und die Patientin von daheim aus die Besprechung durchführt. Mit raffinierten Zusatzgeräten für zu Hause lassen sich inzwischen sogar zahnmedizinische Untersuchungen aus der Ferne durchführen. Aber auch im Kleinen verändert sich die Interaktion. Wenn sich jemand beim Krankenhausbesuch nicht mühsam am Empfang anmelden und lange Formulare ausfüllen muss, sondern dies stattdessen einfach per App lösen kann, ist die Kundeninteraktion wieder ein kleines Stückchen angenehmer geworden.

Die Hintergrundinteraktionen

Unsere Produkte und Dienstleistungen entstehen in einem sehr komplexen Geflecht von unzähligen Akteuren. In der Gesundheitswelt spricht man von der Health Value Chain. Wie komplex diese ist, merke ich als Kundin meistens erst dann, wenn beispielsweise die richtige Information zwischen den Akteurinnen nicht ausgetauscht wurde und ich darunter leide. Digitalisierung kann die Interaktionen in diesem Geflecht stark vereinfachen – eine Welt ohne Fax! In diese Kategorie fällt auch ein Kernprojekt der Digital-Health-Welt: Die zentrale Speicherung meiner Gesundheitsdaten. Die richtigen Daten am richtigen Ort erleichtern die Erbringung der richtigen Gesundheitsdienstleistung.

Grundsätzliche strategische Stoßrichtungen

Die genannten Hebel der Digitalisierung sollten nicht wahllos gezogen werden. Wenn ich meine Organisation besser im Markt positionieren will, sollte ich eine Strategie haben. Auch hier kann die gute alte Betriebswirtschaftslehre helfen. Schon vor vielen Jahrzehnten haben schlaue Menschen festgestellt, dass es, vereinfacht betrachtet, drei Grundstrategien gibt:

- Produktführerschaft
- operative Exzellenz
- Kundennähe

Produktführerschaft

In einem Markt entscheiden sich Kundinnen für meine Organisation, weil sie meine Produkte und Dienstleistungen gegenüber denen von anderen Anbietern bevorzugen. Und auch im Gesundheitswesen gilt diese Regel. Viele Kunden werden sich für die Organisation entscheiden, die mittels Digital Health ihre Angebote verbessert. Eine Krankenversicherung bietet eine raffinierte Anamnese-App an, mit der man sich daheim selbst diagnostizieren kann. Ein Zahnarzt bietet online die Möglichkeit, freie Termine zu buchen. Eine Hautärztin bietet modernste KI-unterstützte Lasertechnologien an. Wenn ich das als Kundin als Mehrwert betrachte, dann bevorzuge ich diese Anbieter.

Operative Exzellenz

Manche Organisationen glänzen dadurch, dass sie ihre Arbeitsprozesse sehr gut im Griff haben. Das bietet viele Vorteile. Denn gute Prozessorganisation bedeutet schnelle, zuverlässige, unkomplizierte Abläufe. Denken Sie an zwei fiktive Internetanbieter A und B. Beim Anbieter A haben Sie 15% mehr Downloadgeschwindigkeit als bei B. Doch dafür hat Anbieter B die bessere Hotline. Wenn Sie bei A anrufen und eine Störung haben, dürfen Sie erstmal fünf verschiedenen Leuten Ihr Problem schildern, damit man Sie dann nach einer Stunde Telefonat bittet, doch lieber eine E-Mail zu schreiben. Bei B ist die gleiche Störung nach fünf Minuten gemeldet. Finden Sie die technische

Überlegenheit von A immer noch gleich attraktiv? Im Gesundheitssystem funktioniert die Strategie der operativen Exzellenz analog. Als Patientin kommen Sie schneller und unbürokratischer an Ihre Leistung. Und noch einen starken Vorteil kann diese Strategie haben: Organisationen, die ihre (digitalen) Prozesse beherrschen, sind auch günstiger. Wenn erwünscht (und erlaubt), können sie sich also auf dem Markt als der Anbieter mit den niedrigsten Preisen positionieren.

Kundennähe

Gesundheitsleistungen sind nicht irgendwelche Produkte. Sie sind sehr häufig sehr persönlich, intim und emotional aufgeladen. Deswegen achten viele Kundinnen beim Kauf auch auf weichere Faktoren. Ist der Leistungsanbieter vertrauensvoll und sympathisch? Und berücksichtigt er meine ganz persönlichen, individuellen Bedürfnisse? Eine lohnende Digital-Health-Strategie kann dementsprechend besonders auf den Punkt „Kundennähe" eingehen. Meine Produkte sind vielleicht nicht die modernsten, haben keine KI-Technologie eingebaut, und vielleicht sind meine Prozesse auch nicht perfekt nach der Lean-Philosophie auf Effizienz und Effektivität getrimmt. Aber meine Kunden verzeihen mir auch mal die 15 Minuten zusätzliche Wartezeit, denn sie bekommen etwas, das sie woanders vermissen. Das mag die Tatsache sein, dass sie sich ernst genommen fühlen, oder dass ich dank einer digitalen Verbindung immer nur einen Knopfdruck von ihnen entfernt bin. Digitalisierung und eine warme, empathische Beziehung widersprechen sich also nicht!

Strategische Positionierung im Digital-Health-Markt

Wenn man die genannten drei grundsätzlichen Strategien mischt und mit den drei Veränderungsfeldern kombiniert, dann passiert – wie in Abbildung 45 ersichtlich – etwas Aufregendes (zumindest für BWLer): Wir erhalten ein Werkzeug, welches uns hilft, besser zu verstehen, wo und wie Digital-Health-Organisation gewinnen wollen. Hier sind einige anschauliche Beispiele von Produkten und Dienstleistungen für diese Strategien:

Eine Randbemerkung: Wie alle Einteilungen im Leben sind auch diese strategischen Stoßrichtungen nicht immer eindeutig. Mischmodelle sind stets denkbar. Wenn eine Organisation jedoch behauptet, sie mache alles gleichzeitig, ist das mehr ein Wunschdenken oder Marketing als ein echtes strategisches Konzept.

5 Digital Health

KOMPETITIVER VORTEIL
(Wie gewinnen wir)

	 Produktführerschaft	 Operative Exzellenz	 Kundennähe
 **Information & Prävention**	Elektronisches Heftpflaster (nadellos!), das für Diabetiker kontinuierlich den Blutzuckerspiegel misst	Robuste Anamnese-App für den Haushalt, die sich durch online-Patches eigenständig aktualisiert	Software, die meinen Terminkalender kontinuierlich nach Stressfaktoren durchsucht und bei Bedarf Termine bei einem Achtsamkeits-Coach vorschlägt
 **Kontaktpunkte & Patientenfluss**	Telemedizinisches Gerät mit einer holographischen Darstellung des Arztes	Zentraler Anbieter von Telemedizinberatung mit einem nahtlosen Zugriff auf die elektronische Patientenakte	Virtueller Assistent für ältere Patienten, der auf Zuruf ein Videogespräch mit einer Gesundheitsfachperson startet
 **Diagnose & Therapie**	Operationsroboter für besonders präzise chirurgische Eingriffe	Einfache Software zur Vernetzung von Apotheken zur Vermeidung der Einnahme von Medikamenten mit Wechselwirkungen	Gamifizierte App, die Erfolge in der Therapie meiner Familie meldet

WIRKUNGSFELDER (Wo wirken wir)

Abb. 45 Kombination der drei grundsätzlichen Strategien in den drei Veränderungsfeldern in Bezug auf Digital Health

II Die sieben Management-Ideen

5.5 Praxisbeispiele – Digital Health entlang der Wertschöpfungskette

1. TOM ist eine App mit der Hauptfunktionalität, dass die Nutzerin an die Einnahme ihrer Medikamente erinnert wird. So soll die Therapietreue erhöht werden. Auf Knopfdruck kann der Nutzer auch einen Medi-Check durchführen. Dabei untersucht eine Apothekerin die Medikamente auf Wechselwirkungen und Doppelmedikation und gibt Ratschläge zur Einnahme. Zukünftig sollen auch Bestellungen von Medikamenten aus der App möglich sein.

2. Eine Klinik in Essen hat als erste Hauttumoroperationen mit Augmented-Reality-Brillen durchgeführt. Die Chirurginnen tragen dabei Brillen der Firma apoQlar. So können sie medizinische Bildinformationen des Patienten, wie beispielsweise MRT-Bilder beim Eingriff, direkt auf den Patienten oder frei im Raum projizieren. Auch für die Planung des Eingriffs oder die Aufklärung der Patientinnen können die Brillen verwendet werden.

3. Ein Schweizer Start-up hat einen digitalen Mitbewohner für ältere Personen namens Caru entwickelt. Dabei handelt es sich um ein kleines Gerät, das im Zimmer aufgestellt und nur mit Sprache gesteuert wird. Beispielsweise kann im Notfall damit Hilfe geholt oder einfach nur der Enkel angerufen werden. Weitere Sensoren erlauben eine Fernüberwachung der Person.

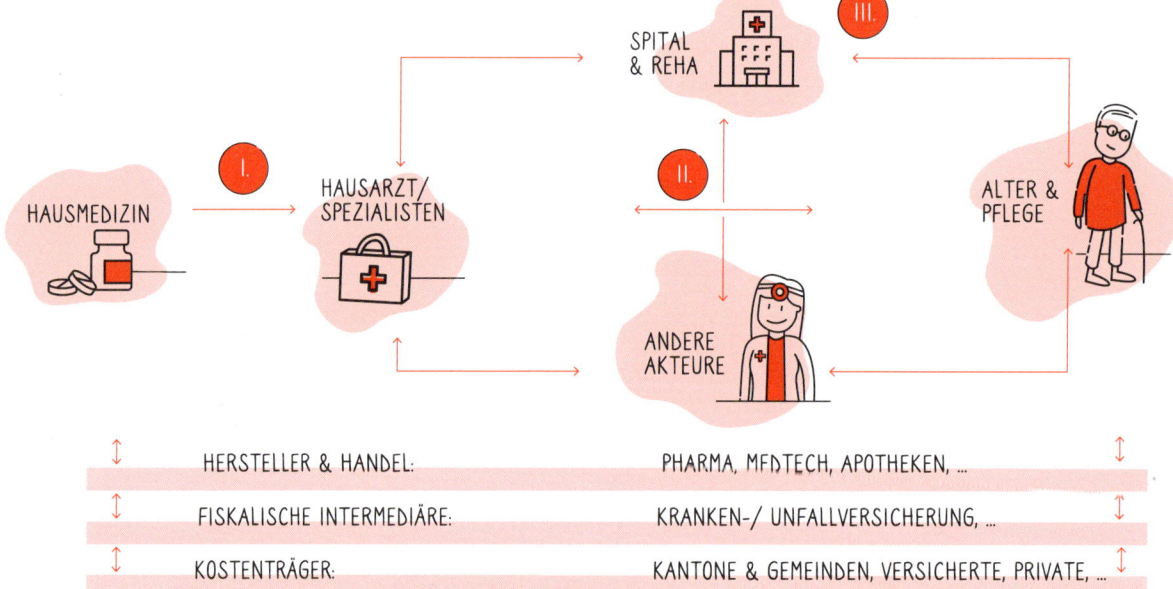

4. Bei Notanrufen müssen Fachpersonen innerhalb von Sekunden entscheiden, welche Diagnosen wohl vorliegen, und entsprechende Maßnahmen vorschlagen. Das dänische Unternehmen Corti hat eine KI-gestützte Software entwickelt, die bei diesen Anrufen mithört, den Telefonisten Fragen vorschlägt und Wahrscheinlichkeiten angibt, dass es sich um einen Herzstillstand handelt.

5. Das Unternehmen Medisante aus Luzern bietet Dienstleistungen im Bereich Internet of Things an. Sie erweitern medizinische Geräte wie EKG-Aufzeichner oder Blutdruckmesser mit einer Sendefunktion. So wird es möglich, drahtlos und in Echtzeit Daten zwischen den Patientinnen und Leistungserbringern auszutauschen.

6. Die Versicherung Swica stellt ihren Kundinnen Apps zur Verfügung. Diese enthalten Informationen und Gamification-Elemente zu Präventionsthemen (Ernährung, Bewegung, mentale Gesundheit). Nutzerinnen erhalten als Belohnung beispielsweise Rabatte für Zusatzversicherungen. Des Weiteren können Patienten mittels des medizinischen Geräts Tytohome 7 verschiedene Untersuchungen selbst daheim vornehmen (z.B. Rachenuntersuchungen).

5.6 Die Umsetzung – Digital Health zum Leben bringen

Veränderung gestalten – abhängig vom Druck

Die Digitalisierung des Gesundheitswesens ist alles andere als trivial. Man kann sie auf verschiedenen Ebenen betrachten. Ganz unten befinden sich die einzelnen Individuen (Bürgerinnen, Patienten, Gesundheitsfachpersonen …), die sich für oder gegen einzelne Digital-Health-Elemente entscheiden können. Und ganz oben ist das Gesundheitssystem an sich, das sich auf einer Skala zwischen „komplett analog" und „vollkommen digital" befindet. Auf allen Ebenen gilt es, das richtige Veränderungstempo zu bestimmen. Hier kommt nun eine wichtige psychologische Komponente ins Spiel, nämlich das Thema Change Management. Wir Menschen sind tendenziell träge. Eine Veränderung kostet Energie und braucht einen verdammt guten Grund. Als Motivation dient entweder eine positive Zielvision, in welcher wir uns beispielsweise vorstellen, wie gut wir es haben werden in einer Digital-Health-Welt. Zum anderen funktioniert aber auch eine negative Energie, mit welcher wir einen unangenehmen Zustand (z.B. explodierende Gesundheitskosten), der unserem Geldbeutel immer mehr wehtut, beenden wollen.

Unabhängig von der Ebene und vom Typ der Veränderungsenergie: Die geplante Veränderung lässt sich grundsätzlich auf zweierlei Arten durchführen (s. Abb. 46). Als „Big Bang", mit einem Knall. Da haut die Direktorin mit der Faust auf den Tisch und beschließt, ihre Organisation radikal zu verändern. Sie heuert einen Beratertrupp an, und es werden innerhalb kurzer Zeit jede Stelle und jeder Prozess innerhalb der Firma in Frage gestellt und neugestaltet. „Reengineering" sagt die Fachfrau dazu. Im Gegensatz dazu macht es ein Chef vielleicht anders. Als Freund des Lean-Gedankens (s. Kap. 4) mag er lieber den dort beschriebenen kontinuierlichen Kaizen-Aspekt der kleinen Schritte („step by step"). Offen bleibt, wann welcher Ansatz der vielversprechendere ist. Wir behaupten, dass das mit dem Druck auf das System zu tun hat. Wo

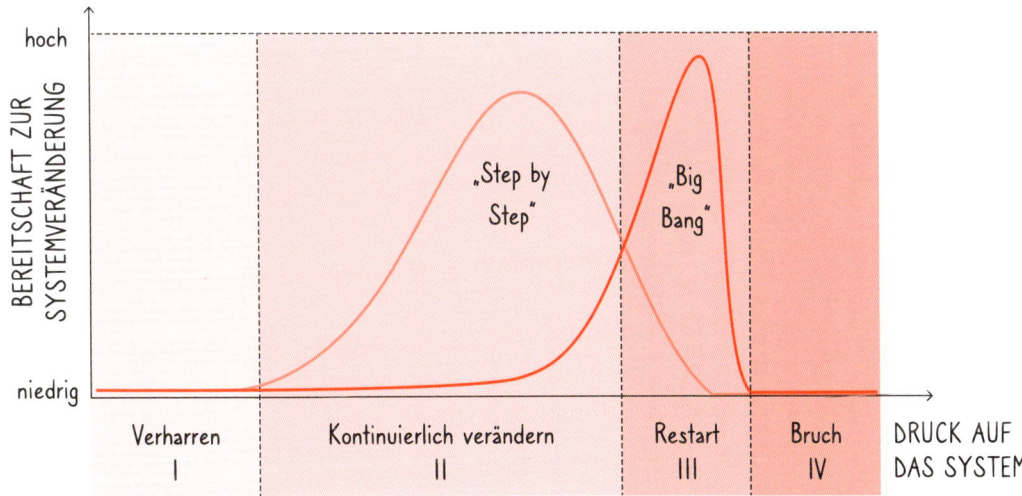

Abb. 46 Big Bang vs. Step by Step

kein Druck, da keine Veränderung. Wenn der Druck langsam ansteigt, dann ist der Kaizen-Gedanke der angebrachte. Wenn der Druck jedoch sehr stark wird, dann ist der radikale Ansatz auf einmal möglich (und vielleicht auch alternativlos). Anschaulich belegt wurde die Veränderungskraft von Druck durch die Corona-Krise. Wenn Sie also überlegen, was das richtige Vorgehen für Ihr Unternehmen ist: Denken Sie über all die verschiedenen Rahmenbedingungen und Einflussfaktoren auf Ihre Organisation nach und schätzen Sie ein, in welcher Druckphase Sie sich wohl befinden.

Kochrezept zur Digitalisierung meiner Organisation

Es führen viele Wege nach Rom. Wie bei allen Organisationsveränderungen ist es immer gut, wenn man Unterstützung von oben in der Machthierarchie hat. Wenn man diese gesichert hat, dann kann das Rezept zur Digitalisierung einer Organisation in vier Schritten folgen.

1. **Entwickle eine integrierte Strategie:** Jede Organisation braucht ein Leitziel – eine Antwort auf das „Warum?" (s. Kap. 1 u. 6). Die Strategie dazu sagt mir, wie ich diese Ziele erreichen will. Die bisher vorgestellten Grundstrategien können ein guter Anhaltspunkt sein. Das Thema Digitalisierung muss ein fester Bestandteil dieser Strategie sein. Aus der Strategie können dann die einzelnen Digitalinitiativen abgeleitet und priorisiert werden. Und nie vergessen: Intern kommunizieren, kommunizieren und dann nochmals kommunizieren. Wenn die eigenen Mitarbeitenden die Digitalvision nicht teilen, ist das Rennen schon vorbei, bevor es überhaupt angefangen hat.

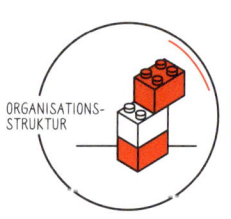

2. **Schaffe eine innovationsfreundliche Organisationsstruktur:** Digitale Innovationen fallen nicht vom Himmel. Mitarbeitende brauchen klare Rahmenbedingungen, wenn sie als Innovatoren und Entrepreneurinnen fungieren sollen. Bei vielen Unternehmen hat es sich bewährt, eine zentrale Anlaufstelle zu haben, in Form von Innovationsmanagern. Diese Personen beobachten den Markt nach Digital-Health-Lösungen, katalysieren den im Unternehmen vorhanden Entrepreneurgeist und fungieren als Schnittstelle nach außen, beispielsweise zu Start-ups. Die Innovationsmanagerinnen werden somit zur Keimzelle für unternehmensweite Ideen und Experimente im Bereich Digital Health.

3. **Bereite die digitalen Grundlagen vor:** Die E.V.A.-Logik gibt vor: Zunächst die analogen Prozesse optimieren, danach erst mit der Digitalisierung anfangen. Eine weitere „Hausaufgabe" ist es auch, die digitalen Grundlagen richtig zu legen. Dazu gehört beispielsweise, die Daten zu standardisieren und passend zu strukturieren. Auf technische Schnittstellen zwischen den einzelnen Systemen muss immer ein gesondertes Auge geworfen werden. Kurzum: Die IT-Abteilung muss dafür Sorge tragen, dass das technische Fundament sicher, solide, und technisch kompatibel ist.

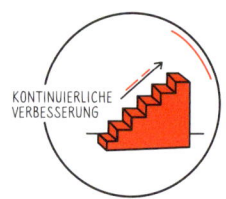

4. **Höre nie auf, dich kontinuierlich zu verbessern:** Digitalisierung ist ironischerweise kein 0/1-Zustand. Es verhält sich nicht so, dass eine Organisation digital oder nicht digital ist, vielmehr gibt es jede Menge Stufen auf der Digitalisierungsleiter. Organisationen sollten sich immer bewusst sein, auf welchem digitalen Reifegrad sie sich momentan befinden und welche Stufe sie als nächstes erklimmen wollen. Manchmal sind kleine Schritte angebracht, wenn beispielsweise Faxe durch E-Mails ersetzt werden. Manchmal kann man größere Schritte wagen. Als eigene

5 Digital Health

Zielvision steht die optimal digital transformierte Organisation, wobei es sich um einen digitalen Reifegrad handelt, bei dem die beste Qualität und das befriedigendste Kundenerlebnis erreicht werden. Das kann bedeuten, dass alle Prozesse digital abgebildet werden und nahtlos zwischen allen Akteuren geteilt werden können. Und an dieser digitalen Vision arbeitet man immer weiter. Es ist kein zeitlich befristetes Projekt, sondern eine lebenslange Aufgabe.

5.7 Fallbeispiel Deutschland – ein Land digitalisiert sich

Gastbeitrag von Inga Bergen

Vom Sorgenkind zum Musterschüler?

Im Vergleich mit anderen EU-Staaten gibt Deutschland pro Person mehr für Gesundheit aus und bietet viele Leistungen sowie einen guten Zugang zur Gesundheitsversorgung. Allerdings lässt die Qualität oft zu wünschen übrig oder ist zumindest nicht flächendeckend gleich gut. Die Landschaft der Leistungserbringer und -finanzierer ist stark fragmentiert. So gibt es beispielsweise trotz zahlreicher Fusionen immer noch mehr als 100 gesetzliche Krankenversicherungen. Das führt zu Ineffizienzen und einer verminderten Qualität der Versorgung in einem Teil der Versorgungseinrichtungen. Dies spiegelt sich oft in durchschnittlichen Gesundheitsergebnissen wider. Rund 90% der deutschen Bevölkerung sind in der gesetzlichen Krankenversicherung (GKV) versichert. Lediglich ca. 10% der Bevölkerung sind privatversichert, weil sie beispielsweise Beamte oder gutverdienende Menschen sind, deren Einkommen die sogenannte Beitragsbemessungsgrenze überschreitet. Doch laut OECD liegen „die Raten vermeidbarer und behandelbarer Todesursachen in Deutschland leicht unter dem EU-Durchschnitt, sind aber im Allgemeinen höher als in anderen westeuropäischen Ländern". Und auch in Sache Digitalisierung sieht es nicht gut aus – im deutschen Gesundheitswesen tat sich in den vergangenen Jahren erstaunlich wenig. Anfang 2020 war das Fax immer noch eines der am meisten genutzten Kommunikationsmittel in deutschen Arztpraxen.

Die Tage des Faxgeräts sind jedoch gezählt! Denn seit dem Ende der 1990er-Jahre wirbelt das Internet und die damit verbundene Digitalisierung eine Branche nach der anderen durcheinander. Und nun hat es auch das deutsche Gesundheitswesen erfasst. Diesen Aufbruch hat das System dem ambitionierten Gesundheitsminister Jens Spahn zu verdanken, der eine Gesetzesvorlage nach der anderen ins Parlament einbrachte. Bisher mächtige Organisationen, die die Digitalisierung entweder verhinderten oder stümperhaft umsetzten, wurden entmachtet. Und natürlich wirkte auch die COVID-19-Pandemie, deren Management die Grenzen der analogen Werkzeuge und die Möglichkeiten digitaler Tools deutlich machte. Insgesamt ist eine große Aufbruchsstimmung im Land bemerkbar, die Deutschland zu einer spannenden Fallstudie macht.

Der Beitrag von Digital Health für Deutschland

Digitalisierung kann im besten Fall helfen, Ineffizienzen zu vermeiden und Qualität zu verbessern. Natürlich findet man bereits viele einzelne Lösungen, von Künstliche-Intelligenz-Systemen in der Radiologie, Operationsrobotern bis hin zu digitalen Buchungssystemen für den Termin in der Arztpraxis. Allerdings waren all diese Lösungen bisher nicht miteinander vernetzt, die Daten nicht von einheitlicher Qualität und vor allem auch nicht für Patienten transparent. Seit Ende 2019 können GKVen Apps verschreiben, die Medizinprodukte sind – sogenannte digitale Gesundheitsanwendungen. Ein weiteres Gesetz ermöglicht den Einsatz solch medizinischer Apps auch in der Pflege. Seit dem 1. Januar 2020 ist die elektronische Patientenakte (ePA) gesetzlich vorgeschrieben, GKVen müssen sie ihren Kundinnen zur Verfügung stellen. Im Jahr 2020 folgte das eRezept, das auch digital eingelöst werden kann. Außerdem stellt der Staat auf Basis des „Krankenhauszukunftsgesetzes" den Krankenhäusern Milliarden zur Verfügung, damit sie in sichere digitale Infrastruktur investieren können. Seit 2019 ist auch das Fernbehandlungsverbot gefallen, das telemedizinische Konsultationen fast unmöglich machte. Als sich wegen der COVID-19-Pandemie viele Patienten nicht mehr in die Arztpraxis trauten, verzeichneten Telemedizinanbieter gigantische Nachfragesteigerungen.

Aufseiten der Leistungserbringer und der Wissenschaft brachte COVID-19 die cocos-Initiative ins Rollen, die einheitliche Datenformate und Standards für COVID-19-bezogene Daten etabliert. Für das Nationale Netzwerk gegen COVID-19 wurde ein Kerndatensatz (German Corona Consensus; GECCO) zwischen den Universitätskliniken vereinbart. Für Deutschland ist dies eine Blaupause, denn Forschung und digitale Lösungen können nur auf einheitlichen Datenformate gedeihen – sind die Daten nicht einheitlich erhoben, sind sie nicht auswertbar und damit wertlos.

Die drei großen Themen aus Systemsicht

Die Digitalisierung des Systems ist noch am Anfang ihrer Reise. Aus den vielen Initiativen kristallisieren sich drei große Themen, die das deutsche System nachhaltig beeinflussen werden.

Digitalisierung wird unsere Vergütungssysteme verändern. Die digitale Infrastruktur im Gesundheitswesen wird sukzessiv aufgebaut, und die Akteurinnen werden eng miteinander vernetzt. Wichtige Bausteine sind die elektronische Patientenakte (ePA), das eRezept, einheitliche Datenstandards, die Anerkennung von digitalen Lösungen als Medizin und die Investition in eine Telematik-Infrastruktur. Dies ist die Initialzündung für Innovation, denn in Zukunft werden wir auf Basis der rückfließenden Daten viel besser verstehen können, welche Maßnahmen zu guten Ergebnissen führen. Daten und die Erkenntnisse daraus werden alles verändern – von der medizinischen Forschung bis hin zur Art, wie Leistungen im Gesundheitswesen erstattet werden. Es wird möglich sein, nur gute Ergebnisse zu vergüten, statt reine Behandlungsschritte zu bezahlen.

Digitalisierung bringt Patientinnen in die Eigenverantwortung und Selbstwirksamkeit. Unter https://diga.bfarm.de/de/verzeichnis findet sich eine Liste der vom Bundesinstitut für Arzneimittel und Medizinprodukte zugelassenen digitalen Gesundheitsanwendungen „Apps auf Rezept". Die angebotenen Lösungen richten sich an Patientinnen mit Angststörungen, Depressionen, Schlaflosigkeit, Adipositas, Migräne, Schlaganfall und vielem mehr. Das wirklich Interessante ist, dass Patienten, die eine digitale Gesundheitsanwendung (DiGA) nutzen, ihre eigene Medizin werden. Die Apps funktionieren in der Regel wie ein Kompagnon, der dem Patienten hilft, mit gesundheitsförderndem Verhalten selbst für eine Verbesserung der eigenen Gesundheit zu sorgen. In unserem

System, das zwar in den Behandlungsleitlinien vorgibt, dass Patientinnen über ihre Eigenwirksamkeit aufgeklärt werden sollen, ohne dies jedoch zu vergüten bzw. im Behandlungsalltag zeitlich einzuplanen, ist dieser Ansatz revolutionär. In der Zukunft werden wir viel mehr Daten über Patientenverhalten und die Auswirkungen auf den Gesundheits-/Krankheitsverlauf haben. Wir werden Zusammenhänge erkennen können und Menschen mit Methoden zu mehr Gesundheit motivieren. Das alles wird analog zu den Methoden passieren, die auch Apple, Facebook und Amazon nutzen, um uns engagiert auf ihren Plattformen zu halten oder etwas zu verkaufen.

Die medizinische Forschung wird revolutioniert: gute Daten rein/gute Daten raus. Die COVID-19-Impfstoffentwicklung zeigt es: Wir sind nicht nur in einem digitalen Zeitalter angekommen, Digitalisierung bringt auch eine enorme Geschwindigkeit in die medizinische Forschung, Gentechnik und Biotechnologie. Anhand von vorhandenen Daten und den sich gerade entwickelnden Quantencomputern können wir innerhalb kürzester Zeit Forschungsergebnisse kreieren, für die wir vorher Jahrzehnte gebraucht hätten. Vielleicht werden wir in wenigen Jahren mit einem ganz anderen Blick auf Gesundheit schauen, weil wir erkennen, dass Annahmen, die wir heute als gegeben hinnehmen, völlig falsch waren. Durch Digitalisierung stehen wir an der Schwelle zu bahnbrechenden Erkenntnissen über Gesundheit, das Leben und das ganze Universum.

5.8 Literaturempfehlungen: Wo kann ich mehr erfahren?

Der Praxisreport „Digital Health 21/22: Die Zukunft des Schweizer Gesundheitswesens" (2021) von A. Angerer et al. beschreibt den aktuellen Stand der Digitalisierung aus der Managementperspektive und geht auf zukünftige Entwicklungen ein. Ab Herbst 2021 erhältlich unter https://digitalcollection.zhaw.ch (abgerufen am 07. August 2021)

Im Report „Digital Health – Revolution oder Evolution? Strategische Optionen im Gesundheitswesen" (2019) schaffen A. Angerer et al. ein Bewusstsein für den Wandel. Die wichtigsten Veränderungen der Digitalisierung werden aufgezeigt und verschiedene strategische Handlungsmöglichkeiten für Akteure erläutert. https://digitalcollection.zhaw.ch/handle/11475/18267 (abgerufen am 07. August 2021)

Im Buch „Zukunftsmedizin: Wie das Silicon Valley Krankheiten besiegen und unser Leben verlängern will". (2018) schildert T. Schulz, wie das Silicon Valley das Thema Digital Health auf die Spitze treibt: Die als absolut gedachten Grenzen der Medizin sollen überwunden werden. ISBN: 978-3421048110

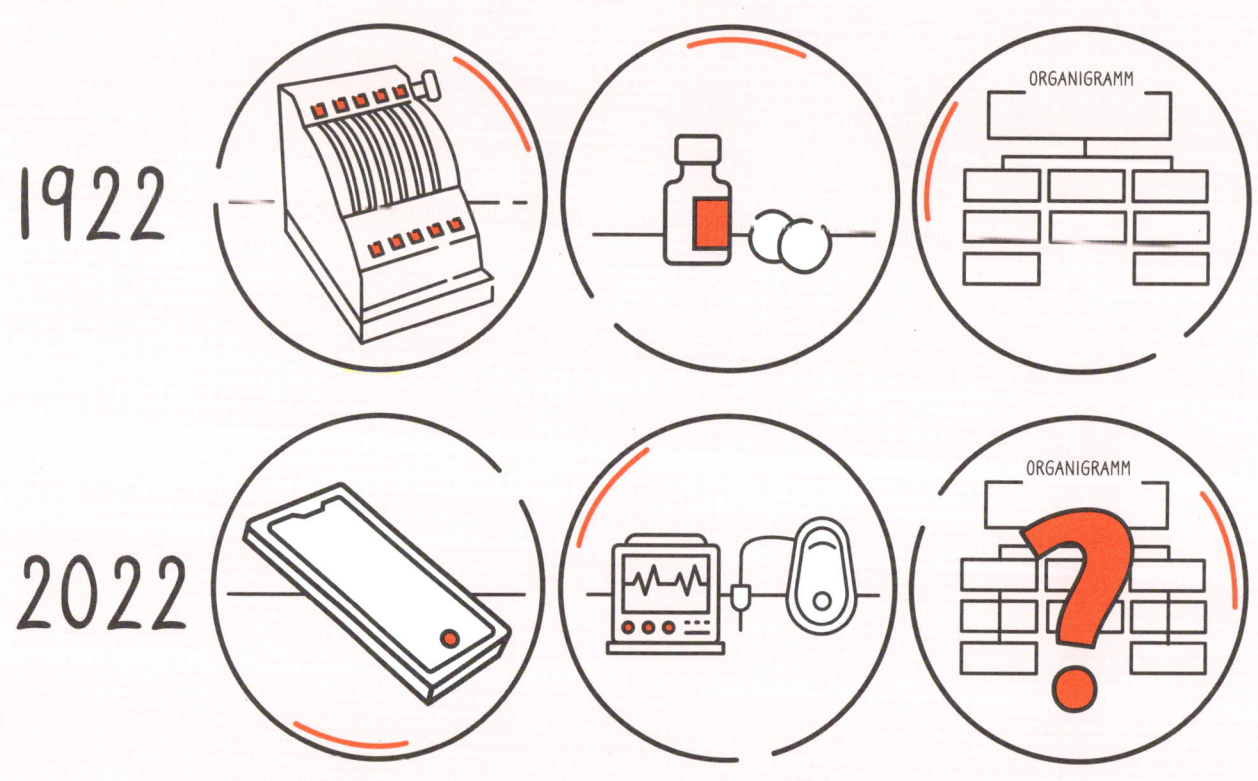

Ein Gesundheitswesen ohne Hierarchien – Wie schaffen wir zukunftsfähige Strukturen?

6

Selbstorganisation

Marion Wolff

mit einem Gastbeitrag von Michael Döring-Wermelinger

6.1 Warum überhaupt? Es scheint doch zu funktionieren …

Was sind Ihre Gedanken, wenn Sie diese Aussage hören: „Selbstorganisation: Ein Gesundheitswesen ohne Hierarchie." Eine Utopie? So ein Nonsens? Das ist gar nicht sinnvoll? Schön wäre es? Wie soll das funktionieren?

Diese Aussage ist ein kleines Experiment, um Irritation zu erzeugen. Mir ist natürlich sehr daran gelegen, das spannende Thema Selbstorganisation partnerschaftlich und gemeinsam zu erschließen, somit entschuldigen Sie dieses Experiment an Ihnen als Leser. Insgesamt ist eins bei dem Thema schon sehr klar: Auf dem Weg zu zukunftsfähigen Organisationsstrukturen werden wir aber zwei Dinge sicher brauchen, nämlich 1. einen guten Umgang mit Irritation und 2. Experimente.

Unsere Bilder dazu, wie Organisationsstrukturen funktionieren, sind lange gelernt, tief verankert und somit auch schwer veränderbar. Trotzdem ist gerade im Gesundheitswesen die Frage entscheidend, wie wir Strukturen so gestalten können, dass Menschen sich eingeladen fühlen, ganzheitlich zu denken und sich voll einzubringen, ohne an hierarchischen Hürden oder Bereichsgrenzen zu scheitern. Aber beginnen wir am Anfang.

Unsere Ausgangssituation ist beinahe exzellent

Wenn wir auf die Unternehmensseite schauen, stehen unsere Gesundheitsorganisationen und Unternehmen im Gesundheitswesen im Vergleich sehr gut da. Wir haben im DACH-Raum (Deutschland, Österreich, Schweiz) nicht mit Korruption zu kämpfen, wir verfügen über die Mittel, gute bis exzellente Technologien auf dem aktuellen Stand der Technik einzusetzen, wir können Ressourcen für Weiterentwicklung nutzen, produzieren international beachtete Studien, und der Großteil der Mitarbeitenden verfügt über einen Arbeitsvertrag mit klaren Rechten und fairen Anstellungsbedingungen. Mit anderen Worten: Wir leben in gut geordneten Verhältnissen und sollten dies würdigend zu schätzen wissen.

Und trotzdem ... das Problem

Gleichzeitig möchte ich Ihnen eine Frage stellen: Wann haben Sie das letzte Mal einen Missstand in Ihrem Unternehmen oder Bereich bemerkt und ihn **nicht** behoben? Gegebenenfalls unterhalten Sie sich mit Kolleginnen darüber, was dringend einmal geändert werden sollte, und entwickeln gute Ideen. Trotzdem stoßen Sie keine Initiative dazu an. Warum? Vielleicht fehlt dafür der Raum und die Zeit; es könnte aber auch sein, dass Sie sich dazu nicht eingeladen fühlen, und Sie haben nicht das Gefühl, dass dies Teil Ihrer Rolle oder überhaupt gewünscht ist.

Es fehlen Raum und Zeit

Wenn wir uns dieses Phänomen genauer anschauen, wird deutlich, dass dahinter etwas anderes liegt. Es ist die Frage, was in der Organisation priorisiert und als wichtig verstanden wird. Fehlender Raum und Zeit würde also bedeuten, dass die Priorität der Organisation nicht darauf liegt, Missstände zu beseitigen, sondern den Status quo weiter zu erhalten und das operative Geschäft abzuwickeln. Und das ist ein **ernst zu nehmendes Systemproblem** – denn dass die Methoden von heute nicht die Antworten für morgen sein können, ist uns allen intuitiv klar, wenn wir die Welt in ihrer Dynamik, ihrer Globalisierung, Digitalisierung und Vernetzung wahrnehmen.

>>>
Patienten oder Bewohnerinnen und deren Familien, Kundinnen, Zuweiser und Netzwerkpartner und auch (potenzielle) Mitarbeitende werden andere Bedürfnisse an Interaktion haben, andere Ansprüche an Kommunikation, Information und Informationsgeschwindigkeit.

Genauso wird es neue Erwartungen geben an die Ganzheitlichkeit der Problemlösung und die Art der Zusammenarbeit.

Hier nur einige Beispiele für die sich schnell verändernde Gesundheitswelt:

- Mit heute existierenden Software-Applikationen hat in verschiedenen internationalen Krankenhäusern der Patient direkten und unmittelbaren Zugriff auf seine Patientendaten und Untersuchungsergebnisse – dies wird neuer Standard sein, und im DACH-Raum stehen wir hier deutlich hinter den Entwicklungen und Möglichkeiten.
- Familien von heute vernetzen sich über digitale Tools und erwarten digitalen Kontakt mit ihrer älteren Familiengeneration (z.B. in Alten- und Pflegeheimen).
- Entwicklung von Home Care und Präventivmedizin mit Datentransfer diagnostischer Ergebnisse zwischen Patientinnen und Behandlern ist zum Teil bereits Realität – forciert durch neue Marktteilnehmende mit digitalen Gesundheits-Applikationen, die kontinuierliche Überwachung und Sichtbarkeit sogar kleinster Abweichungen abbilden.
- Personalisierte Medizin wird zu einer Standarderwartung des Patienten – mit Anforderungen an ein neues Kundenerlebnis (die Patientin wird zur Kundin, die ihre Gesundheitspartner frei wählt).
- Talente im Gesundheitswesen erwarten Freiräume für ihre persönliche Entwicklung und einen balancierten Ausgleich von Arbeits- und Lebenszeit.

6 Selbstorganisation

Es ist nicht Teil der Rolle

In unseren Organisationen wird die Frage danach, was Mitarbeitende tun sollten, oft in Stellenbeschreibungen oder Funktionsprofilen definiert. In den seltensten Fällen finden wir dort als Aufgabe „Systemverbesserung". In einem hierarchischen System gilt als logisch, dass der Missstand an die Führungskraft weitergegeben wird, mit dem Verständnis, dass die Hierarchie die Verantwortung für die Systemverbesserung trägt. Das Problem: Die Führungskräfte haben oft kein direktes emotionales Erleben des Missstands – das haben nur die unmittelbar beteiligten Sensoren.

> *Und dies kann sich im Dilemma der täglichen Prioritätensetzung auch auf die Bewertung der Relevanz auswirken, diesen Missstand unmittelbar anzugehen.*

Viele operative Themen „rufen" deutlich lauter als der entdeckte Missstand.

Es wird nicht dazu eingeladen, Missstände anzusprechen.

Inzwischen sprechen fast alle Unternehmen von der Wichtigkeit einer guten „Fehlerkultur". Rational haben alle verstanden, dass in einer dynamischen Arbeitswelt mit sich verändernden Anforderungen **jeder Fehler macht** und es immer wieder Missstände (im Sinne eines Systemfehlers) geben wird.

> *„Dumme und Gescheite unterscheiden sich dadurch, dass der Dumme immer dieselben Fehler macht und der Gescheite immer neue."* Kurt Tucholsky, Schriftsteller & Journalist

Gleichzeitig arbeiten die meisten von uns noch immer in einer Unternehmenskultur, in der der Irrglaube gilt, dass man als gute Führungskraft oder guter Mitarbeitender fehlerfrei agiert.

> *Jeder möchte lernen, aber keiner möchte mit den Fehlern assoziiert werden, aus denen man lernen kann.*

Das Risiko hierarchischer Systeme

Was sind die fatalen Konsequenzen dessen? Sie – als relevanter Teil eines Systems – gehen der Organisation **als Sensor und Gestalterin verloren**. Und nicht nur Sie, sondern alle Kolleginnen, die sich in den Systemspielregeln ähnlich verhalten. Damit geht der Organisation ein relevanter Teil ihres Potenzials zur Missstandsbehebung, Verbesserung, Anpassung an neue Gegebenheiten und Zukunftsgestaltung verloren.

In Zeiten stabiler Umgebungsbedingungen und Planbarkeit war das für Unternehmen vielleicht weniger ein Problem; in Zeiten von VUCA sind die schnelle Anpassungsfähigkeit, Flexibilität und Gestaltung neuer Lösungen essenzielle Kompetenzen, denn Ausnahmen werden zur Regel. Wofür steht VUCA? Es ist das englische Akronym für eine

Beschreibung der heutigen Märkte und Marktdynamiken, die sich über die letzten Jahre hinweg vor allem durch Digitalisierung und Globalisierung massiv verändert haben:

- „Volatility" (Volatilität, d.h. starke Schwankungen oder Veränderungen in relativ kurzer Zeit),
- „Uncertainty" (Unsicherheit),
- „Complexity" (Komplexität, d.h. keine einfachen, kausalen Zusammenhänge) und
- „Ambiguity" (Mehrdeutigkeit, d.h. es gibt nicht *die* eine richtige Antwort).

Vertiefung: Hierarchie in sozialen Systemen

Hierarchie ist eine Form von Ordnungssystemen für soziale Systeme. Ein soziales System ist z.B. eine Familie, ein Verein, eine Partei oder ein Unternehmen. [Für den interessierten Leser: In der Systemtheorie unterscheidet man zwischen Mikro- (ein Individuum oder eine Person), Makro- (eine gesamte soziale Gesellschaft) und Mesosystemen (Handlungssysteme zwischen Mikro und Makro wie eben Familien (eher klein) oder Unternehmen (eher groß)]. Hierarchie zeichnet sich dadurch aus, dass es eine Stufung oder Rangordnung von oben nach unten gibt, und dadurch ergibt sich die bekannte Führungspyramide. Dabei ist „Oben" mit mehr Macht (in Unternehmen vor allem Entscheidungskompetenz) ausgestattet als „Unten". Gleichzeitig erwartet das Makrosystem (die Gesellschaft) auch eine entsprechende Verantwortungsübernahme durch die Spitze der Pyramide, die als für das Unternehmen verantwortlich erklärt wird. Hierarchie regelt außerdem die Beziehungen zwischen den Teilen des Systems.

Alte Bilder, die noch immer wirken

In alten patriarchischen Systemen besteht die klare Beziehung aus Autorität und Fürsorgepflicht auf der Seite derer „Oben" und aus Gehorsam auf der Seite derer „Unten". Wenn der Gehorsam ausbleibt, muss der Systemteil oder die Person mit Sanktionen rechnen.

Dieses Muster lernen wir – je nachdem, wie wir aufwachsen – noch heute in der Familie, in der Schule und dann auch in Unternehmen: Wir gewöhnen uns an „parentale" Beziehungen mit Konsequenzen für die Zusammenarbeit, Gruppendynamik und den Einbezug in Entscheidungen.

Hieraus folgt: Verantwortung und psychologische Eigentümerschaft von Mitarbeitenden in der Organisation werden eher verhindert als gefördert.

Manche Unternehmen im Gesundheitswesen operieren auch heute noch nach patriarchisch-hierarchischen Prinzipien mit zu wenig Bewusstsein für die Risiken, die damit verknüpft sind.

6 Selbstorganisation

Umgang mit Geschwindigkeit als zentrale Herausforderung

Gerne möchte ich noch einmal betonen, dass **Hierarchie** als Strukturmodell Unternehmen bisher sehr geholfen hat, erfolgreich zu sein. Aber die Umgebungsbedingungen verändern sich aktuell schneller denn je, und Hierarchie als Systemstruktur ist der Geschwindigkeit und Komplexität der Marktrealität oft nicht mehr gewachsen.

> „Heute ist die wichtigste strategische Frage für eine Organisation: Ist unsere Veränderungsgeschwindigkeit so hoch wie die unserer Umwelt?" Gary Hamel, Bestsellerautor und New-Work-Experte

Die kollektive Intelligenz der Organisation werden Hierarchieträger nicht übertreffen, ebenso wenig wie die relevanten Erfahrungen der vielen „Sensoren".

Die Ableitung

Was bedeutet das alles? **Wir brauchen eine neue Haltung und neue Strukturen, um unsere Organisationen zukunftsfähig aufzustellen.** Es wird deutlich, dass es kein Sonntagsspaziergang wird, sondern eine gemeinsame Reise in einen Dschungel von Möglichkeiten. Aber: Es ist Licht am Ende des Dschungels, denn viele Unternehmerinnen haben schon Ideen entwickelt und ausprobiert, evaluiert und Lösungsansätze gestaltet – im übertragenen Sinne: Die ersten Stege sind schon gebaut. Machen wir uns auf den Weg.

6.2 Bisherige Ansätze und warum sie zu wenig Kraft entwickelt haben. Die Sache mit der Haltung ...

Positive Entwicklungen in die richtige Richtung

Nun, eigentlich spreche ich über nichts Neues. Bereits in den 90ern haben Unternehmen im breiten Stil begonnen, Spielregeln, Leitbilder und Werte zu definieren, die „Empowerment" und „Unternehmer im Unternehmen" proklamiert haben. Teil der Mitarbeiterbeurteilung wurde plötzlich „unternehmerisches Denken und Handeln". Viele Unternehmen hatten verstanden, dass es eine Veränderung braucht, dass die wirkliche Kraft der Organisation in den Mitarbeitenden liegt und in der Frage, wie sich jeder einzelne einbringen kann und einbringt. Dafür wollte man die Weichen stellen.

In den 2000er-Jahren kamen dann weitere Entwicklungen hinzu: 360° Feedback und Führungsfeedback erreichten auch eher traditionell aufgestellte Organisationen und begannen, mehr Transparenz zu schaffen bezüglich Führungsleistung und -wirkung. In verschiedenen Unternehmen etablierten sich Prinzipien der selbstlernenden Organisation mit teilautonomer Gruppenarbeit und selbstgewählter, temporärer Führung. Die Abteilung Human Ressource heißt in modernen Unternehmen inzwischen oft **People & Culture** und **macht den Namen auch zum Programm**, indem Initiativen zu integrativer Entscheidungsfindung, mehr Selbstorganisation und damit einer Zusammenarbeitskultur umgesetzt werden.

Das alles waren und sind sinnvolle Bewegungen, aber wenn wir heute auf viele Organisationen schauen, hat sich oft nur wenig verändert, und Organisationen des

II Die sieben Management-Ideen

Gesundheitswesens wurden durch diese neuesten Entwicklungen bisher kaum berührt. Ich erinnere mich an Gespräche mit einem CEO, der frustriert war über die Situation: „Es ist irgendwie verrückt, ich würde mir wünschen, dass die Kollegen sich viel stärker einbringen, mich hinterfragen und wir gemeinsam die beste Lösung entwickeln, aber irgendwie funktioniert es nicht – dabei weiß ich aus der Mitarbeiterbefragung, dass sich die Mitarbeitenden mehr Einbezug in Entscheidungen wünschen."

Das ist das Verrückte: Eigentlich wünschen sich viele von uns einen echten Wandel in der Art der Zusammenarbeit – unabhängig von Funktion, Hierarchiestufe und fachlichem Hintergrund. Doch an der Aussage des CEOs zeigt sich, dass das nicht trivial zu erreichen ist.

Warum haben diese Entwicklungen nicht wirklich an Kraft gewonnen und einen echten Unterschied gemacht? Nämlich Organisationen zu schaffen, die sich schnell anpassen, Missstände unmittelbar beseitigen können und neben dem operativen Tun auch Raum für ihre eigene Entwicklung nehmen? In denen Menschen ihr volles Potenzial entfalten und einbringen? Sehr gerne würde ich Sie nach Ihren Gedanken dazu fragen.

Wenn wir auf die Thesen von Experten in der Organisationsentwicklung schauen, liegt es vor allem an einem: **Wir haben unsere Haltung nicht wirklich verändert.** Die lange gelernte „Landkarte" der hierarchischen Interaktion und Entscheidungsverteilung führt (s. Abb. 47) dazu, dass viele von uns höhere Hierarchie mit mehr Macht und Können

DIE LANDKARTE IST NICHT DAS GEBIET

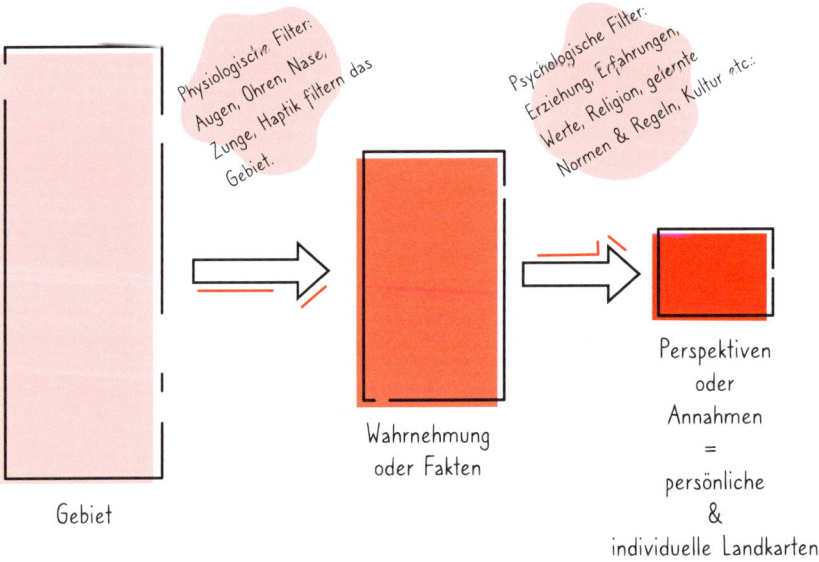

Abb. 47 „Landkarte" der hierarchischen Interaktion und Entscheidungsverteilung

gleichsetzen. So wird ein hierarchischer Titel wie Chefärztin mit Kompetenzzuschreibung assoziiert und dem Verständnis, dass Entscheidungen dieser Person „richtiger" sind als die anderer Personen. In unserer fachlich diversifizierten Welt wohl eher eine Illusion. Aber die exzellente Expertise weniger betitelter Experten ist schwieriger erkennbar (vor allem, wenn man nicht selbst Experte ist). So wird das Muster „**Hierarchie gleich kompetentere Lösung**" immer wieder reproduziert.

> **Ein kleines Beispiel aus der Medizin**
>
> Der berühmte Professor Rudolf Virchow (1821–1902) hatte die „Zellularpathologie" als Vorstellung über Krankheitserregung etabliert – damals eingefleischte Lehrmeinung. Gleichzeitig erkannte ein Arzt in Wien, Ignaz Semmelweis (1818–1865), dass die Verbreitung des Kindbettfiebers mit einer Übertragung durch die Ärzte selbst zu tun haben musste, und organisierte, dass alle Ärzte zwischen jeder Untersuchung der Gebärenden die Hände und Instrumente mit Chlorlösung reinigten. Diese Maßnahme reduzierte die Ansteckungen mit Kindbettfieber von 30% auf 1,27%. Trotzdem wurde in Berlin aktiv weiter entsprechend der aktuellen Lehrmeinung publiziert, was verhinderte, dass man auch in Berlin diese Entdeckung machte. Mit diesem Beispiel will ich nicht die Leistungen von Rudolf Virchow schmälern – sie waren sicher enorm. Es soll nur zeigen, welche Risiken wir uns selbst schaffen, wenn der Hierarchie automatisch die höchste Kompetenz zugeschrieben wird und damit die Aufmerksamkeit für Hinweise anderer verloren geht.[28]

Verwechselungen: Wie unsere Landkarten unsere Wahrnehmung gestalten
Die großen Verführungen des gelernten Systems

In jedem von uns sind viele Annahmen und Erfahrungen mit Systemen, welche die traditionell hierarchische Landkarte von „Ober sticht Unter" stärken: Die hierarchische Pyramide lebt davon, dass oben attraktiver ist als unten. Dies wird systemisch sichergestellt durch hübsche Verführungen wie Gestaltungs- und Entscheidungsmacht, Autonomie, attraktive Gehälter und Entlohnungsmodelle, Zugang zu zugangsbeschränkten Gruppen und die gesamtsystemische Anerkennung für Jobtitel. Es herrscht die Annahme, dass jemand, der es nach „ganz oben" in einem Organigramm geschafft hat, viele Dinge besser kann als andere – manche verwechseln dies sogar damit, ein wertvollerer Mensch zu sein.

Diese Systemdynamik hat auch eine Auswirkung auf unsere innere Erlebenswelt: Als Führungskräfte erleben wir uns als wirksam, weil im System die Dinge passieren, die wir entscheiden – jedenfalls dann, wenn das System einer hierarchischen Dynamik folgt. Und wenn wir ins Zweifeln kommen, hilft uns unser Gehirn, die Kausalismen herumzudrehen: Ich habe es nach ganz oben geschafft, das heißt ja, dass ich kompetent bin.

Kausalketten der gesellschaftlichen Landkarte

Wenn wir auf Organisationen blicken, gibt es ein weiteres Phänomen: Wir schaffen Kausalketten, die den Beinah-Heroismus der Hierarchieinhaber weiter stärken (und das sind **nicht die Hierarchieinhaber selbst**, sondern das ist die Umgebung, die an Hierarchie

---

28 Das Allerweltsheilmittel (2016) von Dr. med. Matthias Gauger.

glaubt): *Wegen* dieses neuen CEOs, der Heimleiterin, des Pflegeleiters, des Chefarztes, der Direktorin hat sich die Organisation exzellent entwickelt. Ein interessantes Experiment wäre der Gedanke: *Trotz* des CEOs, der Heimleiterin, des Pflegeleiters, des Chefarztes, der Direktorin steht die Organisation da, wo sie steht ... denn die Zeit war reif für die Entwicklung, es sind enorm viele kluge und engagierte Menschen in der Organisation, oder der Markt hat gerade gut zu dem Angebot gepasst.

Spielregeln des Makrosystems

Übrigens: Wir könnten den hierarchischen Titel auch austauschen gegen: „Ich habe ein tolles Auto, Haus, Collier, eine schöne Handtasche, Uhr oder mega Schuhe – das heißt, ich bin erfolgreich, cool, wertvoll, relevant." Willkommen in den gelernten Landkarten des Kapitalismus. Wie anders wäre die Welt, wenn wir mit der Einstellung leben würden: Jeder ist ein wertvoller Mensch – dabei sind weder Besitz noch Jobtitel entscheidend. Aber nur sehr langsam gelingt es uns, das Netz alter Landkarten, Systemdynamiken und Verführungen zu verstehen und uns daraus zu befreien.

Liebe Top-Führungskräfte unter den Leserinnen: Damit mache ich Ihnen **keinen Vorwurf**, im Gegenteil: Ich bin davon überzeugt, **dass in den heutigen Strukturen die Person an der Spitze einen enormen Unterschied machen kann**. Ich möchte aber sehr klar aufzeigen, **dass wir alle mit unserer Haltung diejenigen sind, die die Strukturen so erhalten, wie sie sind** – und damit die Kraft tausender kreativer Menschen in Organisationen ungenutzt lassen oder sogar blockieren.

Der Weg der Veränderung ist anspruchsvoll

Viele Organisationen haben erkannt, dass sich etwas Grundlegendes an der Haltungslandkarte verändern sollte, um wirklich einen Entwicklungsschritt in Richtung neuer Kompetenzen und Zukunftsfähigkeit zu machen, und haben entsprechend kulturelle Transformationsprozesse initiiert. Das ist eine wichtige Entwicklung, zeigt sie doch, dass **etwas Fundamentales wie die „DNA" der Organisation verändert werden sollte, um Unternehmen zukunftsfähig aufzustellen**. Es zeigt auch die Bereitschaft, sich einem sehr komplexen Thema zu widmen, nämlich den Überzeugungen, Mustern und Glaubenssätzen einer Organisation.

Leider werden diese Prozesse nicht selten frustriert wieder aufgegeben. Oft verlieren sie auf dem Weg an Energie und Aufmerksamkeit. In einem System, das in seinen Grundfesten hierarchisch denkt und Hierarchie aufrechterhält, ist es ein schwieriges Unterfangen, für experimentelle Veränderung zu mobilisieren. **Sehr selten sind diese Prozesse wirklich ergebnisoffen**, und oft werden die Veränderungsversuche mit fehlender Ernsthaftigkeit und Kraft verfolgt: Nach beginnender kollektiver Überzeugung von Mitarbeitenden und Führungskräften gibt es oft Enttäuschung auf dem Weg, begleitet von Aussagen wie „die Führung hat das nicht wirklich ernst gemeint" oder „die Mitarbeitenden nehmen ja den ihnen offerierten Raum nicht wahr, und am Ende muss doch ich als Führungskraft entscheiden".

6 Selbstorganisation

Die Angst vor dem möglichen Scheitern des Experimentes Selbstorganisation kann auch zu so vielen eingebauten Sicherheitsmechanismen führen, dass das gesamte System schon vor Beginn des Experimentes darauf konditioniert wird, dass es eigentlich nicht funktionieren kann – und sich dann alle glücklich schätzen, dass man sich doppelt abgesichert hat. Ein echter Fall von „self fulfilling prophecy" (sich selbst erfüllender Prophezeiungen).

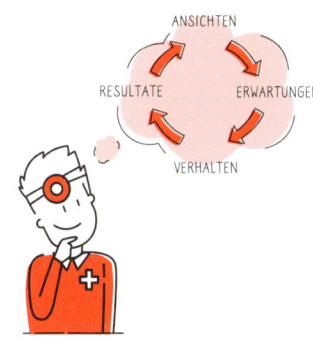

Vermutlich war die Hoffnung, den heiligen Gral der Zukunftsfähigkeit noch nahe an der asphaltierten Straße zu finden … und nicht wirklich im Dschungel den wilden Bestien begegnen zu müssen. Diese Hoffnung kann ich gut verstehen – manchmal sind wir deutlich weniger mutig als wir gerne wären. Aber es hilft alles nichts. Einige der wilden Tiere bleiben uns nicht erspart. Die wildesten Tiere heißen dabei **Macht und Entscheidungskompetenz teilen: Ohne das wird es keine nachhaltige Veränderung geben.**

Und: **Wir gestalten die Landkarte.** Auch auf der Reise durch den Dschungel können wir unsere Haltung frei wählen: Mit den Augen eines interessierten, mutigen Forschers, der sich gemeinsam mit anderen auf den Weg macht, etwas Großes zu entdecken, sehen die wilden Bestien gleich ganz anders aus.

6.3 Selbstorganisation: Ein neues Betriebssystem für Unternehmen

Zukunftsfähiger Umgang mit Komplexität und Geschwindigkeit
Parallel zu den geschilderten Entwicklungen wurden die Karten in Holland und den USA noch einmal ganz neu und radikal gemischt. Beinahe unbeobachtet wurden neue Strukturformen entwickelt und getestet …

Selbstorganisation? Wirklich?
Manche Menschen denken bei Selbstorganisation an chaotische oder basisdemokratische Systeme, die mehr Zeit mit Teamprozessen und Diskussion verbringen als mit produktivem Arbeiten.

Falls Sie also zu der Gruppe Menschen gehören, die bei dem Begriff schon eher mit den Augen rollen, hoffe ich, dass die nächsten Seiten dazu beitragen können, dieses Bild abzulegen und mit neuen, inspirierten Gedanken zu füllen: Es geht um die aktuell beste Idee, mit VUCA umzugehen und der aktuellen Veränderungsgeschwindigkeit erfolgreich zu begegnen.

Das beste Unternehmen meines Lebens …
Stellen wir uns vor, die Mehrheit aller Mitarbeitenden im Gesundheitswesen würde genau das sagen. Nicht nur: Das ist der beste Jobinhalt meines Lebens (im Gesundheitswesen arbeiten bereits heute überdurchschnittlich viele Menschen, die mit ihrer Aufgabe hoch identifiziert sind), sondern darüber hinaus: Ich arbeite im besten Unternehmen meines Lebens, mit Bedingungen, in denen ich mein volles Potenzial entfalten und einbringen kann.

Wie unglaublich viel Energie würde freigesetzt für die Behandlung, Pflege, Betreuung, Prozessgestaltung im jeweiligen Fachgebiet!

*Und was würde ein solches Unternehmen auszeichnen?
Ein inzwischen prominentes Beispiel ...*

Wenn Sie Pflegekräfte bei **Buurtzorg in den Niederlanden** fragen, wie sie ihr Unternehmen finden, würden Sie vermutlich öfter genau diese Antwort hören: Das beste Unternehmen meines Lebens. Die Organisation bedient mit heute ca. 14.500 Mitarbeitenden große Teile des holländischen Heimpflegemarktes (Marktanteil 2021 ca. 80%) und wurde bisher fünfmal zum besten Arbeitgeber der Niederlande gewählt.

Und für diejenigen unter Ihnen, die besonders mit einer betriebswirtschaftlichen Landkarte auf die Dinge schauen: Die Wirtschaftsprüfung KPMG veröffentlichte 2015 eine ganzheitliche Analyse zu Buurtzorg und stellte fest, dass die Organisation bei € 6.428 für 108 Einsatzstunden pro Jahr pro Klient liegt, der niederländische Durchschnitt dagegen bei € 7.995 für 168 Stunden pro Klienten. Dabei sollte man den Marktanteil von Buurtzorg bedenken und seinen Einfluss auf den Durchschnittswert. Bei heute über 70.000 Klientinnen macht dies eine Systemeinsparung von knapp 110 Millionen Euro. 2019 gab Jos de Blok, der Gründer von Buurtzorg, bekannt, dass sich die Pflegestunden pro Klienten auf 90 reduziert haben – und das bei gleichbleibender Qualität und steigender Patientenzufriedenheit.

Das Erfolgsrezept? Maximale Selbstorganisation und Sinn in der Arbeit

2006 gründete Jos de Blok Buurtzorg (deutsche Übersetzung: Nachbarschaftshilfe) in Form einer Stiftung. Er war vorher als Pfleger und Manager in traditionellen Pflegeorganisationen tätig und hatte keine Lust mehr, in einem hierarchisch-bürokratischen System den Pflegenden immer mehr Kontrollprozesse aufzuladen und sie so von ihrem eigentlichen Beitrag, nämlich Pflege am Patienten, abzuhalten. Er wollte der Pflege wieder Raum geben für ihren eigentlichen Sinn, sodass Pflegende ihren Job wieder gern tun. Bei der Gründung war für ihn sehr klar: **Der Pflegeempfänger im Mittelpunkt, Menschlichkeit über Bürokratie und keine Hierarchiestruktur ... um Nachbarschaften gesünder zu machen.**

Die Organisation arbeitet mit kleinen, selbstorganisierten Teams von 10 bis 12 Pflegenden, die gemeinsam eine Nachbarschaft betreuen. Es wird besonderer Wert auf hohe Fachkompetenz gelegt, sodass jedes Team auch alle Patientenbedürfnisse decken kann. Die selbstorganisierten Teams planen selbst, entscheiden selbst und haben die Möglichkeit, einen Coach beizuziehen, wenn es Probleme in der Zusammenarbeit gibt, die sie intern nicht lösen können. Dabei hat der Coach immer nur eine beratende Rolle. Der persönliche, menschliche Kontakt mit dem zu Pflegenden, die Integration der Familie und Nachbarschaft sind Themen, denen sich jedes Team besonders widmet.

Drei Ansätze für Selbstorganisation

Ich möchte Ihnen im Folgenden drei verschiedene Ansätze für Selbstorganisation vorstellen: Soziokratie, Holokratie und evolutionäre Organisationen. Warum diese drei? Alle drei haben einmalige Besonderheiten, die ich für wichtig und interessant erachte. Gleichzeitig werden Sie sehen, dass sich andere Aspekte sehr ähneln. Wenn Sie sich auf den Weg der Selbstorganisation machen wollen, sollten Sie Folgendes in jedem Fall kennen ...

6 Selbstorganisation

Soziokratie – die Mutter der Selbstorganisation
Utopie für Realisten
Wie kraftvoll wäre es, wenn Sie ab morgen gemeinsam mit anderen Fachexperten gestalten könnten, WAS Sie tun und WIE Sie es tun? Wenn Sie Ihre Kompetenzen mit denen anderer Kolleginnen zusammenbringen und ganzheitliche Lösungen für den Patienten, die Bewohnerin, den internen oder externen Kunden entwickeln, entscheiden und umsetzen würden? **Ganz ohne Bereichsgrenzen und Hierarchie und noch besser: aus Ihrer eigenen Initiative heraus, weil es Ihnen etwas bedeutet.** Welchen enormen Beitrag würden Unternehmen dann leisten und dabei gleichzeitig sich selbst und die Menschen in ihnen entwickeln und ihre Zukunftsfähigkeit im Blick behalten.

Pionierarbeit – erfolgreich auch noch 50 Jahre später
Dies hat sich Gerard Endenburg aus Rotterdam auch gedacht, als er Ende der 1960er-Jahre den mittelständischen Betrieb seines Vaters übernahm. In der bis dahin traditionell hierarchisch geführten Organisation gab es massive Konflikte zwischen dem Management und den Arbeitnehmervertretern. Sitzungen waren laut und aggressiv, und Endenburg erlebte das Miteinander als deutlich unproduktiv.

Durch seine schulische Prägung motiviert entwickelte er gemeinsam mit den Mitarbeitenden ein neues Strukturmodell in Form eines Kreismodells mit vier zentralen Prinzipien. Er nannte das Modell – Kees Boeke folgend – Soziokratie (Englisch: „sociocracy").

Gerard Endenburg war Schüler von Cornelis (Kees) Boeke, der als Friedensaktivist und Reformpädagoge die Schule De Werkplaats in Bilthoven gründete (auf der übrigens auch Königin Beatrix von Holland Schülerin war). Boekes Überzeugung war die Beteiligung der Schülerinnen bei der Gestaltung von Schule und Inhalt. Er betrachtete Schülerinnen und Lehrer als Co-Worker, die gemeinsam gestalten. Dieses Modell nannte er Soziokratie – ein Begriff, den er von dem französischen Philosophen und Soziologen August Comte übernahm.

Was macht den Unterschied bei der Soziokratie?
Wenn Soziokratie sprechen könnte, wäre sie möglicherweise nicht zufrieden mit ihrem Namen. Das Wort ist zwar in seinem griechischen Ursprung mit „socius" als Gefährtin, Verbündeter, Begleiterin, und „kratos" als Kraft, Macht, Herrschaft durchaus passend und **im Sinne einer gemeinsamen Macht oder Herrschaft der Gruppe** zu verstehen, und trotzdem transportiert es wenig hilfreiche Bilder mit.

„Der Begriff ‚Soziokratie' ist extrem unsexy und sperrig. Er weckt Assoziationen von Bürokratie, Sozialdemokratie, Sozialismus, politische Linke und Ähnlichem." Christian Rüther, Soziokrat und sozialer Architekt

Wenn man Komplexität absolut reduzieren wollte, könnte man sagen: **Primär geht es um einen zentralen Prozess, den Entscheidungsprozess.** Dieser wird nicht mehr hierarchisch, sondern über KonsenT (nicht etwa KonsenS) gelebt – mehr zum Unterschied findet sich unten.

II Die sieben Management-Ideen

Natürlich ist es nicht erlaubt, Komplexität in dieser Form zu reduzieren, denn um Entscheiden im Konsent nachhaltig zu ermöglichen, braucht es verschiedene dahinter liegende Methoden, Prinzipien und gemeinsame Überzeugungen.

Die Soziokratie folgt vier Grundprinzipien

Im Kapitel „Wichtige Prinzipien, Konzepte, Werkzeuge" (s. Kap. 6.4) werden alle Prinzipien noch einmal genauer beleuchtet, hier daher nur ein kurzer Überblick.

- **Prinzip 1: KonsenT regiert die Beschlussfassung**: Beschlüsse (dies sind strategische oder rahmengebende Entscheidungen) werden nicht im KonsenS getroffen (Zustimmung aller), sondern im KonsenT, d.h. es geht um die Frage: „**Gibt es einen schwerwiegenden Einwand dagegen?**"
- **Prinzip 2: Struktur aus semi-autonomen Kreisen**: Die Organisation hat neben der Linienstruktur eine Kreisstruktur, die für Beschlussfassungen (also strategische oder rahmengebende Entscheidungen) **über die Hierarchie gelegt** wird. Jeder Mitarbeitende gehört dabei einem Kreis an und wird so gleichberechtigt in die strategischen Entscheidungen dieses Kreises einbezogen (via Konsent-Prinzip). Die Kreisstruktur (s. Abb. 48) wird in der Soziokratie statt in Kreisen oft in Dreiecken dargestellt, dies trägt dem Dreieck der dynamischen Steuerung Rechnung.
- **Prinzip 3: Die doppelte Verknüpfung der Kreise**: Die Kreise sind hierarchisch aufgebaut, dabei ist der jeweils nächsthöhere Kreis über zwei Rollen verknüpft: 1. über die Leistungsgebende und 2. über den Delegierten eines jeweils untergeordneten Kreises. Jeder vertritt dabei Interessen aus einem anderen Blickwinkel.

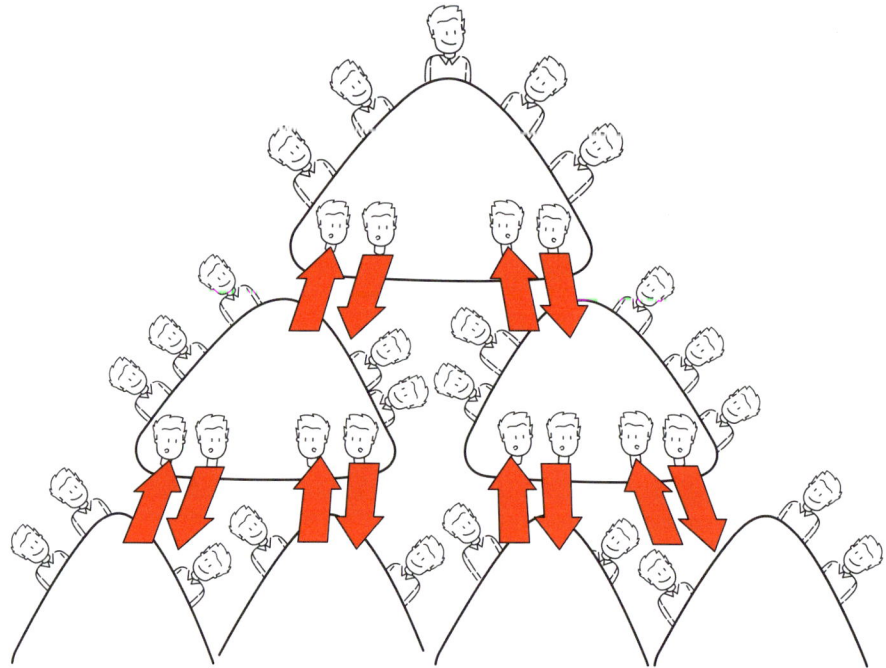

Abb. 48 Kreisstruktur in Anlehnung an Soziokratiezentrum.org

6 Selbstorganisation

- **Prinzip 4: Offene Wahlen für wesentliche Funktionen und Rollen (im Konsent):** Für die Übertragung einer Funktion oder Rolle werden in einem jeweiligen Kreis offen Argumente gehört. Dann folgt im Konsent-Prinzip die Beschlussfassung, dabei wird zuletzt die zur Wahl stehende Person – ebenfalls im Konsent – befragt.

Voraussetzungen für Soziokratie

Um die vier Prinzipien wirksam umzusetzen, braucht es eine klare gemeinsame Landkarte aus Haltung, Überzeugungen, Techniken und Werten.

1. **Gemeinsame Vision, Mission, Angebote und Ziele:** Die Organisation braucht eine gemeinsame **Vision** von dem, wie sich die Umwelt durch ihr Tun oder ihren Beitrag verändert. Als **Angebote** werden in der Soziokratie benennbare Produkte oder Dienstleistungen bezeichnet, die immer sinnstiftend für den Nutzer sein sollten. Angebote sind die kleineren Beiträge für die Erreichung der Vision. Die Summe aller Angebote im Sinne eines Gesamtbeitrags wird in der Soziokratie **Mission** genannt. Grob verkürzt formuliert jeder Kreis für sich ein **Ziel** im Sinne des Beitrags zum Ganzen.
2. **Haltung von Gleichwertigkeit:** Ohne eine innere Haltung der Gleichwertigkeit aller Kreisteilnehmenden kann das System nicht funktionieren. Entscheidend ist, dass sich jeder bei der Beschlussfassung offen einbringt und ggf. einen schwerwiegenden Einwand äußert, was dann zu einer Verlängerung des Prozesses führt und gegebenenfalls dazu, dass ein Beschluss nicht in der Sitzung getroffen werden kann. Hierfür ist wichtig, dass sich jeder akzeptiert und gehört fühlt.
3. **Dynamische Steuerung :** Es geht immer um eine Entscheidung auf Basis der aktuellen Fakten, **nicht um die perfekte Lösung, sondern um die aktuell machbare**. Dabei ist entscheidend, dass sich alle Handlungen an Vision, Mission und Zielen orientieren und im Einklang sind. **Schnelles Lernen aus Feedback und Anpassung der Lösung ist entscheidend.** Gerard Endenburg spricht dabei von einem **kybernetischen Regelkreis: Leiten, Ausführen, Messen** (s. Abb. 49). Übrigens: Wenn Sie soziokratische Kreise als Dreiecke gezeichnet sehen (wie in Abb. 48), repräsentiert dies das Dreieck des Regelkreises.

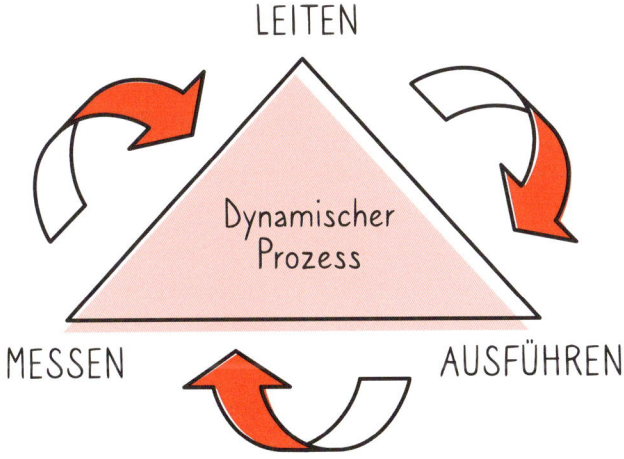

Abb. 49 Dynamische Steuerung nach Endenburg

4. **Trennen von Grundsatz-/Rahmenentscheidungen und Ausführungsentscheidungen:** Grundsatz- und Rahmenentscheidungen werden immer im Kreis und über Konsent getroffen. Dabei schafft der jeweils übergeordnete Kreis den Rahmen für den oder die darunter liegenden Kreise. Als Rahmen kann z.B. auch entschieden werden, dass die Ausführungsentscheidungen der Linienorganisation überlassen werden – hier treffen sich dann Kreis- und Linienorganisation. Das Zusammenspiel ist absolut harmonisch, da **die zentrale Regel ist, dass es keine Grundsatz-/Rahmenentscheidungen durch die Linie gibt, immer nur durch den Kreis.** Durch die doppelte Verknüpfung der Kreise sind immer Vertreterinnen der Perspektive des untergeordneten Kreises an der Entscheidung des Rahmens beteiligt.

5. **Transparenz und kontinuierlicher Kompetenzaufbau:** Entscheidend für das qualifizierte Einbringen in Entscheidungen ist a) das Wissen zu Kennzahlen, zur aktuellen Situation des Kreises, aber auch der gesamten Organisation, und b) die Kompetenz, sich mit entsprechenden Daten auseinanderzusetzen. Als Delegierte in dem Top-Kreis (oberster Kreis der soziokratischen Struktur) muss ich z.B. Bilanzen lesen und interpretieren können. Daher ist kontinuierliches Training entscheidender Bestandteil einer soziokratischen Struktur. Dabei spielt **nicht nur Kompetenzaufbau im Sinne der unternehmerischen Steuerung und Organisationsentwicklung eine Rolle, sondern genauso fachliche Schulungen und überfachliche Themen, wie z.B. Konfliktlösung und Persönlichkeitsentwicklung.**

6. **Vielfalt:** In der Soziokratie gilt die Haltung, dass verschiedene Landkarten Berechtigung haben: Es gibt nicht nur einen Weg. Aus ersten Begegnungen mit Soziokratie erinnere ich mich noch an einen Satz, der Irritation ausgelöst hat: **It is not either ... or, but both or more.** Auf Deutsch könnte man sagen: sowohl ... als auch, statt entweder ... oder.

   Warum hat es Irritationen ausgelöst? Die Komplexität, die das bedeutet, scheint schwerzuwiegen. Aber die Realität der Soziokratie geht damit pragmatisch um: Entscheidungen im Konsent ermöglichen, dass verschiedene Blickwinkel erhalten und Lösungen ausprobiert werden können – nur ein schwerwiegender Einwand, also die Sorge, dass es nicht sicher genug ist, einen Weg auszuprobieren, stoppt einen Beschluss.

Die Soziokratie entwickelt Kraft

Inzwischen sind Soziokratiezentren nicht nur in den Niederlanden, sondern auch in den USA, in Kanada, Deutschland, Österreich, Schweiz, Spanien, Litauen und Schweden entstanden. Es gibt Schulen, die nach soziokratischen Prinzipien funktionieren, und auch verschiedene EU-Projekte werden nach soziokratischen Prinzipien geführt.

Holokratie – ein Unternehmens-Betriebssystem mit hierarchiefreien Strukturen

Eine weitere wichtige Entwicklung bezüglich Selbstorganisation entwickelte sich in den USA. Brian Robertson war unzufrieden damit, wie seine Organisation (ein Software-Unternehmen in Philadelphia) funktionierte. Ihn trieb die Frage an: „Wie schaffe ich eine Organisation, in der sich jeder mit seinem vollen Wissen selbstverantwortlich einbringt?"

Bei einem seiner ersten eigenständigen Flüge als neuer Besitzer eines Flugscheins hatte er das Flugzeug fast zum Absturz gebracht, weil er einen kleinen, blinkenden

6 Selbstorganisation

Sensor nicht ernst genommen hatte. Dieses Erlebnis brachte ihn auf den Gedanken, wie wichtig **jeder Mitarbeitende als „Sensor" für Probleme in der Organisation** ist und wie groß das Risiko, dass jemand mit relevanten Eindrücken zur Situation einfach überhört wird.

Somit zog er sich mit zwei Kollegen zurück und entwickelte ein Strukturmodell für Organisationen – quasi als vollständiges Betriebssystem für ein Unternehmen. **Das Besondere: Es gibt keine Führungshierarchie, und jeder ist Sensor und Gestalter der Organisation** (s. Abb. 50).

Die Überzeugung hinter dem Modell: Wir brauchen keine Führungshierarchie, wenn es **klare und einfache Regeln** gibt, die jeder anwendet. Sein Beispiel ist das einer Großstadt, in der es keine Führungskraft gibt, welche die komplexen Interaktionen steuert. Stattdessen entsteht Struktur auf Basis einiger klarer Regeln. **Was gab ihm dabei Orientierung? Die Soziokratie.**

2009 veröffentlichte er die erste Holokratie-Verfassung.

Alles dreht sich um den Purpose

Der Purpose beschreibt den (Da-)Seinszweck einer Organisation. Ähnlich wie in der Soziokratie (mit Vision, Mission und Angeboten) ist der Purpose in der Holokratie entscheidender Kern für alles, was folgt. Jede holokratische Organisation ist sich ihres

> Holocracy nimmt die Macht, die in traditionellen Unternehmen gewöhnlich bei der Geschäftsleitung und den Managern liegt, und verteilt sie auf alle Mitarbeitenden.

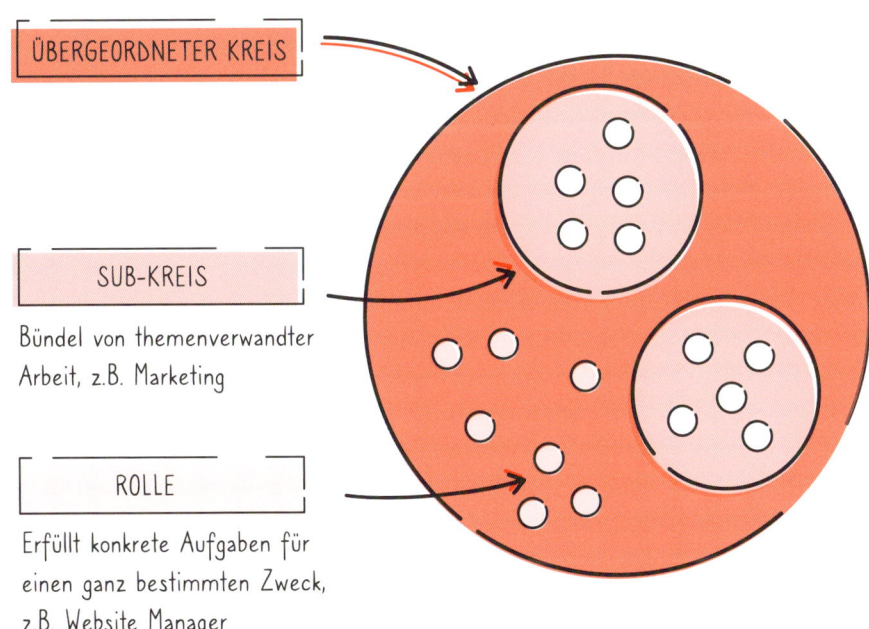

Abb. 50 Struktur und Rollenverteilung innerhalb der Holokratie. In Anlehnung an Bettina-Gierke.de

(Da-)Seinszwecks oder Beitrags für das Makrosystem sehr bewusst – dies ist ein Identifikationspunkt für alle Organisationsmitglieder.

Nicht nur auf Ebene der Gesamtorganisation, sondern auch auf Ebene jedes Kreises und jeder Rolle stellt der Purpose die Identität und Absicht klar.

Zentrale Unterschiede zu hierarchischen Strukturen

Eine kleine Anmerkung vorweg: Gerne fokussiere ich mich hier nur auf die zentralsten Prinzipien der Holokratie – sonst würde ich vermutlich den Rahmen dieses Kapitels sprengen. Die interessierte Leserin findet mehr unter der Plattform: www.holacracy.org.

Bei Holokratie (Englisch „holacracy") sind die Regeln in der Holokratie-Verfassung zusammengefasst. **Sie gelten für jede Holokratie-Organisation und für jeden Menschen in dieser Organisation.**

Das hierarchiefreie Strukturmodell lebt über drei besonders relevante Prinzipien:

1. **Kreisprinzip**: *Kreisprinzip?* Ja genau! Die Soziokratie stand Brian Robertson und seinen Kollegen Pate bei der Entwicklung der Holokratie, nicht nur in Bezug auf Strukturen, sondern auch bei einigen grundlegenden Prinzipien.
   Das Strukturmodell besteht aus einer fraktal geschachtelten Kreisstruktur, dabei bildet sich ein Kreis jeweils um einen gemeinsamen Beitrag oder Purpose – anders als in der Soziokratie gibt es keine weitere, hierarchische Struktur dahinter. Der übergeordnete Kreis (GCC für „general company circle", auf Deutsch Super-Kreis) entspricht mit seinem Purpose quasi dem „Gesamtunternehmen" und dem, was es in die Welt bringen möchte. Die geschachtelten Kreise nennt man Sub-Kreise. Es gibt somit weder eine Hierarchiepyramide noch starre Abteilungen, Jobtitel oder Führungskräfte.

2. **Rollen**: Statt statischer Stellenprofile lebt Holokratie von **dynamischen Rollen**. Diese nennen sich dynamisch, weil bei Bedarf von jedem Beteiligten Änderungsvorschläge eingebracht und in einem strukturierten und klar definierten Prozess verabschiedet werden können. Eine Person kann in der Holokratie diverse Rollen innehaben und auch wieder abgeben.

3. **Klare Trennung von Steuerungsprozessen und operativem Tun**: Ähnlich dem Soziokratieprinzip der Trennung von Grundsatz- und Ausführungsentscheidungen ist einer der zentralen Bestandteile der Holokratie eine sehr klar definierte Meetingstruktur. Zwei hoch strukturierte und moderierte Meetings werden umgesetzt:
   - **Meeting für den Governance-Prozess**. In diesem Format werden Veränderungen *an* der Organisation prozessiert, z.B. die Veränderung von Policies, Rollen und Rolleninhabern.
   - **Das Tactical Meeting**. Alle operativen Themen mit aktuellen Kennzahlen und Projekt-Updates werden in regelmäßigen „Tacticals" abgeglichen und transparent gemacht.

> Ich kann mich gut an meine erste Teilnahme an einem *„Tactical"* erinnern. Ich war zwar effiziente, aber bei weitem nicht so disziplinierte Meetings gewohnt und habe, als ich mit meinen Themen an der Reihe war, sofort gemerkt: Ich bin nicht gut genug vorbereitet und nicht vernünftig auskunftsfähig. Damit habe ich im Prinzip die ganze Runde aufgehalten – und eins war klar: Das passiert mir nicht noch einmal. Es ist enorm, wie die Disziplin des Prozesses eine innere Vorbereitungsdisziplin schafft und Projektabstimmungen sicherstellt.

Die Holokratie-Verfassung: Regeln regeln

Ein absolut entscheidender Punkt bei der Holokratie ist nach Brian Robertson die Anerkennung der Verfassung durch das Unterschreiben der bis dahin geltenden Hierarchieinhaberinnen, meist des CEOs oder des gesamten Executive Boards. **Es ist der Moment, in dem diese „Machtinhaber" ihre Macht abgeben an das Regelwerk und damit ein gleichberechtigter Teil der Organisation werden.** Ein CEO beschrieb den Prozess so:

> „Als ich unterschieben habe, hatte ich das Gefühl, dass ich mich selbst und meine Wirksamkeit zu Grabe trage, aber gleichzeitig wusste ich auch, dass ich das absolut Richtige tue, um die Organisation weiterzuentwickeln."

Kritik am Modell der Holokratie

Ein Modell, welches so viele Muster bricht und gleichzeitig so in der Öffentlichkeit steht (statt sich leise zu verstecken), wird natürlich auch besonders kritisch betrachtet. Es gibt verschiedene Organisationen, die sich nach dem Ausprobieren des neuen Betriebssystems doch wieder für andere Strukturen der Zusammenarbeit entschieden haben.

Ein prominentes Beispiel in der Schweiz ist Swisscom, die allerdings nur einige Bereiche holokratisch organisiert hatte, was durchaus nicht konfliktfrei war im Zusammenspiel mit anderen, traditionell organisierten Organisationseinheiten. Ich habe mich mit einigen beteiligten Mitarbeitenden von Swisscom über das Experiment Holokratie unterhalten, und eine Aussage hat mich wirklich bewegt und ist bis heute im Kopf:

> „Ich habe vorher noch nie so viel gearbeitet, aber ich hatte auch noch nie so ein starkes Gefühl von Relevanz meines Beitrags für das Unternehmen. Ich kann mir nicht vorstellen, wieder einen Chef zu haben, der über mich regiert."

Nicht geregelt ist in der Holokratie-Verfassung, **wie Gehälter definiert oder entschieden werden**. Dieses heikle Thema obliegt dann eigenen Lösungsmodellen, wobei entscheidend ist, dass die Prinzipien nicht untergraben werden.

Evolutionäre Organisationen als dritte große Entwicklungen in Sachen Selbstorganisation

Wenn wir einen guten Überblick über das Thema Selbstorganisation heute haben möchten, darf ein Impulsgeber nicht fehlen: Frederick Laloux mit seinen Gedanken zur Neuerfindung von Organisationen. Als langjähriger Strategieberater erlebte er viele Menschen in den unterschiedlichsten Organisationen und war schockiert darüber, was die Funktionsweise traditioneller Organisationen bei Mitarbeitenden häufig bewirkt, nämlich sinnentleertes Tun.

Seine Idee: „Evolutionäre Organisationen" für sinnstiftende Zusammenarbeit. Dabei denkt er über Soziokratie und Holokratie hinaus: Organisationen sollen unterstützender Teil eines sinnstiftenden und authentischen Lebens für jeden von uns sein.

Laloux nimmt Bezug auf die Entwicklung der Menschheit und ihre gesellschaftliche Evolution auf Basis des Modells „Spiral Dynamics" von Beck und Cowan (s. Abb. 51). Das Modell geht davon aus, dass sich im Laufe der Menschheitsgeschichte verschiedene Bewusstseinsstufen entwickelt haben und damit auch Veränderungen in unserer Weltanschauung.

II Die sieben Management-Ideen

SPYRAL DYNAMICS

Holistic - Universal		Global Vision
Integrator - Systemic		Synergy
Comunity - Ecological		Human - relations
Achievement - Competitive		Success
Order - Authoritorian		Rules
Domination - Power		Impulse
Magical - Animistic		Security
Archaic - Instinctive		Survival

Abb. 51 Spiral Dynamics von Beck und Cowan

Unsere heutige Weltanschauung (oder auch Landkarte) bildet natürlich auch die Grundlage für Weiterentwicklungen, wie sie in diesem Kapitel beschrieben werden: Selbstführung und Selbstorganisation als nächster evolutionärer Schritt unserer Organisationsentwicklung.

Lalouxs Bild ist, dass nach dem impulsiven Organisationsmodell, dem konformistischen, dem leistungsorientierten und dem pluralistischen Organisationsmodell **nun das evolutionäre Organisationsmodell als nächster Entwicklungsschritt** anerkannte Umsetzung findet.

Im Zentrum stehen dabei der Mensch und seine Möglichkeiten, sich im Arbeitsleben **ganzheitlich, authentisch und mit Sinn** einzubringen – und gleichzeitig oder gerade deshalb einen exzellenten Beitrag zu liefern.

Dabei sieht er verschiedene Wege, Selbstorganisation in Organisationen zu stärken. Hier die wichtigsten vier Mechanismen auf einen Blick:

Entscheidung mit Beratungsprozess
Wichtig für den Entscheidungsprozess ist klares „Ownership" bei einer Person, die in einem Themengebiet aufgrund ihrer Kompetenzen bestmöglich qualifiziert ist für Entscheidungen – dies kann, muss aber nicht eine Führungskraft sein. Bevor die Ownerin eine relevante Entscheidung trifft, wie z.B. die Veränderung eines Patientenprozesses oder die Etablierung einer neuen Methode bei der Einführung neuer Bewohner in

6 Selbstorganisation

einem Altenheim, wird ein Beratungsprozess umgesetzt. In diesem Prozess werden Stakeholder bzw. Vertreterinnen aller Anspruchsgruppen und Betroffene zu ihren diesbezüglichen neuen Ideen, Methoden oder Prozessen befragt.

Einen solchen Beratungsprozess kann man sich im Sinne analoger Gespräche, aber genauso gut digital vorstellen (z. B. über organisationsinterne Plattformen). Dies schafft auch ein völlig neues Erleben von Transparenz.

Reflexion als Grundlage für Ganzheit
Wichtiger Bestandteil einer „evolutionären Organisation" sind regelmäßige individuelle und gemeinsame Reflexionsprozesse, die nicht nur das gegenseitige Vertrauen stärken sollen und den produktiven Umgang mit Konflikten, sondern auch die persönliche Entwicklung im Sinne einer reifen Selbstführung. Es geht darum, **sich als ganze Person einzubringen, mit persönlichen Bedürfnissen, Stärken, aber auch kritischem Hinterfragen**. Dazu gehört auch, sich verletzbar und ohne Maskierung zu zeigen. Laloux geht davon aus, dass uns dies dabei unterstützt, Organisationen zu gestalten, die *für Menschen und Gesellschaft* handeln und nicht im Sinne eines egozentrischen Selbstzwecks.

Ein übergeordneter, evolutionärer Sinn
Entscheidender Bestandteil einer solchen Organisation ist ein übergeordneter Sinn, das heißt ein Zweck für Gesellschaft und Umfeld. Dies trifft sich mit Vision, Mission und Angeboten der Soziokratie und dem Purpose in der Holokratie.

Entscheidend ist dabei, dass der Sinn für die Organisation zur Orientierung wird, da in unserer VUKA-Welt langfristig geplante und dann exekutierte Strategien nur noch begrenzt tauglich zu sein scheinen. Der Sinn ist damit richtungsgebend für – wie Laloux es nennt – **„sense and respond"** (also spüren und antworten), um in einer dynamischen Umwelt Orientierung zu behalten.

Rollen statt Funktionen
Auch in der evolutionären Organisation ist das Konzept wechselnder Rollen, die idealerweise entsprechend individueller Kompetenzen und Interessen übernommen werden, wichtiger Bestandteil. Entscheidend ist dabei, dass nicht einzelne Rollen (oder Rolleninhaber) über andere herrschen, sondern der Fokus einer Rolle darin liegt, einen Beitrag zum Ganzen zu schaffen.

Dies bildet dann entgegen einer Machthierarchie eine natürliche Hierarchie, in der je nach Thema unterschiedliche Rolleninhaber Entscheidungen treffen. So entstehen nach Laloux, je nach fachlicher Expertise, Interesse oder Bereitschaft, sich einzubringen, „natürliche Hierarchien2.

> „Es geht nicht darum, dass alle gleich sind; es geht vielmehr darum, dass alle Mitarbeiter zum stärksten, gesündesten Ausdruck ihrer selbst werden." Frederic Laloux, Bestseller-Autor

Zwischenfazit
Veränderte Entscheidungsprozesse, Rollen, Trennung von operativem Tun und Governance bzw. Steuerungsprozessen in Kreisstrukturen scheinen entscheidende Zutaten zu sein für den Weg Richtung Selbstorganisation. Schauen wir uns diese einmal genauer an.

6.4 Wichtige Prinzipien, Konzepte, Werkzeuge – Selbstorganisation in der Anwendung

Gerne versuche ich hier, einen Überblick zu schaffen über wichtige Ideen im Sinne der Selbstorganisation. Dabei ist anzumerken, dass sich die vorgestellten Methoden aktuell stark weiterentwickeln – so, wie sie es auch proklamieren für Organisationen. Inzwischen gibt es Soziokratie 3.0 als jüngste Tochter der Entwicklung der Soziokratie, und in der Holokratie ist die Verfassung 5.0 auf dem Weg.

Ich fokussiere mich hier auf **sechs zentrale Ideen** der Selbstorganisation und Selbstführung. Dabei fasse ich die verschiedenen Ansätze Soziokratie, Holokratie und evolutionäre Organisation im Sinne der Vereinfachung zusammen (wo sinnvoll und möglich):

1. Entscheidungsprozesse neugestalten
2. Rollen statt Funktionen
3. Wie funktionieren Kreisstrukturen?
4. Trennung von Steuerungsprozessen und operativen Abstimmungen
5. Konzepte für ein evolutionäres Vorgehen
6. Die Relevanz digitaler Plattformen

Entscheidungsprozesse neugestalten

Wie Entscheidungen getroffen werden, ist **eine der zentralsten Fragen** in Bezug auf Selbstorganisation: Ohne Entscheidungskraft zu haben, wird kaum jemand bereit sein, wirklich Verantwortung zu übernehmen. Aktuell zeichnen sich zwei Pfade ab: 1. „Entscheiden im Konsent" und 2. Entscheiden mit klar verteiltem Ownership und entsprechenden Beratungsprozessen.

KONSENS

Entscheidung im KonsenT

Das soziokratische Prinzip 1 ist: KonsenT regiert die Beschlussfassung. Auch in der Holokratie hat Robertson das Konzept des Konsents übernommen.

KONSENT

Während im KonsenS versucht wird, dass alle Beteiligten „einverstanden" sind und sich möglichst identifizieren – was oft zu langwierigen Diskussionsprozessen führt, in denen sich Koalitionen oder Führung am Ende dann doch durchsetzen – ist das Konsent-Prinzip eine leichtfüßige Möglichkeit: Es geht nicht um die Frage: Sind alle dafür? Und es geht auch nicht darum, jeden im Raum zu überzeugen. Stattdessen geht es um die Frage: „Gibt es einen schwerwiegenden Einwand dagegen?"

Schwerwiegend bedeutet dabei, dass es *nicht sicher genug* ist, die Lösung im Sinne eines übergeordneten Ziels auszuprobieren („not safe enough to try"), oder dass sich jemand im Kreis nicht in der Lage fühlt, seine Rolle oder das definierte Ziel weiterzuverfolgen, wenn die Entscheidung so gefällt wird wie vorgeschlagen. Im Falle eines Einwandes würde ein Dialog zwischen dem Einwender und dem Entscheidungsvorschlagenden initiiert werden, mit dem Ziel, eine integrative Lösung zu gestalten.

Der Prozess kann zum Beispiel wie folgt umgesetzt werden:

Bei einer Entscheidung (egal ob groß im Sinne von „Wollen wir unsere Praxis expandieren?" bis klein, im Sinne von „Wollen wir unser Teammeeting in Zukunft auf ein morgendliches 15 Minuten-Stand-up reduzieren?") gibt es eine erste Runde, in der nur relevante Fakten zur Entscheidung zusammengetragen werden. Alternativ kann der Entscheidungsvorschlagende auch bereits die Fakten vorbereiten, dann gibt es maximal Ergänzungen. Darauf folgen zwei Kreisrunden vor dem Entscheidungsbeschluss: In der ersten Runde werden Meinungen, Gedanken und Argumente benannt. In der zweiten Runde wird gefragt, ob es aufgrund des Gehörten noch eine Ergänzung oder geänderte Meinungen gibt. In der Beschlussrunde wird jeder nur noch nach einem möglichen schwerwiegenden Einwand gegen den Beschluss gefragt. Wichtig: Jeder im Kreis wird Schritt für Schritt gefragt, sodass alle Argumente im Raum sind und genutzt bzw. integriert werden können.

Das mag sich kompliziert anhören, geht in der Realität aber sehr schnell. Nach einiger Übung hört die Runde auf, Dinge, die schon gesagt wurden, noch einmal zu sagen. Es entsteht ein echter Fokus auf wesentliche Zusätze, und das aus schwierigen Sitzungen bekannte, meist unproduktive, wilde Diskutieren weicht einem klaren, transparenten und strukturierten Prozess.

Zwei wichtige Grundlagen: 1. Es geht um die aktuell beste Lösung. Oft ist es eine gute Idee, die Entscheidung direkt mit einem Datum zu versehen, um dann die Ergebnisse zu messen und ggf. eine Anpassung vorzunehmen – denken Sie an die dynamische Steuerung. 2. Meinungsänderung ist zugelassen und gewünscht (dabei geht es nicht um Wankelmut, wie wir es heute oft assoziieren, sondern um die Integration neuer Informationen).

Beratungsprozess als Tool

Wenn Konsent – und damit die volle Gleichberechtigung aller Beteiligten – für Sie im Moment weniger passt, könnte der Beratungsprozess vielleicht ein gutes Tool sein. Und natürlich lässt sich auch beides kombinieren.
Für den Beratungsprozess ist entscheidend, klare Regeln für die Rolle des Owners eines Themas (Rolleninhaber) zu schaffen. Dies könnte z.B. sein, dass die Rolleninhaberin mit den vollen Entscheidungsbefugnissen ausgestattet wird (ggf. kann auch eine Budgetgrenze formuliert werden, je nach Situation und Experimentiermöglichkeit).

Wichtig: Im Rahmen von Selbstorganisation spreche ich vom Unterschied zwischen Delegation und Distribution von Entscheidungsbefugnis. Delegation wird durch individuelle Hierarchieinhaber entschieden und entspricht damit nicht dem eigentlichen Zielbild von Selbstorganisation. Distribution ist die volle Verankerung von Entscheidungsbefugnis in einer Rolle – dies ist auch das Prinzip, welches in der Holokratie umgesetzt wird.

Praxisbeispiel

Die CIO einer Schweizer Versicherung hat auf dem Weg Richtung Selbstorganisation begonnen, wichtige Richtungsentscheidungen vorab auf eine vom gesamten Bereich genutzte digitale Plattform zu stellen und um Feedback innerhalb von 48 Stunden gebeten. Zu Beginn gab es wenig „öffentliches" Feedback auf der Plattform, sondern eher persönliche Mails mit Feedback, da es sehr unüblich war, sich in so offener Form zu äußern. Inzwischen hat sich das System an die Offenheit

> und Transparenz einer solchen Art von Rückmeldung gewöhnt und auch an die Wichtigkeit, diese Möglichkeit wahrzunehmen. Die Feedbacks werden alle gelesen, von der Ownerin eingeordnet, und führen gegebenenfalls zu einer Veränderung der Entscheidung.

Zu Beginn mag sich die Distribution von Entscheidungsverantwortung für alle Beteiligten ungewohnt anfühlen. Damit Übung und Vertrauen gemeinsam wachsen, kann es helfen, zu Beginn gemeinsame Feedbackprozesse zu Befürchtungen bezüglich der Ausübung der Rolle oder des Beratungsprozesses umzusetzen.

> **Hier ein Beispiel für Distribution von Verantwortung**
>
> Eine Pflegefachfrau übernimmt in ihrem Team die vollständige Verantwortung für den Übergaberapport. Sie kann diesen neu gestalten und nach einem Beratungsprozess (z.B. mit einer Pflegeexpertin) im Konsent entscheiden lassen.

Rollen statt Funktionen

Eine Rolle bildet sich um einen Purpose, einen Zweck für den Kreis. Dabei tragen Rollen direkt oder indirekt auch zum Purpose oder Beitrag der gesamten Organisation bei. Heute ist das Denken in Funktionen üblich, die im Prinzip eine feste Koppelung von verschiedenen Rollen an einen Funktionsinhaber sind. Das Problem daran: Oft speisen sie sich nicht aus dem Gedanken des eigentlichen Zwecks, und nicht immer ist eine Person interessiert oder talentiert in allen an eine Funktion gekoppelten Themenfeldern. Zum Beispiel sind im Thema Führung so viele Aspekte integriert, dass kaum jemand dieses Funktionsprofil optimal erfüllen kann: Es geht von strategischer Steuerung über organisationale Entwicklung, fachliche Beurteilung, Gestaltung von Teamdynamiken und Austauschformaten, Orchestrieren von Aufgaben bis hin zur Führung von Menschen in allen möglichen Situationen. Wer soll das alles exzellent können?

Rollen können somit kleinere „Purpose-Einheiten" schaffen und damit auch kleinere Bündel von Aufgaben, die **diejenigen Menschen übernehmen, welche hohes Interesse, Talent, Motivation und Ressourcen für die Rolle mit ihrem Purpose haben.**

Starke Rollen in der Holokratie

In der Holokratie hat jede Rolle die Autorität zu tun, was der Rolleninhaber für richtig hält. Die einzige Einschränkung ist, dass man andere Rollen dabei nicht einschränken darf. Jede Rolle besteht – sehr schlank – aus der **Beschreibung von Purpose und Verantwortung (Accountability).** Wenn eine Rolle in unterschiedlichen Kreisen benötigt wird, kann die Rolleninhaberin einfach Mitglied mehrerer Kreise sein. Es können mit einer Rolle auch sogenannte Domains definiert werden.

Eine Domain ist ein Inhalt, den diese Rolle exklusiv für die Organisation kontrolliert oder regelt. Ein Beispiel könnte z.B. bei einer Rolle der „externen Marktkommunikation" die Domain „Veröffentlichungen kontrollieren" sein, d.h. niemand sonst entscheidet über eine Veröffentlichung von Nachrichten, Marketingbotschaften oder Artikeln aus der Organisation.

6 Selbstorganisation

In der Holokratie gibt es vier fest definierte und nicht veränderbare Rollen, diese sind in der Verfassung mit Purpose und Verantwortung klar beschrieben (s. unten). Alle weiteren Rollen entwickeln sich organisationsspezifisch und sind dynamisch, d.h. veränderbar, und können auch wieder aufgelöst werden (s. Governance-Prozess). Diese vier Rollen wiederholen sich in jedem der fraktal gestaffelten Kreise:

1. **Lead Link.** Die Rolle des Lead Link ist eine vom Lead Link des Super-Kreises (dies ist der jeweils obere Kreis) **benannte Rolle**. Purpose der Rolle ist es, den Purpose des gesamten Kreises zu übernehmen. Außerdem liegt bei ihr die Domain (also das alleinige Recht) von Rollenübertragungen innerhalb des Kreises, d.h. die Zuordnung von Personen zu Rollen (im weitesten Sinne eine Personalfunktion). Sie verantwortet auch die Ressourcenzuteilung des Kreises (z.B. Budget) und die Definition der Kennzahlen für den Kreis.
2. **Rep Link.** Die Rolle des Rep Link ist **eine gewählte Rolle**, um die Interessen des Kreises im jeweiligen Super-Kreis zu vertreten. Rep Links ermöglichen, dass die Spannungen des Sub-Kreises im jeweiligen Super-Kreis prozessiert werden, wenn die Angelegenheit über die Befugnisse des Sub-Kreises hinausgeht.
3. **Secretary.** Die Rolle Secretary ist **eine gewählte Rolle** mit dem Purpose, durch formale Aufzeichnungen des Kreises die Governance und operativen Themen mit der Verfassung abzustimmen, Meetings zu vereinbaren und auf Anfrage die Governance zu interpretieren.
4. **Facilitator (oder Moderator).** Der Facilitator ist **eine gewählte Rolle**, welche den Purpose verfolgt, Governance und Tactical Meetings eines Kreises im Einklang mit der Verfassung zu moderieren.

Wie funktionieren Kreisstrukturen?
Kreisstrukturen in der Soziokratie

Das Prinzip 2 in der Soziokratie lautet: Struktur aus semi-autonomen Kreisen. Die Organisation hat neben der Linienstruktur eine Kreisstruktur, die für Beschlussfassungen (also strategische oder rahmengebende Entscheidungen) über die Hierarchie gelegt wird.

Das bedeutet, dass in der Soziokratie die Radikalität der Veränderung Richtung Selbstorganisation zumindest auf dem Papier weniger stark anmutet. Die Soziokratie ersetzt somit nicht unbedingt hierarchische Strukturen, sondern schafft nur klare Prozesse und Spielregeln, um grundlegend anders in den Strukturen zu entscheiden.

Jeder Kreis hat dabei ein gemeinsames Ziel im Sinne des Unternehmensziels (oder der Mission). Jeder Mitarbeitende gehört einem Kreis an und wird so gleichberechtigt in die strategischen Entscheidungen bzw. Grundsatzentscheidungen dieses Kreises einbezogen (via Konsent-Prinzip).

Als oberstes Organ gibt es den Top-Kreis, der aus nur zwei Internen (CEO und Delegierter) und üblicherweise vier Externen (mit verschiedenen Kompetenzen) besteht – ganz ähnlich einem Aufsichts- oder Verwaltungsrat. Der Kreis hat die Aufgabe, die Organisation mit der Umwelt zu verbinden und die Rahmenbedingungen für den untergeordneten Kreis, den allgemeinen Kreis, festzulegen. **Der allgemeine Kreis** besteht passend zur hierarchischen Struktur z.B. aus Bereichsleitern mit jeweils einer Leiterin des höheren Kreises (hier CEO) und einer Delegierten des jeweils unteren Kreises (Bereichskreis).

Gibt es mehrere Bereiche, ist eine Delegierte aus jedem untergeordneten Bereich Teil des allgemeinen Kreises vertreten. Aufgabe ist die Rahmensetzung für die nachfolgenden Kreise. Diese Systematik setzt sich fort bis zum Team-Level. Außerdem gibt es einen Admin- und Supportkreis, und es können temporäre Kreise für Projekte eingesetzt werden.

Kreisstrukturen in der Holokratie

Die Holokratie hat sich die Gedanken der Kreisstruktur aus der Soziokratie zu eigen gemacht und diese deutlich weiterentwickelt. Kreise sind die Strukturform der Holokratie. Sie sind fraktal (sich wiederholend), in sich geschachtelt aufgebaut.

Kreise in der Holokratie sind eine Gruppe von Rollen, die alle zum Purpose des Kreises beitragen. Jeder Kreis hat definierte Kernrollen (s. oben: Lead Link, Rep Link, Secretary, Facilitator) und weitere Rollen, welche die Arbeit des Kreises verrichten.

Die doppelte Verknüpfung der Kreise

Das soziokratische Prinzip 3 ist die doppelte Verknüpfung der Kreise. Komplexe Organisationen haben oft diverse Kreise, um alle relevanten Aufgaben im Sinne des Ganzen umzusetzen. Der nächsthöhere Kreis ist dabei immer über zwei Rollen miteinander verknüpft:

1. über die Leistungsgebende und
2. über den Delegierten eines jeweils untergeordneten Kreises.

Es soll sichergestellt werden, dass die Interessen des Kreises *und* die Interessen des übergeordneten Kreises gut vertreten werden. Durch die doppelte Verknüpfung vertritt jeweils eine Person die Interessen aus einem Blickwinkel.

In der Holokratie wird ebenfalls eine doppelte Verknüpfung („double linking") der Kreise umgesetzt, durch die Rollen Lead Link und Rep Link.

Die Trennung von Steuerungsprozessen und operativen Abstimmungen

Einer der zentralen Bestandteile der Holokratie ist eine **sehr klar definierte Meetingstruktur**, dabei gibt es **zwei Meetingarten**. Beide Meetings werden durch die Rollen Facilitator (Moderator) und Secretary (Betreuung und Stabilisierung der formalen Aufzeichnungen des Kreises und des Protokollprozesses) gestaltet und laufen außerordentlich diszipliniert und nach sehr klaren Regeln ab.

Steuerungsprozesse durch Iteration: das Governance Meeting

Statt von oben gesteuerter, großer Reorganisationsprozesse ist bei Holokratie in jedem Governance-Meeting die Veränderung von Policies, Rollen und Rolleninhabern möglich. Das macht das Modell enorm leichtfüßig in der kontinuierlichen Optimierung seiner eigenen Funktionsweise. Governance Meetings finden auf jeder Ebene der fraktal gestaffelten Kreise statt.

Jedes Mitglied eines Kreises kann dabei als „Proposer" einen Vorschlag (Agendapunkt) einbringen. In einem strukturierten und moderierten Prozess werden mögliche Spannungen (Irritationen) zu dem Vorschlag (Agendapunkt) prozessiert. Wenn es keine

6 Selbstorganisation

Spannungen, in diesem Fall als Einwände betrachtet, (mehr) gibt, wird der Vorschlag angenommen und die Governance verändert.

Der integrative Entscheidungsprozess je Agendapunkt:

1. **Vorschlag.** Wird nur durch den Vorschlagenden vorgebracht, wobei Unterstützung (wenn gewünscht) durch andere Personen möglich ist. Der Vorschlag beschreibt die persönliche Spannung und macht einen Vorschlag, diese zu lösen (ggf. mit Unterstützung).
2. **Klärende Fragen.** Jemand fragt, und der Vorschlagende antwortet. Jeder kann klärende Fragen stellen, um besser zu verstehen, nicht aber, um die eigene Meinung zu vermitteln.
3. **Reaktionsrunde.** Jeder spricht, außer der Verschlagende. Einer nach dem anderen reagiert auf den Vorschlag.
4. **Abändern und Präzisieren.** Nur der Vorschlagende spricht. Der Vorschlagende kann optional den Vorschlag anpassen und präzisieren, worum es ihm geht. Hier gibt es keine Diskussion.
5. **Einwandsrunde.** Einer nach dem anderen (inkl. Vorschlagendem) kann Einwände hervorbringen. „Siehst du einen Grund, dass es uns schädigen oder zurückwerfen würde, wenn wir diesen Vorschlag annehmen?" Einwände werden eingebracht, geprüft und erfasst, wenn sie valide sind (geprüft durch den Facilitator).
6. **Bei validen Einwänden: Integration.** Hauptsächlich der Einwanderbringer und Vorschlagende sprechen, und die anderen können unterstützen. Ein Einwand nach dem anderen wird integriert, indem der Vorschlag so verändert wird, dass er den Einwand und die ursprüngliche Spannung löst.
7. **Annahme** der Governance-Änderung.

Sie sehen an dem detaillierten Leitfaden, wie differenziert und strukturiert ein Governance-Meeting umgesetzt wird. Der Integrative Entscheidungsprozess ist dabei Trademark-geschützt und Eigentum von HOLACRACYONE.

Weniger konsequent, aber **gleichwohl strukturiert finden Grundsatz- und Rahmenentscheidungen in Kreismeetings in der Soziokratie statt.** Hierzu gehört auch die Umsetzung des **Prinzip 4: Offene Wahlen für wesentliche Funktionen und Rollen (im Konsent).** Für die Übertragung einer Funktion oder Rolle werden in dem jeweiligen Kreis in einer ersten Runde offen Vorschläge für die zukünftigen Rolleninhaber eingebracht. In einer zweiten Runde werden Meinungen und Argumente für eine mögliche Wahl gehört. In einer dritten Runde werden auf Basis des Gehörten möglicherweise veränderte Bilder noch einmal ausgesprochen. Dann folgt im Konsent-Prinzip die Beschlussfassung in einer letzten Runde. Dabei wird zuletzt die zur Wahl stehende Person – ebenfalls im Konsent – befragt.

Operative Prozesse konsequent nachverfolgen: das Tactical Meeting

In der Holokratie werden alle operativen Themen in regelmäßigen „Tacticals" abgeglichen. Teil eines Tacticals ist auch, alle relevanten Kennzahlen für den Kreis im aktuellen Stand transparent zu machen, um ein Bild der momentanen Realität für alle sichtbar zu zeigen – dies passiert durch die jeweilige Rolleninhaberin. Dann werden Projekt-Updates gegeben und – das ist enorm spannend – direkt vor Ort die Agenda gebildet und prozessiert.

II Die sieben Management-Ideen

Folgende Schritte gehören zum Prozessieren einer Spannung:

- Facilitator fragt: Was ist deine Spannung und was brauchst du vom Kreis?
- Agendapunktinhaber bezieht andere ein, wenn benötigt.
- Akzeptierte nächste Schritte oder Projekte werden festgehalten.
- Facilitator fragt: Hast du alles, was du brauchst?

In der **Soziokratie** werden üblicherweise operative Themen vom Kreis an die Linie delegiert und normativ-strategische Themen in den Kreis-Meetings prozessiert.

Konzepte für ein evolutionäres Vorgehen
Neben den zwei strukturierten Lösungsansätzen der Soziokratie und Holokratie besteht natürlich die Möglichkeit (wie bei Buurtzorg), einfach Ideen zu kombinieren und neue Ideen zu entwickeln, um die Selbstorganisation im Unternehmen zu stärken. Dies sind auch Konzepte, die Laloux gesammelt hat und beschreibt. Die wichtigsten habe ich hier abgebildet:

Vision, Purpose, Principles als Rahmen
Wie in Abbildung 52 dargestellt spielt auf allen uns bekannten Wegen in Richtung Selbstorganisation das „Big Picture", das große Gesamtbild, eine besondere Rolle. Das

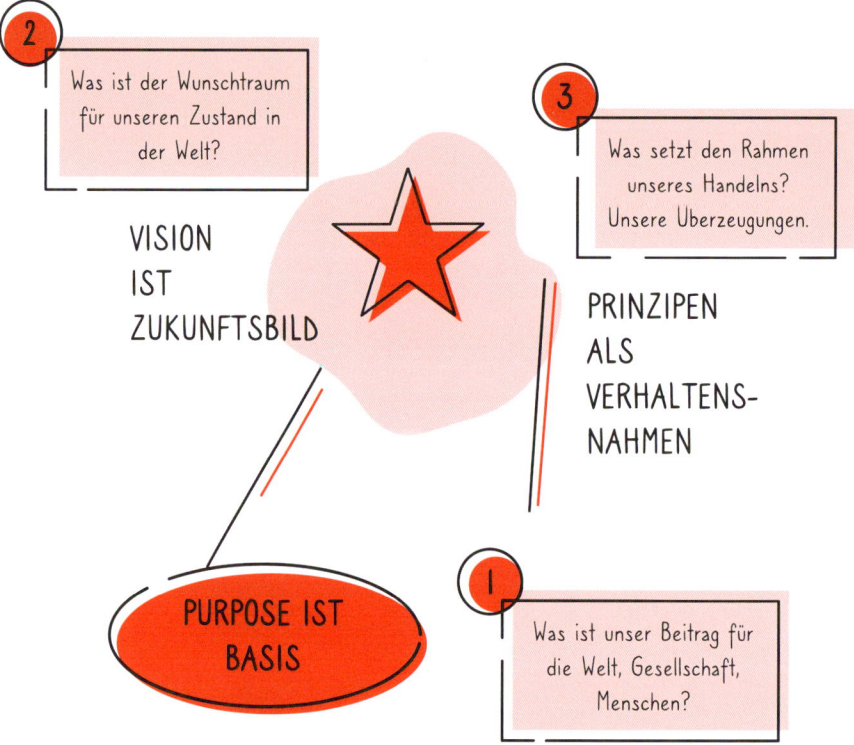

Abb. 52 Das große Gesamtbild von Vision, Purpose und Principles

6 Selbstorganisation

eigene Tun in einen übergeordneten und sinnstiftenden Rahmen setzen zu können ist entscheidender Teil von Identifikation, Selbstverantwortung und Selbstführung.

Am Anfang eines Entwicklungsprozesses ist somit die Antwort auf die Frage nach dem übergreifenden Rahmen entscheidend.

Niemals sollte es hier darum gehen, einfach einen Rahmen (Vision, Mission oder Purpose und Werte oder Prinzipien) „zu haben". Das haben viele Organisationen im Sinne der Kommunikation nach außen getan und damit nichts als internen Sarkasmus und Vertrauensverlust geerntet – nämlich dann, wenn das Erlebte nichts gemein hatte mit dem Geschriebenen.

Es geht um eine tiefe und ehrliche Auseinandersetzung zum (Da-)Seinszweck, zum Beitrag der Organisation für das Makrosystem, die Umgebungswelt, die Gesellschaft oder Teile davon. Ein solcher Visionsprozess oder Purpose Quest ist ein mehrtägiger Prozess, ideal in Form mehrerer moderierter, analoger Workshops.

Mit traditionellen Führungsprozessen brechen

Aus meinen Beobachtungen in Entwicklungsprozessen habe ich eine Erkenntnis gewonnen: Wenn nicht neue Führungs- bzw. Steuerungsprozesse etabliert werden, versandet die Transformation zur Selbstorganisation. Nur auf der „weichen" Seite des Miteinanders zu arbeiten, führt nicht zu nachhaltiger Veränderung, sondern eher zu enttäuschten Erwartungen.

Womit wollen Sie die Ernsthaftigkeit Ihres Weges deutlich machen, wenn alte Prozesse nicht losgelassen werden?

Eine Idee könnte sein, **bei Führungsprozessen zu beginnen, die in der Organisation heute wenig Energie auslösen**. In vielen Organisationen habe ich erlebt, dass der Zielvereinbarungs- und Beurteilungsprozess einer dieser schmerzvollen Prozesse ist.

Ein neuer Zielvereinbarungs- und Beurteilungsprozess

Nun ist wichtig, erst einmal Ihre Überzeugungen bzw. Ihre Landkarte bezüglich dieses Prozesses zu überprüfen: Woran glauben Sie, woran glauben Sie nicht? Was soll dieser Prozess überhaupt bewirken, oder könnte man ihn ganz abschaffen? Hilfreich ist hier auch ein offener Austausch mit verschiedensten Anspruchsgruppen, um die unterschiedlichen Bilder besser zu verstehen (z.B. Geschäftsführung, Führungskräfte, Mitarbeitende, aber ggf. auch Eigentümer).

Oft ergibt sich aus dem Diskurs schon ein neues Bild. Manchmal ist es aber auch sinnvoll, sich dazu professionelle Daten anzuschauen: Was sagt eigentlich die Forschung zur Wirksamkeit von Zielprozessen, Beurteilung, Boni und artverwandten Themen?

Wenn Sie zu der Erkenntnis kommen, dass das Neuerfinden dieses Prozesses ein guter Schritt ist, sollten Sie gemeinsam überlegen: **Was erfüllt der Prozess heute, und was soll er in Zukunft erfüllen?** Wie würde unser perfekter Prozess im Sinne der Selbstorganisation aussehen? Wer setzt wie die Ziele? Einzelziele oder Teamziele? Welche Informationen und welchen Rahmen braucht es dazu und welche Kompetenzen? Was sind heute sinnvolle Zyklen, in denen wir Ziele diskutieren wollen? Wie und wer beurteilt die Zielerreichung? Wie gehen wir mit Anerkennung für besonderes Engagement um?

> **Praxisbeispiel**
>
> Das Führungsteam IT eines Krankenhauses hat sich entschieden, erste Schritte Richtung Selbstorganisation zu gehen. Dies vor allem aus der Überzeugung heraus, dass die zukünftigen Anforderungen an IT nur bewältigt werden können, wenn sich jeder Mitarbeitende in einer neuen, ganzheitlichen Form selbstverantwortlich für Lösungen einbringt. Neben IT-Vision und Leitplanken, die in einem ersten Schritt übergreifend entwickelt wurden, sollte der Zielprozess verändert werden. Eine Hürde waren die durch das regulierte Umfeld geforderten Tools, die klar hierarchische Prozesse vorsehen, vor allem vor dem Hintergrund, Minderleistung zu dokumentieren.
>
> Das Führungsteam hat sich mutig und experimentell auf den Weg gemacht: Zuerst wurden vier gemeinsame, für die ganze IT geltende BHAGs („big hairy audacious goals", also große, haarige, kühne Ziele) entwickelt, die für alle Kolleginnen Orientierung (ähnlich einer „Minivision" in vier Teilen) gaben: Wozu gibt es einen Beitrag zu leisten?
>
> Dann wurden einige Prinzipien des Prozesses radikal geändert: Dabei galt nicht mehr die übliche Zielkaskade, sondern jedes Team diskutierte und entschied selbst, welchen Beitrag es zu den BHAGs leisten konnte und wollte. Es wurde nicht mehr der Fokus auf Einzelziele gelegt, sondern auf eine Mischung aus Team- und Einzelzielen, je nachdem, was sinnvoll erschien. Jedes Team (inklusive der oberen Führungskräfte) formulierte seine Ziele in ein transparentes Excel File, sodass alles für alle transparent war. Wenn ein Team sich besonders anspruchsvolle Ziele setzte, wurde das vermerkt hinter dem Ziel: „70% Zielerreichung ist das neue 100%". Und: Jedes Teamziel bekam einen Verantwortlichen (Rolle: „Hutträger", als derjenige, der den Verantwortungshut trägt), welcher das Thema in der Präsenz hält, aber nicht allein für die Erreichung verantwortlich ist.
>
> Die nächste Herausforderung war die Beurteilung. Geplant war eine transparente Selbstbeurteilung der Zielerreichung – die aber wegen der Regulierungen ergänzt werden musste um eine Beurteilung durch die Führungskraft. Trotzdem hat der neue Prozess Gestaltungsenergien freigesetzt und einen Ruck durch die Organisation gebracht, der nun weitere Entwicklungsschritte ermöglicht.

Während der Beantwortung der Fragen gestaltet sich die Kontur eines neuen, selbstorganisierten Prozesses, der grob beschrieben und dann als Pilot oder Testing-Version einfach einmal umgesetzt werden kann. Bei der Umsetzung sollten Erfahrungen und Learnings von allen transparent dokumentiert werden können, sodass die oder der Owner der Initiative „neuer Zielvereinbarungsprozess" schnell reagieren und Prozessschritte anpassen können.

Entscheidend bei jeder neuen Prozessentwicklung ist eine experimentelle Haltung und das Management von Erwartungen: Es ist völlig normal, dass Dinge nicht sofort optimal funktionieren, dass es Hürden gibt und man sich vielleicht manchmal die Einfachheit der Hierarchie zurückwünscht, denn mit Selbstorganisation steigt die Komplexität. Aber gleichzeitig sind das Entwicklungspotenzial für jeden einzelnen und die Organisation sowie der langfristige Energiegewinn enorme Chancen, für die es sich lohnt, die Handhabung einer Dschungelmachete zu lernen.

Reflexionsraum und Dialog

Eine wichtige Zutat auf dem Weg ist die Frage von Zusammenarbeit und Arbeitsklima. Wenn Experimente und Umgang mit Unsicherheit – der eigenen, persönlichen Unsicherheit, aber auch der Umgebungsunsicherheit – quasi ständig gefordert sind, hilft es enorm, wenn belastbare Beziehungen und ein produktives Miteinander Entlastung schaffen.

6 Selbstorganisation

Um das gute Miteinander zu erhalten, ohne eine Scheinharmonie zu schaffen, braucht es Kommunikationskompetenzen und -Tools, die helfen, potenzielle Konflikte zu prozessieren und aufzulösen. Wichtiger Teil einer Entwicklungsreise Richtung Selbstorganisation ist daher auch der Kompetenzaufbau in Sachen zwischenmenschliche Kompetenzen – so wie es auch schon Gerard Endenburg in der Soziokratie als Teil des Weges definiert hat.

Dialog und Feedback

Eine gute Dialogkultur ist wichtiger Baustein für jedes soziale System. In der Selbstorganisation, wo Teil des Miteinanders auch ist, Spannungen selbstverantwortlich zu prozessieren (statt sie z.B. an eine Führungskraft zu eskalieren), ist Dialog- und Feedbackkompetenz besonders wichtig. Inzwischen haben sich viele leichtfüßige Methoden entwickelt, wie z.B. Feedbackkarten, positives Aufladen, Minigeschenke (im Sinne von einer positiven Feedbackbotschaft für eine Person), Poesiealben oder auch einfach kurze Spaziergänge mit dem Ziel, einander positives Feedback zu geben.

Es macht einen deutlichen Unterschied, wenn in einer Organisation positive Erfahrungen und Rückmeldungen ausgesprochen werden, anstatt diese einfach hinzunehmen. Dabei kann dies nur Wirksamkeit entfalten, wenn es ehrlich und authentisch ist, nicht gelernt oder manipulativ.

Clear the Air bei Konflikten

Eine Methode basierend auf der Gewaltfreien Kommunikation (GfK nach Rosenberg) sind „Clear the Air Sessions". Alle Kreis- oder Teammitglieder sitzen gemeinsam mit einem Moderator und einigen Stunden Zeit in einem ungestörten Raum, um kritische Themen, Konflikte oder schwierige Situationen mit einer anderen Person zu klären. Dabei ist wichtig, dass jeder nur aus seiner persönlichen Perspektive spricht, es geht um Landkarten, nicht um Wahrheit. Der Moderator fragt, an wen sich der erste Redner richten möchte. Nur diese Person wird dann vom Redner adressiert. Dieser spricht, und die Empfängerin wiederholt, was sie verstanden hat. Wenn der Redner sich richtig verstanden fühlt, kann die Empfängerin darauf reagieren – dann wiederum formuliert der vormalige Redner sein Verständnis der Aussage. Wenn die Empfängerin sich richtig verstanden fühlt, kann ein Lösungsvorschlag entwickelt werden. Hier kann sich optional auch der Moderator einbringen, falls er noch etwas anderes verstanden hat als bis dahin ausgesprochen. Dann geht der Moderator zur nächsten Person. In dieser Weise können Probleme und Konflikte prozessiert und gelöst werden.

Reviews & Retros

Aus dem agilen Arbeiten (s. Kap. 7) werden zwei Methoden immer öfter auch in nicht-agilen Kontexten eingesetzt:

Reviews sind der offene und klare Blick auf das Erreichte bzw. nicht Erreichte in einem zu definierenden Zeitraum. Ergebnis eines Reviews ist nicht die Verurteilung, sondern die Verbesserung und das Lernen für den nächsten Schritt.

Retros fokussieren auf das Miteinander und ermöglichen über einige klare Fragen eine einfache Evaluation der Zusammenarbeit. Auch hier geht es immer um Lernen und Verbessern. Handlungsorientierte Verbesserungsideen können Ergebnis einer solchen Session sein. Wie solch eine Retro aussehen kann, ist in Abbildung 53 dargestellt.

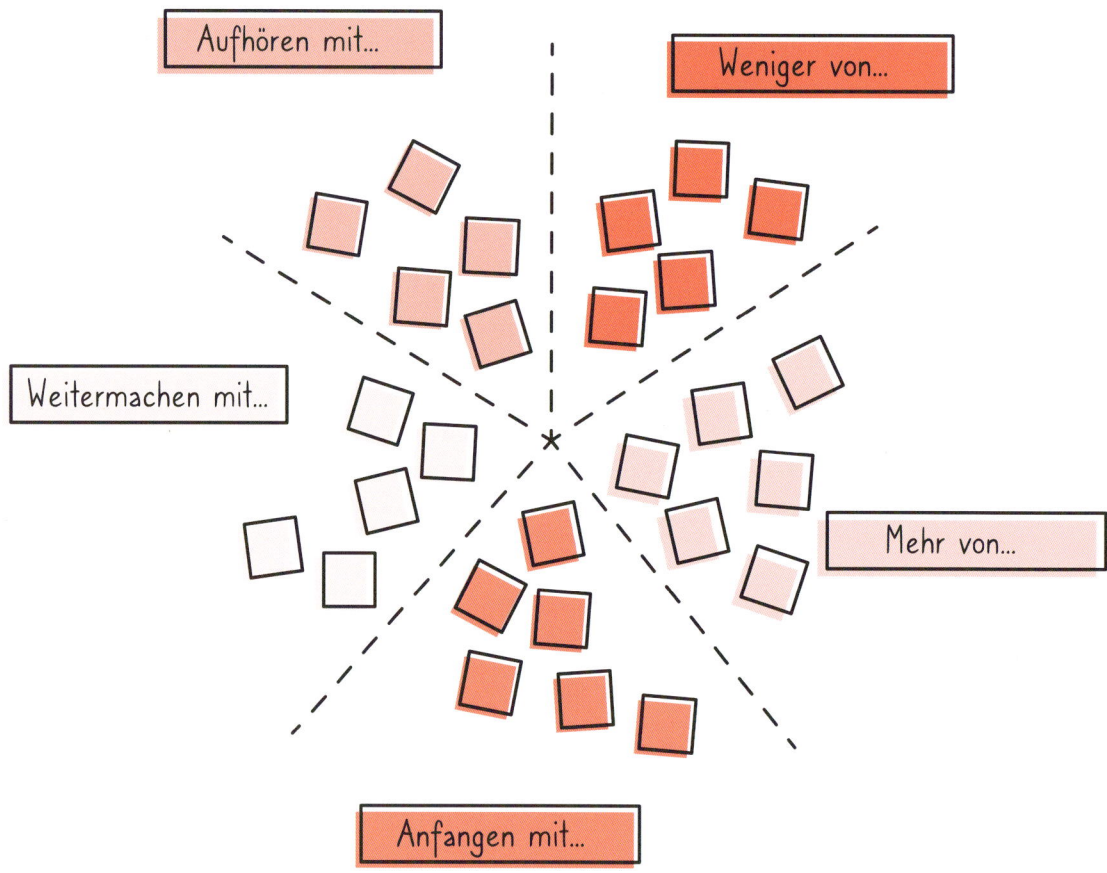

Abb. 53 Einfache Retro Struktur

Reviews und Retros sollten regelmäßigen Einzug in die Interaktionen eines selbstorganisierten Systems halten.

Die Relevanz digitaler Plattformen

Um effizient in selbstorganisierten Organisationen arbeiten zu können, ist eine **für die Bedürfnisse der Organisation passende, transparente und für alle zugängliche digitale Plattform absolut erfolgskritisch**. Warum? Jeder ist für seinen Informationsstand zu jeder Zeit selbst verantwortlich und muss daher – gerade im Gesundheitswesen – Möglichkeiten haben, auf relevante Informationen rund um die Uhr und unmittelbar zuzugreifen.
Wichtige Grundlage für schnelles Lernen ist außerdem das Teilen von – positiven wie kritischen – Erfahrungen und Erkenntnissen, die ebenfalls für jeden einsehbar sein sollten.

Auch **das Prinzip Transparenz** ist heute kaum aufrechtzuhalten, wenn es nicht über digitale Plattformen oder Datenzugriff umgesetzt wird. Dabei gilt es, Reife im Umgang mit solchen digitalen Plattformen und Transparenz zu entwickeln.

6 Selbstorganisation

Buurtzorg hat ein eigenes, für die Bedürfnisse der Heimpflegenden entwickeltes digitales Unterstützungssystem gestaltet: **Das BuurtzorgWeb** verbindet Pflegedokumentationssoftware mit Interaktionsmöglichkeiten mit der Pflege-Community. Mit dem BuurtzorgWeb kann außerdem direkt mit den Klientinnen kommuniziert werden (z.B. können Angehörige digital informiert werden über Neuerungen oder Ereignisse). Zusätzlich integriert sind auch E-Learning-Elemente für relevante Themen der Heimpflege. Alle Pflegenden bei Buurtzorg sind mit einem entsprechenden Tablet-Computer ausgestattet, den sie unterwegs und stationär nutzen.

Für die effiziente Dokumentation gibt es in der Holokratie eine eigens entwickelte digitale Plattform (GlassFrog war die HOLOCRACYONE-Software, an der Brian Robertson viel verdient hat, inzwischen gibt es auch alternative Software-Lösungen). Auf dieser Plattform finden sich die optimalen Strukturen zur Moderation und Dokumentation der Governance- und Tactical Meetings, aber auch zur Nachverfolgung von Themen.

Es ist somit eine dringende Empfehlung, auf Ihrer Reise in die Selbstorganisation auch die Lösung für eine digitale Plattform mitzudenken.

6.5 Praxisbeispiel am Luzerner Kantonsspital (LUKS): ein Experiment zur Zufriedenheits- und Effektivitätssteigerung

Gastbeitrag von Michael Döring-Wermelinger

Zu Beginn stand die Erkenntnis nach 25 Jahren Führungstätigkeit, dass verschiedenste Problemfelder rund um Kultur- und Organisationsthemen in wiederholenden Zyklen auftreten – unabhängig von den Lösungsansätzen und dem Grad der Mitarbeitereinbindung in deren Erarbeitung. Immer wieder stand die Frage im Raum, ob es zu viele oder zu wenige Informationen für Mitarbeitende gäbe, ob wir ausreichend Wertschätzung leben würden, oder ob wir mehr oder weniger klar definierte Rahmenbedingungen bräuchten.

Die vertiefte Auseinandersetzung mit dem Thema der Selbstorganisation zu diesem Zeitpunkt zeigte mir als Chief Nursing Officer (CNO) zunehmend auf, dass am Ende aller verschiedenen Methoden die vollständige Verantwortungsübertragung von einer Führungsperson an ein Teammitglied fehlte. Die unvollständige Verantwortungsübertragung führte zu einem Dilemma: Die Notwendigkeit, ein abschließendes OK für eine Lösung bei der Chefin abzuholen, verlagerte auch die Verantwortung für die Wirkung der Lösung zu dem Vorgesetzten. Funktionierte diese nicht, so lag es am Ende an der Führung – der Fisch fängt ja bekanntlich am Kopf an zu stinken. War die Lösung erfolgreich, so erhielt die Führung die Lorbeeren.

Ausgangslage

Das Team „Prozessoptimierung und -support" des Departements Pflege & Soziales besteht aus einem festen Kernteam mit 12 Personen und einer Gruppe von gegen 100 Pflegenden, welche Abwesenheiten in den verschiedenen Kliniken abdecken. Das Kernteam ist im Unternehmen u.a. verantwortlich für Lean-Experimente, pflegerische Leistungserfassung, Kongress- und Veranstaltungsorganisation und die Koordination der Pflegepool-Einsätze. Im Verlauf des Jahres 2018 wurde eine Vollzeitstelle für die Lean-Thematik im Rahmen eines dringlichen Vorhabens in eine andere Organisationseinheit verlagert. Gleichzeitig erhielt die Führungsperson eine Zusage für eine externe Anstellung und verließ das Unternehmen. Dies führte die Lean-Expertinnen des Teams in die Situation, dass ihr Zeitvolumen zu gering wurde, um eine effektive Wirkung ins Unternehmen zu entfalten, und es stellte sich die Frage der Auflösung mit einer Verlagerung an externe Beratungsfirmen.

Lösungsansatz

In dieser Situation wurde durch mich der Wandel in ein selbstorganisiertes Team vorgeschlagen. Nach einer intensiven, gruppendynamischen Storming-Phase, welche auch für alle Teammitglieder das Lesen und die vertiefte Auseinandersetzung u.a. mit dem Starterbuch von Laloux („Reinventing Organisations") bedeutete, startete das Vorhaben. Wir einigten uns auf vier Vorgaben:

1. Einjährige Experimentphase
2. Vollständige Umsetzung, was bedeutete, keinerlei Hierarchie innerhalb des Teams und auch in Bezug auf mich als CNO
3. Fixierte Auswertungsmeetings, um den Verlauf regelmäßig zu beurteilen sowie Anpassungen vorzunehmen
4. Anwendung einer digitalen Plattform zu Zwecken der Kommunikation und Dokumentation

Das Experiment

Den Startschuss bildeten **zwei halbtägige Workshops mit einer intensiven Auseinandersetzung zur Ausgangslage**: Was ist der Leistungsauftrag des Teams für das Unternehmen? Welche organisatorischen Maßnahmen sind zwingend für das Funktionieren des Teams? Was hat die Führungsperson tagtäglich gemacht und muss nun abgedeckt werden? Anschließend folgte die Analyse des eigenen Tuns und der Zusammenarbeit miteinander. In dieser Phase des Experimentes schien ein gewaltiger Berg diversester Prozesse vor dem Team zu liegen, die alle verschriftlicht, verstanden und trainiert sein mussten. Es stellte sich mir persönlich die Frage, woher diese Zeit neben dem Daily Business kommen sollte.

Eine spezielle Erfahrung war der zunehmende persönliche Austausch innerhalb des Teams – was sind die Fähigkeiten, der Werdegang, Stärken außerhalb des Jobs? Und damit begann die Verschiebung und Verknüpfung von Tätigkeiten. Nicht mehr die Funktionsbezeichnung wurde ausschlaggebend für die Tätigkeiten, sondern die Fähigkeiten des Einzelnen. So erfuhren wir z.B., dass eines unserer Teammitglieder früher im HR-Setting tätig war, und zunehmend wurden dieser Person dann Themen übertragen, zu denen sie aus dem ehemaligen Setting Erfahrung hatte und die ihr Freude machten.

Parallel zu den Workshops wurden die Prozesse und Organisationssysteme für das Team geformt und an die fortlaufenden Erkenntnisse angepasst. Der ursprüngliche Zeitplan sah nach den ersten Workshops zur Ausgangslage eine Reihe von Prozesserarbeitungen vor, z.B. die internen HR-Prozesse. Hierzu gehörte: Wer genehmigt einen Urlaub, wer eine Veränderung des Arbeitspensums usw.

6 Selbstorganisation

Es zeigte sich aber, dass lediglich zwei Basisprozesse und ein sogenanntes Rollenmodell für die gesamten Tätigkeiten rund um das Team notwendig waren. Von den Basisprozessen können bei Bedarf sämtliche Subvarianten abgeleitet werden ohne eine ausdrückliche Verschriftlichung.

Zwei Basisprozesse als Grundlage
Als Basisprozesse wurden 1. der Entscheidungsprozess und 2. der Konfliktlösungsprozess etabliert.

Der Entscheidungsprozess
Der Entscheidungsprozess (s. Abb. 54) beschreibt eine Form von Themeneignerschaft, welche diejenige Person übernimmt, die das höchste Interesse an einem Thema hat. Oft ist dies die Person, deren Leidenschaft für das Thema brennt und die damit eine

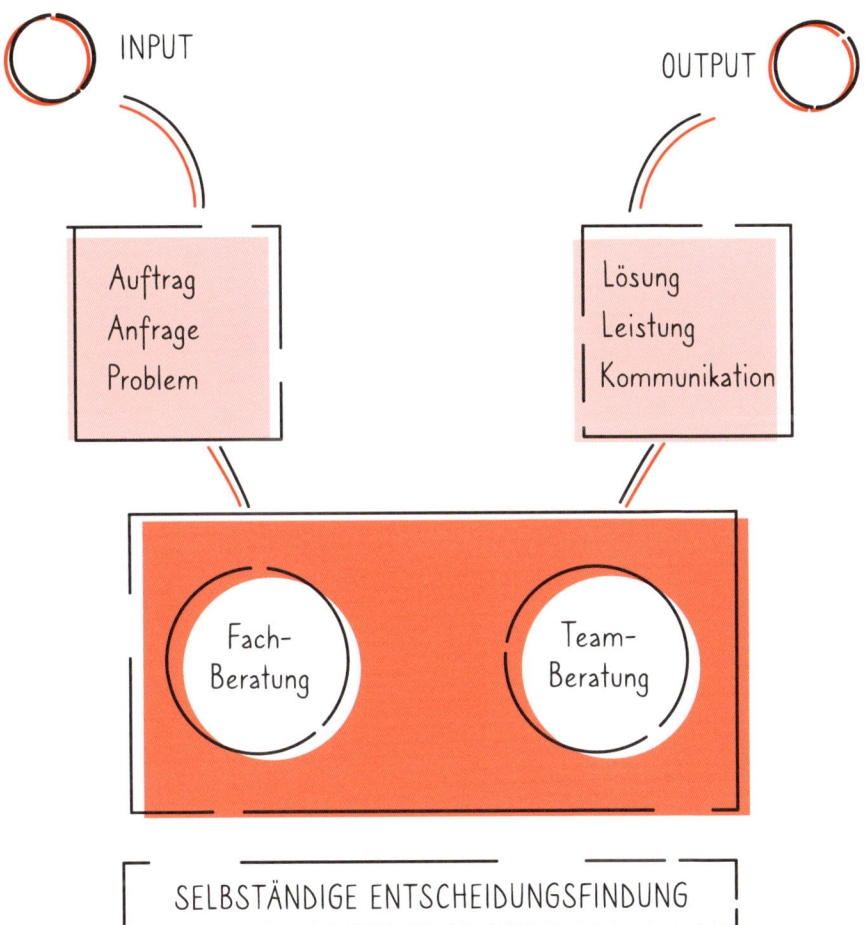

Abb. 54   Der Entscheidungsprozess. In Anlehnung an Laloux „Reinventing Organisations"

II Die sieben Management-Ideen

hohe Motivation aufweist, dieses Thema erfolgreich zu lösen. Der Prozess legt einerseits fest, dass sowohl Betroffene als auch Expertinnen um ihre Meinung befragt werden, und andererseits definiert er, dass die Thementrägerin die Entscheidungen trifft. Es ist also weder ein demokratischer noch ein konsensgesteuerter Prozess. Die Themenverantwortung beginnt mit der Übernahme des Themas und endet mit dem Ergebnis der Umsetzung. Mit diesem Prozess werden neue Innovationen und Vorhaben, Mitarbeitergespräche, Rekrutierungsverfahren, Kundenaufträge und sämtliche weitere Themen des Teams bearbeitet.

Der Konfliktlösungsprozess

Als Gegensteuerung regelt der Konfliktlösungsprozess (s. Abb. 55) den Moment, wenn eine Person nicht mit der Lösung oder dem Vorgehen in einer Themeneignerschaft einverstanden ist. Aber auch der zwischenmenschliche Konflikt zweier Teammit-

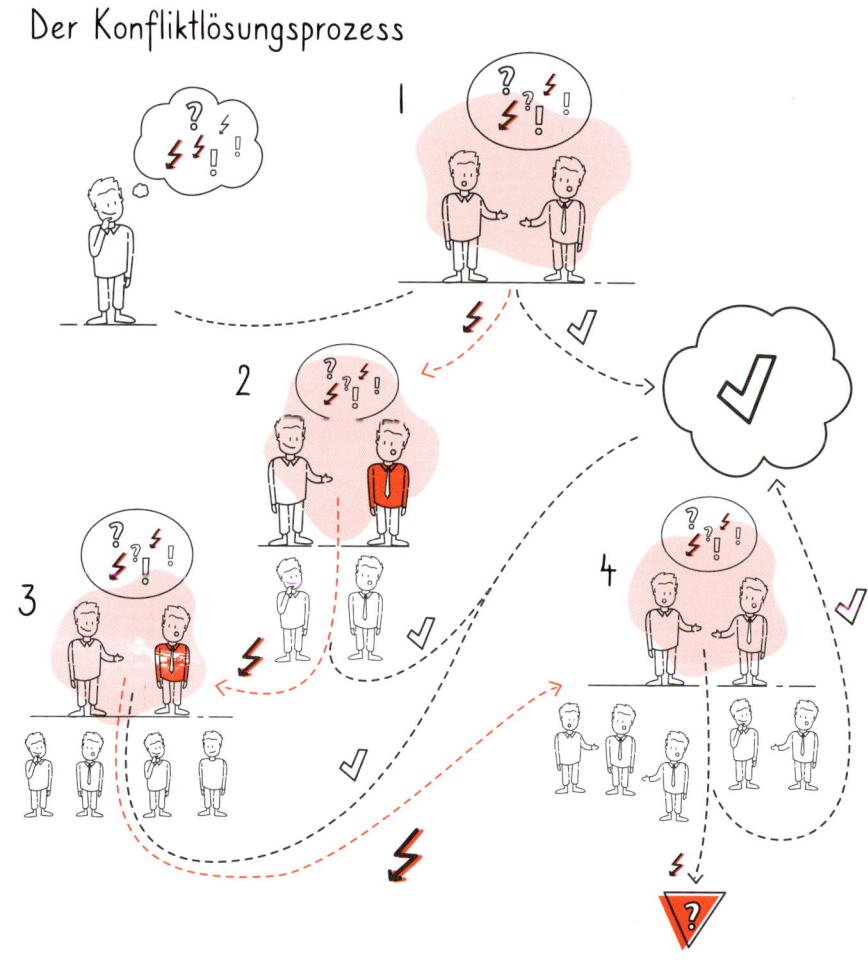

Abb. 55 Der Konfliktlösungsprozess. In Anlehnung an Laloux „Reinventing Organisations"

glieder wird auf diesem Weg konstruktiv angegangen. Der Prozess legt fest, dass bei einem auftretenden Konflikt die feststellende Person die andere beteiligte Person konkret und transparent auf diesen anspricht. Es findet eine Darlegung des Konfliktes statt, die Analyse erfolgt, und es wird idealerweise eine Lösung gefunden. Dieser Vorgang wird verschriftlicht. Sollte es zu keinem Einverständnis der beiden Beteiligten kommen, eskaliert der Prozess in die nächste Stufe.

Beide Personen bitten jeweils eine weitere Person, zum Folgegespräch hinzuzukommen, welches dann dem gleichen Muster wie das Erstgespräch folgt. Diese weiteren Personen haben die Aufgabe zuzuhören, Fragen zu stellen und zu reflektieren. Sie treffen keine Entscheidungen in diesem Prozess, und erneut wird eine Lösung angestrebt, mit der die beiden Menschen, die im Konflikt miteinander stehen, einverstanden sind. Kommt es nicht dazu, eskaliert der Prozess ein weiteres Mal, und erneut wird jeweils eine Person zu einem dritten Gespräch hinzugebeten. Ist auch dieses nicht erfolgreich, folgt die letzte Eskalationsstufe, und ein Coach wird zum vierten Gespräch hinzugeladen. Auch dieser nimmt die gleiche Rolle ein wie alle anderen vorherigen dazu geladenen Personen. Die Annahme hinter dem Prozess ist, dass der stetig steigende soziale Druck sowie die umfangreichere Bearbeitung der Konfliktlösung am Ende zu einer Lösung führen werden.

Das hier beschriebene Team musste bis heute noch nicht über die erste Stufe des Konfliktlösungsprozesses hinaus eskalieren.

Rollen als Teil der Selbstorganisation
In der Gesamtheit organisiert sich das Team betreffend Zuständigkeiten mit einem Rollenmodell (s. Abb. 56), welches sogenannte Betriebs-, Fach-, Repräsentations- und Coachrollen beschreibt. Drei der Rollen finden sich auch in der Literatur zu evolutionären Organisationen. Die vierte Rolle, die Repräsentationsrolle, wurde im Rahmen des Experiments entwickelt. **Die Betriebsrollen umfassen Tätigkeiten, welche das Team zum eigenen Funktionieren benötigt**, z.B. die Teamadministratorin für die HR-Administration. **Die Fachrollen sichern den Leistungsauftrag** und legen somit fachliche Tätigkeiten fest, z.B. den Lean-Coach für Lean-Projekte im Unternehmen. **Die Repräsentativrollen fungieren im Zusammenspiel mit der hierarchisch organisierten Außenwelt**, um die Kontaktfähigkeit des Teams zum Unternehmen zu gewährleisten. Die hierarchischen Umsysteme suchen automatisch immer nach der Leiterin als Ansprech- und Verantwortungsperson. Diese Rolle löste das Schnittstellenproblem zwischen den beiden parallelen Systemen Hierarchie und Selbstorganisation. **Die Coachrollen haben den Auftrag, für das Funktionieren des selbstorganisierten Modells zu sorgen** sowie ein Auge auf die Menschen im System zu haben – im Sinne des Sorgetragens zueinander. Jedes Teammitglied setzt seine Gesamttätigkeit im Unternehmen aus einer Vielzahl von gewählten Rollen zusammen. Einzig die Coachrolle wird nicht durch das eigene Team abgedeckt.

Das Ergebnis
Das Experiment wurde wie vereinbart nach einem Jahr – erfolgreich – abgeschlossen. **Das Team beschreibt einstimmig eine sehr positive Entwicklung hinsichtlich Teamkultur, Produktivität, Effektivität und Effizienz.** So wurden z.B. Tätigkeiten eingestellt, welche im Sinne des

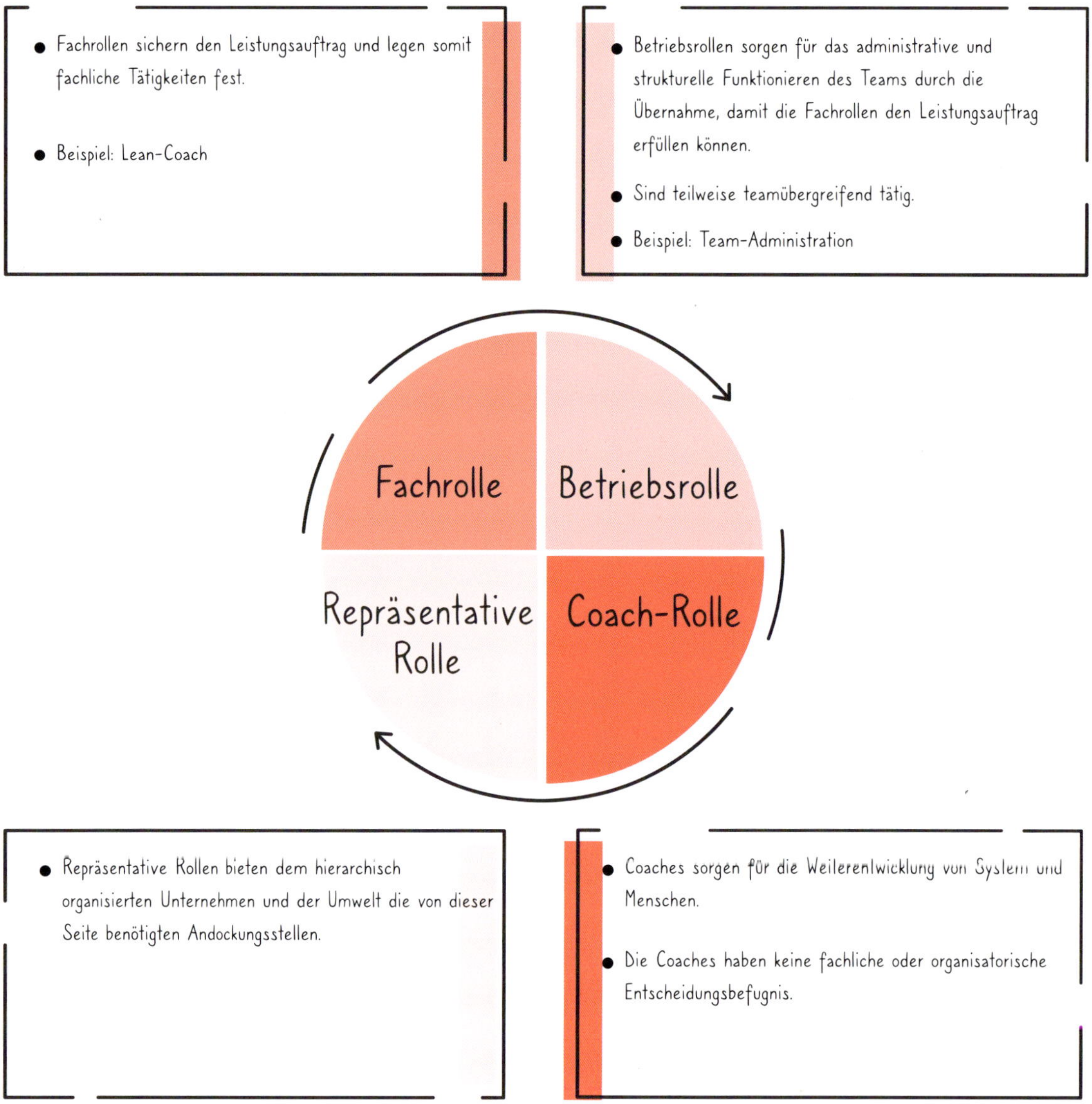

II Die sieben Management-Ideen

- Fachrollen sichern den Leistungsauftrag und legen somit fachliche Tätigkeiten fest.
- Beispiel: Lean-Coach

- Betriebsrollen sorgen für das administrative und strukturelle Funktionieren des Teams durch die Übernahme, damit die Fachrollen den Leistungsauftrag erfüllen können.
- Sind teilweise teamübergreifend tätig.
- Beispiel: Team-Administration

Fachrolle | **Betriebsrolle**
Repräsentative Rolle | **Coach-Rolle**

- Repräsentative Rollen bieten dem hierarchisch organisierten Unternehmen und der Umwelt die von dieser Seite benötigten Andockungsstellen.

- Coaches sorgen für die Weiterentwicklung von System und Menschen.
- Die Coaches haben keine fachliche oder organisatorische Entscheidungsbefugnis.

Abb. 56 Rollen als Teil der Selbstorganisation

vermeintlich hierarchischen Auftrags vorhanden waren, da sie vom Team hinterfragt wurden. Die Anzahl erfolgreich ausgeführter Aufträge konnte erhöht werden, trotz Reduktion des Stellenvolumens. Die Stellenreduktion bei erhöhter Produktivität plus die Reorganisation des Lohngefüges durch das Team führte zu einer Reduktion der jährlichen Lohngesamtkosten von 6 %.

Die regulären Sitzungen wurden auf ein wöchentliches halbstündiges Kanbanboard-Meeting reduziert. Durch die Abschaffung von Rapporten, Teamsitzungen etc. wurde der Sitzungszeitbedarf um 4,5 Wochen Jahresarbeitszeit für gesamthaft 12 Menschen reduziert. Die Digitalisierung trug einen großen Teil zur Funktionalität des Teams bei.

Die Fluktuation reduzierte sich minimal, doch interessanterweise begannen austretende Teammitglieder selbst ihre Nachfolge zu rekrutieren – ganz im Sinne von: „Ich will, dass mein Job gut weitergeführt wird und ich die beste Person dafür finde." Dies sorgte für einen reibungslosen Übergang der Serviceleistungen.

Die Mitarbeiterzufriedenheit stieg im Gesamtdurchschnitt vom Wert 80% (2015) auf 98% (2020). Gemessen wurde dies im Rahmen der regelmäßigen Mitarbeiterbefragung des Luzerner Kantonsspitals. Die aktuell einzigen drei negativ beurteilten Aspekte liegen außerhalb des Einflussbereiches des Teams, und genau dies ist am Ende die Begründung für die hohe Zufriedenheit: „Wenn ich unzufrieden bin mit einer Situation, dann löse ich sie, da ich selbst verantwortlich für einen guten Ablauf und meine Zufriedenheit bin."

Learnings

Das Team sammelte für weitere Teams nachfolgende Punkte als Verbesserungen für den Umstieg in die Selbstorganisation:

- In eine Vorbereitungsphase intensivieren und dabei Standardtools von Beginn an zur Verfügung stellen.
- Digitale Tools vorbereiten zur Koordination und Kommunikation.
- Bewusstsein schaffen, dass man mit vielen Informationen umgehen muss und lernen muss, die für die eigene Tätigkeit relevanten Informationen herauszufiltern. Diese Informationen sind aber notwendig, um die Leistungsfähigkeit und die Ergebnisqualität nachhaltig zu erhöhen.
- Kontrollverlust für bisherige Führungspersonen bewusst thematisieren und damit umzugehen lernen.

Auf der Ebene des Gesamtsystems ergeben sich ebenfalls spannende Learnings, welche sich darum drehen, ob das System auf neue Ansprüche von Mitarbeitenden vorbereitet ist. Ein Beispiel ist die direkte Diskussion des Lohns zwischen den Supportsystemen und den Lohnempfangenden, ein anderes Beispiel ist der Umgang mit dem steigenden Informiertheitsgrad des Mitarbeiters rund um das Unternehmensgeschehen.

Und so löste sich meine Frustration über wiederkehrende Führungsthemen in Wohlgefallen auf, und ich widme mich – mit stetig steigender Zufriedenheit – Themen, die mir am Herzen liegen und Spaß machen, z.B. dem Roll-out des Systems: Zum Zeitpunkt der Publikation dieses Buches sind bereits weitere Teams erfolgreich auf das zukunftsweisende System umgestiegen.

6.6 Die Umsetzung – schrittweise Neugestaltung mit experimenteller Haltung

Wenn Sie nun überlegen, dass Selbstorganisation vielleicht ein Teil der Zukunft und Zukunftssicherung für Ihre Organisation sein könnte, stellt sich die Frage: **Was wäre denn nun zu tun?**

Die schlechte Nachricht: Es gibt nicht *das* eine Erfolgsrezept. Die Reise durch den Dschungel ist in jedem Fall Teil des Prozesses. Die gute Nachricht: **Die in diesem Kapitel beschriebenen Werkzeuge, Methoden und Modelle sind alle bereits erprobt, und es gibt viele Beispiele, von denen man lernen kann.** Mit anderen Worten: Für Ihre Expedition der Gestaltung einer neuen Zusammenarbeit können Sie auf exzellentes Equipment zurückgreifen.

Eine erste Frage stellt sich: Was spricht Sie an, wenn Sie all das lesen? Entsteht Energie, wenn Sie über klare holokratische Strukturregeln im Sinne eines neuen Betriebssystems lesen? Spricht Sie die Soziokratie an mit ihren starken, humanistisch geprägten Werten wie Gleichwertigkeit im Entscheidungsprozess nach KonsentT? Gibt es positive Resonanz, wenn Sie an einen evolutionären Pfad denken wie im Luzerner Kantonsspital, auf dem gemeinsam Lösungsansätze für das entwickelt werden, was in der Organisation besonders wichtig ist für iterative Schritte Richtung Selbstorganisation?

Entwicklung auf drei Ebenen: Organisation, Team und Individuum

Ein gutes Orientierungsmodell in einem solchen Entwicklungsprozess kann der Dreiklang von Organisation, Team und Individuum sein: In einem idealen Prozess gestalten Sie Entwicklung und Verankerung auf allen drei Ebenen.

Organisation

Auf Ebene der Organisation stellen sich die Fragen:

1. Was ist der Beitrag oder Purpose der Organisation? Oder: Welchen Unterschied wollen wir für die Gesellschaft … für Patientinnen, Bewohner, Familien, interne oder externe Kunden machen?
2. Was ist unser *Warum* – der Antreiber für unsere Veränderung Richtung Selbstorganisation?
3. Was sind die übergeordneten Regeln, Prozesse und Prinzipien, die wir in jedem Fall etablieren möchten, um Selbstorganisation zu stärken?
4. Auf welche Prozesse wollen wir verzichten – welche übergeordneten Prozesse loslassen, nicht mehr tun, abschaffen? Stichwort: Systemmüllabfuhr.

Team

Im Team sollten folgende Fragen beantwortet werden:

1. Was ist unser Beitrag für das Ganze?
2. Wer hat welche Rollen? Wichtig dabei: Kann der Rolleninhaber die Rolle mit Lust, Kraft und Begabung (oder auch bereits vorhandenen Kompetenzen) erfüllen?
3. Was brauchen wir als Team oder Gruppe, damit sich jeder einbringen kann, um unseren Beitrag exzellent zu leisten? Auch: Welche Austauschplattformen.

4. Was sollten wir „entlernen", loslassen, entrümpeln, weil es uns auf dem Weg nicht hilft – Meetings, ungeschriebene Spielregeln, formelle oder informelle Teamprozesse?

Individuum

Für jeden Beteiligten – egal, ob (bis dahin) Führungskraft oder Mitarbeitender – geht es um das Hinterfragen der eigenen Landkarte. Dabei ist es nicht gerade eine einfache Übung, die eigene Haltung, Werte, Überzeugungen zu hinterfragen – sie haben uns schließlich ein Leben lang begleitet. Dies ist ein längerer Prozess, der immer wieder Raum braucht. Daher ist regelmäßiger Reflexionsraum so entscheidend. Hilfreiche Fragen können sein:

1. Was für einen Beitrag möchte ich ganz persönlich in meinem Umfeld leisten? Wann fühle ich mich wirklich innerlich erfüllt und zufrieden?
2. Welche Bedürfnisse, Begabungen und Wertevorstellungen bringe ich mit an meinen Arbeitsplatz? Wo entsteht für mich im Arbeiten Kraft und Energie aus mir selbst heraus? … Und welche Rollen und Themen würden deshalb zu mir passen?
3. Was sind meine heutigen tiefen Überzeugungen zum Arbeiten in einer Organisation? Was bedeutet für mich Selbstverantwortung am Arbeitsplatz? Wie passt das zusammen?
4. Wenn ich persönlich es ernst meinen würde mit Selbstverantwortung und Selbstführung: Was sollte ich lernen? Was sollte ich „entlernen" und wertschätzend verabschieden, weil es nicht mehr passt? … Hier geht es um Impulse für meine persönliche Landkarte und Haltung und um Aufbau von persönlichen und fachlichen Kompetenzen.

Entscheidende Erfolgsfaktoren: Warum die Haltung und das Warum die Grundlage bilden …

Es gibt viele verschiedene Möglichkeiten, Tools, Praktiken und Methoden – **absolut entscheidend ist aber Ihre Haltung**. Das heißt, es geht darum (z.B. als ersten Schritt mit den obigen Fragen), an Ihrer persönlichen Landkarte zu arbeiten.

Es geht darum, den alten Glaubenssatz von „Es braucht hierarchische Strukturen für organisatorischen Erfolg" durch etwas Neues zu ersetzen, was sich in seiner ganzen Komplexität gerade noch schärft und nicht fertig definiert ist.

> „Wanderer, es gibt keinen Weg. Der Weg gestaltet sich durchs Gehen." *Nach Antonio Machado, Lyriker*

Teil des Wegs ist in jedem Fall das Heben des Potenzials aller, sich als verantwortliche Sensoren und Gestalter zu verstehen.

Das Warum

Überlegen Sie sich, was Sie am Thema Selbstorganisation anspricht. Warum Sie sich angezogen fühlen von dieser Idee.

Warum ist das Warum so wichtig? Weil der Weg durch den Dschungel immer wieder unbekannte Herausforderungen mit sich bringt und uns nur **eine tiefe Verankerung in unserer**

Überzeugung zu der Idee von Selbstorganisation und Selbstführung hilft, diese Herausforderungen immer wieder zu meistern. Die Klarheit bezüglich des Warums (s. Kap. 1 u. 5) hilft bei kritischen Diskussionen, Konflikten und wenn der Dschungel trotz aller guten Tools doch wieder eine ganz neue Herausforderung bietet und sehr undurchdringbar wirkt.

Wenn Sie als Führungskraft eine Bewegung in Richtung Selbstorganisation initiieren wollen, wäre unsere Empfehlung: Diskutieren Sie als Allererstes gemeinsam mit den Kollegen das Warum, ebenso wie die Ausgangslage. Die Relevanz wurde auch im Luzerner Kantonsspital klar bestätigt. Wichtig ist es, wirklich ehrlich in den Spiegel zu schauen: Es sollte nicht darum gehen, einem Trend zu folgen, schwierige Entscheidungen abzuwälzen oder von der eignen Unklarheit bezüglich des Zukunftswegs abzulenken.

Es sollte um eine tiefe Überzeugung gehen, zum Beispiel die Überzeugung, dass in Ihrer Organisation Menschen mit enormem Potenzial und Kompetenzen unterwegs sind und dieses Potenzial sich in einer anders orchestrierten Organisation voll entfalten kann.

Die Sache mit der Irritation

Sie erinnern sich an den Anfang des Kapitels: Wie brauchen eine andere Haltung zu Irritation. Heute werden wir selten dazu eingeladen, Dinge zu hinterfragen. Genau das verhindert aber, dass Probleme adressiert und Missstände behoben werden – dazu haben wir uns im ersten Teil des Kapitels bereits ausgetauscht (s. Kap. 6.1).

Wenn wir **das Einbringen von Irritationen anders bewerten** und es nicht darum geht, einfach etwas zu kritisieren, sondern Lösungsideen für einen besseren Weg zu entwickeln, werden Irritationen plötzlich wertvoll und relevant (wir sind alle Sensoren des Systems). Die Holokratie zeigt uns, dass **„Spannungen" (Irritationen) entscheidender Faktor bei der Organisationsentwicklung sind**.

„Spannungen sind der Treibstoff einer Organisation." Brian Robertson, Co-Entwickler der Holokratie

Unsere Aufgabe sollte also sein, Irritationen freundlich willkommen zu heißen. Klare Spielregeln wie in der Holokratie helfen uns dabei, dass keine kontinuierlichen Beschwerderunden entstehen, sondern produktive Verbesserungsideen eingebracht werden. Sich in Irritationen oder Spannungen zu verlieben, ist eine gute Übung für unsere Haltungsveränderung.

Das wilde Tier „Machtverschiebung"

Wenn Organisationen sich in Richtung Selbstorganisation entwickeln, geht das nur, wenn **Entscheidungskompetenzen nachhaltig an die Rolle distribuiert werden, die dafür am besten geeignet ist**. Das bedeutet einen radikalen Change, und da in unseren Landkarten oft „oben in der Hierarchie" mit Macht assoziiert ist, bedeutet es das Aufgeben von Macht (im besten Fall geht es nicht um Macht, sondern um Entscheidungsbefugnisse).

Häufig haben obere Führungskräfte die Sorge, dass dann nicht mehr die Dinge passieren, die sie persönlich für richtig halten, und die Organisation sich in die „falsche Richtung" entwickelt. Das würde aber nur dann passieren, wenn plötzlich strategische Entscheidungen entkoppelt getroffen würden. Dies ist dank Prozessen wie dem Beratungsprozess oder Kreismeetings mit Konsent-Entscheid nicht der Fall. Im Gegenteil, Entscheidungen werden oft viel bewusster getroffen.

Wenn es auf dem Entwicklungsweg darum geht, Schattenstrukturen der Macht nachhaltig zu erhalten, wird das System dies enttarnen, und die möglichen Konsequenzen sind Enttäuschung und Vertrauensverlust. Das wäre eine wenig sinnvolle Entwicklung.

Wichtige Kompetenzen für Selbstorganisation entwickeln

Über viele Jahre haben wir gelernt, das zu tun, was uns von der Hierarchie gesagt wird. Damit ist die Verantwortung klar allokiert bei der Hierarchie und **wir bewegen uns in einem „parentalen" System mit Eltern-Kind-Dynamik**. Strukturen und Prozesse sind für das System handlungsleitend, fachliche Fähigkeiten und Verhalten auf der individuellen Ebene sind gefragt für das operative Tun.

Dies sind alles Elemente des „Außen", denen wir folgen. Wir haben – zumindest im Arbeitskontext – deutlich weniger gelernt, unserer inneren Sensorik zu folgen, unsere Landkarte und Haltung zu hinterfragen und gemeinsam an unserer Art der Zusammenarbeit oder Zusammenarbeitskultur zu arbeiten.

Wollen wir Selbstorganisation kompetent umsetzen, sind aber genau die Aspekte des „Innen" relevant: Die Fragen von Kommunikationsqualität und Zusammenarbeit auf der kollektiven Ebene, genauso wie Reflexion und persönliche Veränderung. Denn die festen Abläufe, Ansagen und Prozesse des Außen, die uns heute das Gefühl von Sicherheit und Orientierung vermitteln, werden immer kurzzyklischer, und in der Selbstorganisation gestaltet jeder von uns diese mit.

Bei der Gestaltung von Orientierung und Sicherheit sind wir somit selbst gefragt. Das fordert von uns eine neue Reife im Umgang mit persönlicher Unsicherheit, es fordert Reflexionskompetenz und Mut sowie auch einen anderen Umgang mit der eigenen Fehlbarkeit.

Neben dem Aufbau von Kompetenzen für neue Regeln im Außen (z.B. holokratische Meetingstrukturen und Verfassung als Regelwerk) braucht es eine Entwicklung von Kompetenzen des Innen, z.B. über strukturierte Reflexionssessions, Feedback, Selbstauseinandersetzung (s. Abb. 57).

Ein guter Schritt auf dem Weg ist somit, die bewusste Auseinandersetzung mit Zukunftskompetenzen zu initiieren, z.B. über passende Literatur, passende Videos und Dialogformate. Eine gute Idee ist auch, Impulsredner aus Organisationen einzuladen, die Selbstorganisation leben.

Ken Wilber Modell

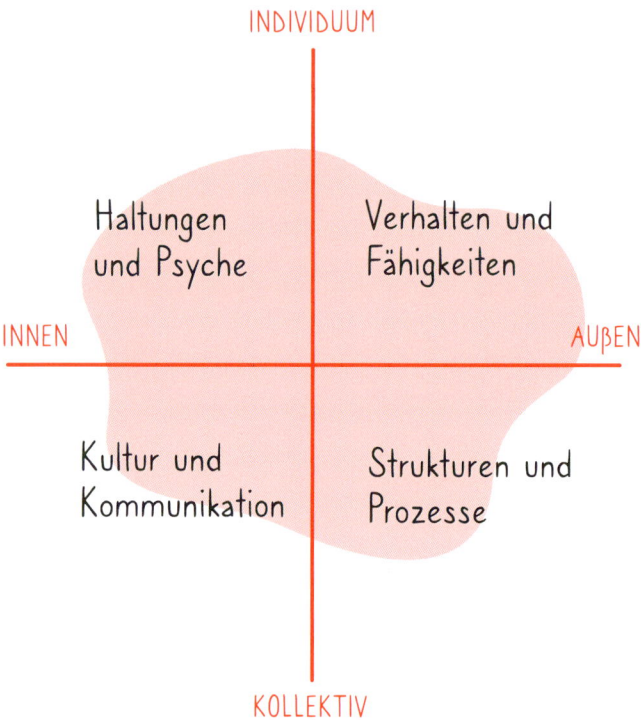

Abb. 57   Modell der vier Quadranten nach Ken Wilber

Wenn wir uns auf diesen Weg begeben, hat das einen wunderbaren Nebeneffekt, den Ricardo Semler bereits vor vielen Jahren beschrieben hat, als er sich mit seinem Unternehmen (Semco SA, Brasilien) in Sachen Selbstorganisation auf den Weg machte:

„Wir sind reifere Menschen geworden und haben den Umgang miteinander nachhaltig verändert. Das hat sich auch positiv auf Familien und unser gesamtes Umfeld ausgewirkt."

Werden Sie Musterbrecher

Neue Strukturen lassen sich nicht mit alten Mustern leben – auch wenn die Verführung, bei Schwierigkeiten mit „bewährten" Antworten zu reagieren, enorm hoch ist. Das Problem ist, dass die bewährte Art (oder das alte Muster) zwar vielleicht schnell wirkt, aber insgesamt den neuen Weg destabilisiert.

Somit ist es nicht nur in spontanen Situationen wichtig, Raum für neue Antworten einzurichten, sondern diese auch genauso zu überdenken: Welche Prozesse wollen wir ersetzen, die wir bisher als relevant erachtet haben?

6 Selbstorganisation

> *Dies ist aus unserer Perspektive ein absolut wichtiges Prinzip und ein zentraler Erfolgsfaktor: Arbeiten Sie auf beiden Ebenen: Sowohl auf der „weichen" Ebene von Reflexion und Zusammenarbeit als auch auf der „harten" Seite von Prozessveränderung.*

Persönliche Muster brechen

Wenn Sie Führungskraft sind und es ernst meinen mit einer Entwicklung Richtung Selbstorganisation werden Sie die erste Person sein, die von den Mitarbeitenden besonders aufmerksam beobachtet wird. Mit hoher Wahrscheinlichkeit wird Ihr Verhalten nach Konsistenz abgesucht: Passt das, was Sie erzählen, auch zu dem, wie Sie sich persönlich verhalten? Da unser Verhalten auf unserer Haltung basiert, wird auch hier wieder deutlich, wie wichtig es ist, uns mit unseren Landkarten auseinanderzusetzen.

Je nachdem, was an Verhalten beobachtet wird, ist die Wahrscheinlichkeit höher oder geringer, dass Menschen sich für einen solchen Change einladen lassen. Denn für jeden Einzelnen ist der Ressourcenaufwand für Veränderung – mindestens zu Beginn – hoch und bedeutet ein Risiko.

Um erfolgreich persönliche Muster zu brechen, wäre eine Empfehlung, sich einen internen oder externen Sparringpartner zu suchen, um regelmäßig zu reflektieren und Feedback einzuholen. In einem Team, das sich durch vertrauensvolle Beziehungen auszeichnet, kann es auch sehr kraftvoll sein, dies gemeinsam und absolut transparent zu tun: Welche alten Verhaltensmuster wollen wir brechen, weil sie für uns im Weg stehen? Was sind die kleinen oder auch radikaleren, ganz konkreten Schritte, die wir tun? Es kann auch eine gute Idee sein, eine Systematik von regelmäßiger gemeinsamer Evaluation nach einigen „Übungswochen" für ein neues Thema einzuführen. Ganz im Sinne eines Reviews können Sie im Team gemeinsam einen Check machen: Wie gut waren wir in der Umsetzung des neuen Themas?

Prozessmuster brechen

Bei dem Bruch mit Prozessen (z.B. Führungsprozesse, s.o.) und der evolutionären Neuentwicklung ist besonders wichtig, gemeinsam gut zu beobachten und schnell zu lernen. Arbeiten Sie mit Prototypen (s. Kap. 3), Testszenarien oder Piloten.

Hilfreich sein kann es, eine „Fail fast – learn fast"-Seite auf einer organisationsinternen digitalen Plattform zu etablieren, um die Schwierigkeiten und Lösungsansätze, die einzelne Teams bei der Einführung neuer Prozesse umgesetzt haben, zu sammeln und zur Verfügung zu stellen.

Wichtig ist hier auch, immer wieder zurück zu kommen zu einer experimentellen Haltung und nicht zu denken: Wann ist der neue Prozess endlich fertig? Für Gestaltung von radikal Neuem gibt es keine Musterlösung. Sie funktioniert am besten in evolutionären Schritten mit gemeinsamem Lernen (s. Kap. 3 u. 7). Oft braucht es einen vollen Jahreszyklus, um dann im Folgejahr ein klares Bild zur Erfolgslösung – bis auf Weiteres – zu haben: Denken Sie daran: Governance braucht seinen Platz im Alltag, um immer wieder Prozesse in Frage zu stellen. Je leichtfüßiger dies funktioniert, desto anpassungsfähiger wird die Organisation.

Transparenz – nicht nur zu zentralen Kennzahlen

Stellen Sie sich vor, Sie wollen Verantwortung für ein Thema übernehmen und wissen nicht, wo das Thema steht, wie es sich entwickelt hat, was die Erfolgsfaktoren oder Probleme sind oder wie sich die finanzielle Situation darstellt. Sie setzen Maßnahmen um, haben aber kein Datenfeedback, was diese Maßnahmen bewirken – es ist ein einziges Stochern im Nebel und wenig befriedigend.

Ein wichtiger Schritt auf dem Weg Richtung Selbstorganisation ist daher, Transparenz zu schaffen zur Situation, zu Planung und Rahmenbedingungen genauso wie zu relevanten Kennzahlen. Teil jedes holokratischen „Tacticals" ist ein Kennzahlenüberblick der für den Kreis relevanten Kennzahlen: Jede Rolle berichtet dabei kurz zu den ihr zugeordneten aktuellen, quantitativen Kennzahlen.

Somit ist ein Teil zu Beginn der Reise, gemeinsam Transparenz zu vereinbaren und zu klären, wie mit Kennzahlen umgegangen werden soll. Beispiele können sein: Finanzkennzahlen insgesamt, z.B. Kosten von Untersuchungen, Personalkosten, Materialkosten, Verrechenbarkeit von Leistungen; Planungskennzahlen wie Zimmer-/Betten-/OP-Belegung, notwendige Anschaffungen, Betriebsaufwände, Weiterbildungsaufwände, Urlaube; aber z.B. auch relevante Entscheidungen aus anderen Bereichen (oder Kreisen).

Ziel ist es, ein realistisches Bild der momentanen – durchaus komplexen – Realität zu haben, was für das Prozessieren von „Spannungen" und qualifizierte Entscheidungen zentrale Grundlage ist.

Letzte Gedanken zur Reise

Wenn Sie sich auf den Weg machen wollen, wäre die Empfehlung: **Beginnen Sie bei sich selbst, bei Ihrer Haltung.** Das heißt nicht, allein zu beginnen.

Ganz im Gegenteil: Ich habe die Erfahrung gemacht, dass es eine enorme Stärkung ist, sich mit Menschen, Teams, Unternehmen zu vernetzen, die sich auf eine ähnliche Reise gemacht haben und es inzwischen völlig selbstverständlich finden, dass Unternehmen selbstorganisiert funktionieren (s. Literaturempfehlungen). So bewegen Sie sich dahin, wo Kraft für die Veränderung entsteht.

Ein solcher Weg heißt, **bereit zu sein, sich selbst aus der Komfortzone zu bewegen und dabei sichtbar zu machen**, wie man im Prozess lernt, Fehler macht, Schwierigkeiten begegnet, Krisen hat und mit diesen umgeht – etwas sehr Neues in unserer Arbeitswelt.

Ein solcher Prozess beginnt niemals mit „Ansage", sondern mit Einladung. Die Einladung zu einer experimentellen Reise, auf der es darum geht, neue Dinge zu entwickeln, auszuprobieren und zu lernen, ohne genau zu wissen, an welchen wilden Tieren der Weg vorbeiführt. Wenn wir lernen, solche Reisen zu unternehmen, sind wir wahrscheinlich gut gewappnet für das, was die VUKA-Welt für uns bereithält.

Ich wünsche Ihnen viel Spaß, gut genutzte Krisen und exzellente Erfolge auf dieser spannenden Reise.

6.7 Literaturempfehlungen: Wo kann ich mehr erfahren?

Das Buch **„Reinventing Organisations. Ein Leitfaden zur Gestaltung sinnstiftender Formen der Zusammenarbeit"** (2015) von F. Laloux beschreibt die problematischen Muster unserer Organisationen und unserer heutigen Art, diese zu steuern, und zeigt neue Formen von Zusammenarbeit und Möglichkeiten auf, Organisationen neu und sinnstiftend zu gestalten – dabei ist es voller hilfreicher Beispiele. ISBN: 978–3800649136

Im Buch **„Das kollegial geführte Unternehmen"** (2017) von B. Oestereich und C. Schröder beschreiben die Autoren nach dem Motto „Führung ist zu wichtig, um sie nur Führungskräften zu überlassen" Möglichkeiten für eine neue Art der Steuerung. Dabei folgen sie dem Grundprinzip „Führungsarbeit statt Führungskräfte". Es geht u.a. um Strukturmodelle, Entscheidungswege und Kommunikationsprinzipien. ISBN: 9783800652297

Mit dem Werk **„New Work needs Inner Work"** (2020) haben J. Breidenbach und B. Rollow einen Leitfaden geschrieben für den Weg in Richtung Selbstorganisation. In diesem Handbuch werden ganz konkrete Workshop-Designs und Fragestellungen beschrieben, die eine tiefere Reflexion im Team auf dem Weg zu einer New-Work-Organisation unterstützen. ISBN: 978–3800661374

Wie bearbeiten wir Aufgaben in einer komplexen Welt, die durch Unsicherheit und schnelle Veränderungen gekennzeichnet ist?

7

Agilität

Gregor Karlinger

mit einem Gastbeitrag von Hartmann Jörg Hohensinner und Gerhard Hammer

7.1 Ausgangslage: Heutige Probleme

Fast alle Organisationen, die wir heute kennen, sind nach dem gleichen Bauplan entwickelt worden: Dem für das **industrielle Paradigma** – das heißt: optimiert für die effiziente Massenproduktion. Das Zusammenwirken von vielen Menschen baut darin auf zwei grundlegenden Prinzipien auf:

1. **Teile und herrsche**: Die Organisation und ihre Abläufe werden in voneinander möglichst unabhängige Teile geteilt. Jeder Teil ist für genau seine Handgriffe verantwortlich und erledigt diese möglichst effizient.
2. **Trennung in Denken und Handeln**: Es gibt jene, die denken (die Prozesse und Abläufe entwickeln und steuern), und jene die handeln (und in diesen Prozessen ihre Aufgaben als kleine Rädchen ausführen).

Das hat für die industrielle Massenproduktion, also für die einheitliche Herstellung von Produkten in großer Stückzahl, sehr gut funktioniert. Wir befinden uns jedoch gerade am Ende dieses Paradigmas und sind zusehends dadurch gefordert, was sich als das neue Normale ankündigt:

Unser Wirtschaften wird immer komplexer: Viele Menschen in zum Teil unterschiedlichen Organisationen müssen eng zusammenarbeiten, um ein Produkt zu erzeugen oder eine Dienstleistung zu erbringen. Es gibt eine Vielzahl von Abhängigkeiten. Alles scheint mit allem verbunden zu sein.

Das Umfeld verändert sich immer schneller: Der Markt für ein Produkt oder eine Dienstleistung verändert sich stetig, die verfügbaren Technologien wandeln sich ständig, die

Wünsche und Bedürfnisse der Kunden werden individueller – pauschale, langfristig planbare Lösungen eignen sich immer seltener.

Mehr vom Alten

Viele Unternehmen versuchen, die damit verbundenen Probleme durch noch intensiveren Einsatz der bisher verwendeten Werkzeuge zu lösen. Das erscheint zunächst verständlich: Unsere gewohnten Werkzeuge haben ja bisher gut funktioniert. Wenn wir uns nur ein wenig mehr anstrengen, kriegen wir das schon wieder hin! Leider stellen wir jedoch zunehmend fest: Die neuen Herausforderungen lassen sich mit den alten Werkzeugen nicht mehr bewältigen. Sie wurden für eine andere Zeit gebaut. Werfen wir mal einen genaueren Blick auf die typischen Werkzeuge in unseren Organisationen:

Noch mehr Planung: Projektpläne werden noch detaillierter erarbeitet und von noch einem Qualitätssicherungsgremium evaluiert. Das nützt jedoch nichts, wenn sich das Projektumfeld schon während der Planerstellung wieder komplett gedreht hat.

Noch mehr zentrale Steuerung: Aus den unterschiedlichen Teilen der Organisation werden noch öfter noch mehr Reports eingefordert, um an zentraler Stelle Steuerungsentscheidungen treffen zu können. Das hilft jedoch nicht, weil die vielen zu treffenden Steuerungsentscheidungen kaum mehr zentral zu überblicken sind, Informationen über mehrere Stationen nur mehr in stark gefilterter Form in der Zentrale ankommen und der Informationstransport außerdem viel zu lange dauert.

Noch mehr Projekte: Sehr oft wird dann, wenn etwas durch die klassische Aufbau- und Ablauforganisation eines Unternehmens nicht gelöst werden kann, ein Projekt gestartet. Nachdem diese Anlässe immer zahlreicher werden, findet man in den meisten Unternehmen eine Vielzahl von gestarteten Projekten vor – leider oft dramatisch mehr als, bewältigt werden können. Das führt dann zu mangelnder Fokussierung auf die wirklich wichtigen Dinge und oft auch zu blindem Aktionismus.

Neue Bedürfnisse

Und noch etwas hat sich in den letzten Jahrzehnten fundamental verändert, nämlich die **Bedürfnisse, die Mitarbeitende mit ihrer Arbeit erfüllen** möchten (s. Abb. 58).

Lange Zeit stand die Erfüllung von elementaren Grundbedürfnissen an zentraler Stelle: Für seine Arbeit erhielt der Mitarbeitende einen Lohn, mit dessen Hilfe er für sich und die Seinen ein Dach über dem Kopf und genug Essen organisierte. Mittlerweile sind viele von uns in der angenehmen Situation, deutlich höhere Anforderungen an den eigenen Arbeitsplatz zu haben: Es geht (auch) um die Erfüllung höher gelagerter Bedürfnisse wie Bedürfnis nach Zugehörigkeit, nach Anerkennung oder nach Entfaltung der eigenen Persönlichkeit.

Das führt dazu, dass Mitarbeitende immer seltener damit zufrieden sind, kleinteilig Handgriffe zu erledigen, die ihnen von anderer Stelle angeschafft werden: In der Pyramide von Denken/Handeln und Teile/Herrsche knarzt es laut hörbar!

7 Agilität

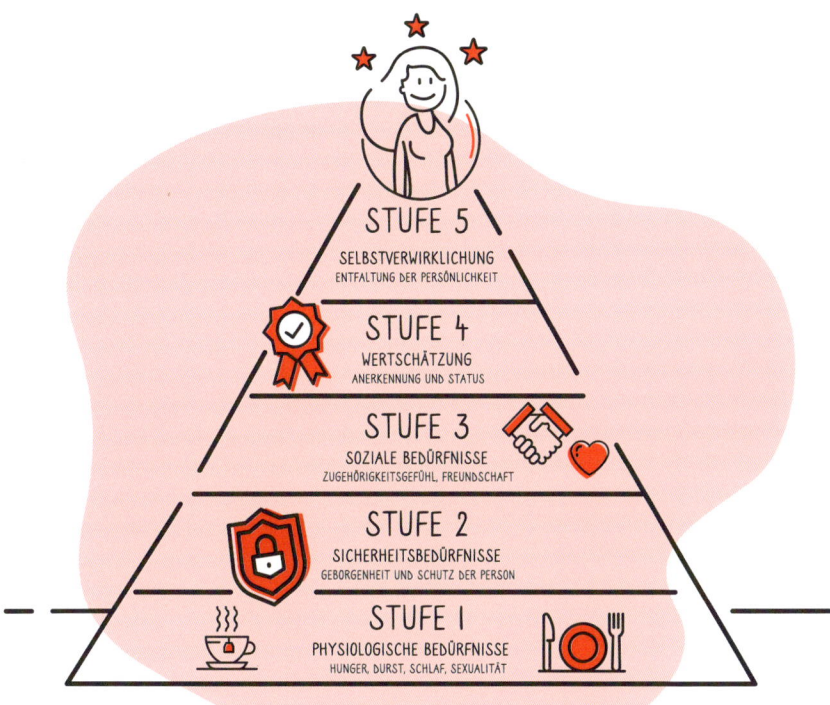

Abb. 58 Bedürfnispyramide der Mitarbeitenden. In Anlehnung an Maslow

Ich lade Sie an dieser Stelle ein, einmal kurz innezuhalten und über drei Fragen nachzudenken:
- *Wie erlebe ich mein Krankenhaus, meine Pflegeorganisation, meine Arztpraxis?*
- *Welche Anzeichen entdecke ich in meinem Umfeld für diesen Paradigmenwechsel?*
- *Wie reagieren ich und meine Kolleginnen auf diese Veränderungen?*

7.2 Bisherige Lösungen

Lassen Sie uns einmal genauer hinschauen: Wie begegnen Organisationen den neuen Herausforderungen? Um es pointiert vorwegzunehmen: Vieles sieht so aus, als hätte man einen Hammer und versucht nun, eine Schraube durch intensiveres Klopfen in ein Brett zu schlagen.

Effizienz, Effizienz, Effizienz
Viele Unternehmen versuchen, ein komplexes Problem zu lösen, indem sie sich noch umfassendere Prozesse überlegen, die für alle bisher bekannten Eventualitäten eine Lösung

beinhalten. Beim Ausrollen dieser noch besseren Prozesse wird erkannt, dass sich die Umwelt schon wieder verändert hat, dass man noch eine Abhängigkeit nicht berücksichtigt hat, der Prozess also noch immer nicht gut genug ist. Das Spiel beginnt von vorn.

Die Projektorganisation

Wenn Unternehmen auf Probleme stoßen, die untypisch sind für die bisher übliche Art von Arbeit, die sie erledigen, suchen sie ihr Heil oft in der Einrichtung eines Projekts: Menschen aus unterschiedlichen Fachgebieten (und damit unterschiedlichen Teilen der Organisation) werden für die Lösung eines konkreten Problems zusammengezogen. Dieser Ansatz geht prinzipiell in eine zielführende Richtung, scheitert jedoch oft an der Halbherzigkeit der Umsetzung.

In vielen Fällen bekommen die Mitarbeitenden für die Arbeit im Projekt **nicht genügend Zeit** zur Verfügung gestellt. Denn es ist ja nach wie vor die übliche Arbeit (Linientätigkeit) zu erledigen. Projektarbeit kommt meist noch oben drauf.

Nachdem sich die untypischen Problemstellungen häufen, führt das in den meisten Organisation zu einer **Inflation an Projekten**. Nicht selten übersteigt die Anzahl der eingerichteten Projekte in einer Abteilung die Anzahl der Mitarbeitenden (kein Scherz!). Das kann nicht funktionieren – es fehlen eine klare Priorisierung und der Mut, manche Projekte jetzt noch nicht zu starten oder sogar ganz zu streichen.

Ein Projektmitarbeitender ist stets Diener (zumindest) zweier Herren: Da ist zum einen die Linienvorgesetzte, die Interesse an einer möglichst störungsfreien Bearbeitung der Linienaufgaben (des Üblichen) hat. Damit konkurriert der Projektleiter, der wiederum hohes Interesse am Fortschritt des Projekts hat. Für die Projektmitarbeiterin bedeutet dies oft, in einem aufreibenden **Loyalitätskonflikt** zu stehen, der nicht auflösbar ist. In institutionalisierter Form nennt man diesen Konflikt mit Anlauf übrigens Projektmatrixorganisation.

Die Planungsparalyse

Sehr oft höre ich als Conclusio zu Projekten, die daran gescheitert sind, ein komplexes Problem zu lösen: Es wurde nicht gut genug geplant. Also nimmt man sich vor, das neue Projekt noch besser zu planen, noch mehr Eventualitäten im Plan zu berücksichtigen, noch ein Gremium zur Qualitätssicherung des Plans zu etablieren. Dies in Kombination mit der Angst vor dem Scheitern führt direkt in die Planungsparalyse: Die Umsetzung des Projekts wird immer weiter hinausgezögert, weil der Plan noch nicht gut genug erscheint und niemand den Mut hat, **jetzt einfach mal zu beginnen**.

Das Bild der gut geölten Maschine

Hand aufs Herz: Viele von uns haben von einer Organisation wie z.B. einem Unternehmen das Bild einer gut geölten Maschine im Kopf. Dieses Bild führt jedoch zu einem dramatischen **Unterschätzen der Komplexität des sozialen Systems**, das eine Organisation darstellt. Beispielsweise führt dieses Bild oft zur Ansicht, Mitarbeitende seien beliebig austauschbar wie die Zahnräder dieser Maschine.

7 Agilität

Mitarbeitenden-Tetris

Das Bild der austauschbaren Zahnräder für Mitarbeitende führt uns direkt zu einem anderen Phänomen, das man in vielen Unternehmen beobachten kann, die immer öfter untypische und nicht kategorisierbare Probleme zu lösen haben: Es gibt dann meist sehr viele begonnene Projekte mit viel zu wenig Zeit für jedes einzelne Projekt. Die scheinbare Lösung: Mitarbeitenden-Tetris. Mitarbeitende werden anlassfallbezogen – meist, weil jemand gerade besonders laut schreit – wie die Bausteine dieses Spieleklassikers **zwischen Projekten hin- und hergeschoben**. Heute arbeitet die Mitarbeitende in diesem Projekt, morgen im nächsten. Dieser Ansatz negiert jedoch fahrlässig die hohen Kosten, die damit verbunden sind: Menschen sind soziale Wesen, und mit jedem Tetris-Move beginnt der Prozess der Formung eines Teams von vorn.

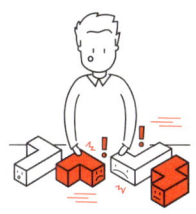

Die hippe Tischfußballorganisation

Und auch den folgenden Lösungsansatz sehe ich leider sehr häufig: Führungskräfte eines Unternehmens machen eine Lernreise ins Silicon Valley und kommen zurück mit beeindruckenden Bildern von hippen Menschen in Unternehmen, die ihre Arbeit scheinbar am Tischkicker erledigen. Also die Lösung: Auch wir brauchen Tischkicker, Obst und gratis Caffè Latte für alle, um innovative Lösungen für unsere Probleme zu entwickeln! Hier werden jedoch meist nur die sichtbaren Dinge (z.B. der Tischkicker) kopiert, jedoch **nicht die dahinterliegenden Prinzipien verstanden** (z.B. Gelegenheiten für spontane Zufallsbegegnungen zwischen Menschen schaffen, um den Austausch von Ideen zu begünstigen). Und am Ende hört man dann: „Bei uns funktioniert das nicht!"

Zeit für eine kurze Pause zum Nachdenken

Holen Sie sich bitte Papier und Bleistift, legen Sie dieses Buch zur Seite und machen Sie sich Notizen zu den folgenden Fragen:
- *Wie viele Projekte existieren in Ihrem Umfeld? Wann haben Sie das letzte Mal ein Lebenszeichen dieser Projekte bemerkt?*
- *Kennen Sie Mitarbeitenden-Tetris aus eigener Erfahrung? Wie fühlt sich das an?*
- *Hätten Sie gerne mehr Zeit, um sich um die aus Ihrer Sicht wirklich wichtigen Aufgaben zu kümmern? Was hindert Sie daran? Womit verbringen Sie Ihre Zeit stattdessen?*

7.3 Das neue große Konzept

Agiles Arbeiten hat sich über Jahre aus guten Praktiken entwickelt, **um komplexe Probleme zu lösen**. Diese guten Praktiken haben ihren Ursprung zumeist in der Entwicklung von Software. Ich vermute, das ist deshalb so, weil Software-Projekte schon sehr früh, in den 80er- und 90er-Jahren des 20. Jahrhunderts, starke Züge von Komplexität bekommen haben: Software greift in viele Fachprozesse ein und muss diese miteinander vernetzen. Damit die Software Wert stiften kann, müssen viele unterschiedliche Fachexperten miteinander sprechen (und verstehen sich dabei allzu selten).
Doch Halt! Was ist eigentlich ein komplexes Problem?

Komplexe Probleme lösen

Ein komplexes Problem ist etwas deutlich anderes als ein kompliziertes Problem. Am einfachsten lässt sich dieser Unterschied anhand von zwei Bildern erklären:

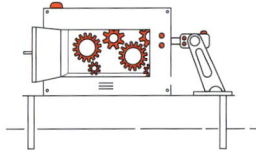

Die **Maschine** steht für ein kompliziertes Problem: Wenn ich das Problem lange genug analysiere und die Wirkzusammenhänge erforsche und offenlege, kann ich eine Maschine bauen, die das komplizierte Problem löst. Das kennen wir – so funktioniert das industrielle Paradigma. So bauen wir Autos. So kurieren wir den Knochenbruch, den Herzinfarkt, die Beinvenenthrombose. Manchmal wird dann die Patientin wie ihr Leiden genannt.

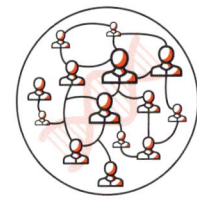

Für ein komplexes Problem hingegen steht der lebende **Organismus**: Es gibt darin keine einfachen (kausalen) Wirkzusammenhänge, vielmehr scheint alles miteinander verbunden zu sein und sich gegenseitig zu beeinflussen. Das geeignete Problemlösungsmuster für ein solches Problem ist das permanente Experimentieren: Mit einem Experiment regen wir das System an und beobachten seine Reaktionen. Daraus erkennen wir Muster und lernen rasch für weitere Experimente. So entsteht der Problemlösungspfad nach und nach im Tun.

In Tabelle 3 sind einige wesentliche Unterschiede zwischen komplizierten und komplexen Problemen dargestellt.

> *Versuchen Sie, typische berufliche Herausforderungen, mit denen Sie zu tun haben, anhand dieser Tabelle durchzudenken: Wie ist das z.B. mit der Betreuung eines Patienten? Mit der Einführung einer neuen Behandlungsmethode? Mit dem Aufbau eines neuen Teams oder einer Abteilung? Handelt es sich dabei eher um eine komplizierte oder eine komplexe Angelegenheit? Sind Sie sicher?*

Tab. 3 Unterschiede zwischen komplizierten und komplexen Problemen

	kompliziert	komplex
Umfeld	relativ statisch, langfristig planbar, eindeutig	hohe Dynamik, permanente Veränderung, mehrdeutig, nur auf Sicht planbar
Ursache – Wirkung	durch Analyse erkennbar, insbesondere für Fachexperten	nicht erkennbar, viele Faktoren beeinflussen sich gegenseitig
Hilfreiches Vorgehen	Expertinnen einsetzen, vor Ausführung detailliert analysieren und planen, Fehler vermeiden	in Teams arbeiten, Teams divers besetzen, Raum für Experimente schaffen, Scheitern als Teil des Vorgehens akzeptieren
Problemlösungsmuster	linear: erkennen → analysieren → reagieren	zyklisch: experimentieren → lernen → reagieren
Beispiele	ein Auto reparieren die Elektroinstallation in einem Einfamilienhaus durchführen	ein Segelboot steuern eine Pandemie bekämpfen

7 Agilität

Zentrale Ideen von agilem Arbeiten

Für agiles Arbeiten haben sich aus der Natur von komplexen Problemen besonders diese drei Grundideen als besonders wertvoll herauskristallisiert:

Interdisziplinäre, sich selbst führende Teams

Die Lösung komplexer Probleme benötigt das Zusammenspiel von Menschen mit unterschiedlichen fachlichen und sozialen Hintergründen in Teams. Es braucht eine Vielzahl von unterschiedlichen Perspektiven, um zu guten Hypothesen über Wirkzusammenhänge des Problems und in weiterer Folge zu Experimenten zu kommen, die diese Hypothesen verifizieren sollen.

Sehr hilfreich ist es dabei, wenn sich diese Teams in einem abgesteckten Rahmen selbst steuern und beispielsweise die konkrete Ausgestaltung ihrer Zusammenarbeit (Was sind unsere Hypothesen? Wie sollen die nächsten Experimente aussehen? Wie teilen wir uns die Arbeit im Team auf?) ohne Vorgaben von außen regeln.

Die Steuerung der Teams erfolgt im Gegensatz zu klassischen Herangehensweisen nicht zentral durch eine Leiterin und deren kleinteilige Handlungsanweisungen (Was genau ist zu tun?), sondern vielmehr durch die Ausrichtung an einem gemeinsamen Ziel (Wo wollen wir hin?), wobei die Wahl des genauen Weges dorthin den Teammitgliedern überlassen wird. Diese Idee der Selbstführung wird im Kapitel 6 vertieft dargestellt.

Enge Zusammenarbeit mit den Kunden

Bei der Lösung komplexer Probleme lernen meist sowohl die Kundinnen als auch die Dienstleister während der Bearbeitung des Problems eine ganze Menge über das Problem. Die Kundinnen lernen, was sie eigentlich lösen wollen, Dienstleister und Kundinnen finden eine gemeinsame Sprache, um über Problem und Lösung zu sprechen, und Dienstleister lernen die mit unterschiedlichen Lösungswegen verbundenen Chancen und Risiken kennen.

Engmaschige Feedbackschleifen zwischen Kundin und Dienstleister, am besten in Gesprächen von Angesicht zu Angesicht, sind daher extrem hilfreich, um Sichten, neue Erkenntnisse und gegenseitiges Verständnis abzugleichen.

Iteratives Erarbeiten der Problemlösung

Wie bereits oben angedeutet, ist ein hilfreiches Muster für die Lösung komplexer Probleme das wiederkehrende Experimentieren. Dieses Muster spiegelt sich bei agilem Arbeiten klar wider.

Die Arbeit an der Problemlösung wird in kurze, regelmäßige, gleich lange Perioden unterteilt, die zumeist als Sprints bezeichnet werden, und folgt der Logik nach Plan, Do, Check und Act (s. Abb. 59): Am Beginn eines Sprints (**Plan**) werden die nächsten wichtigen Experimente geplant, die während des Sprints durchgeführt werden sollen, um der Lösung des Problems näher zu kommen.

Während des Sprints (**Do**) treffen sich die Teammitglieder regelmäßig (z.B. täglich), um ihre Arbeit zu synchronisieren: Wer arbeitet gerade woran? Welche Probleme treten auf, und wer kann bei ihrer Beseitigung helfen? Was sind die nächsten Arbeitsschritte, und wer führt diese durch?

II Die sieben Management-Ideen

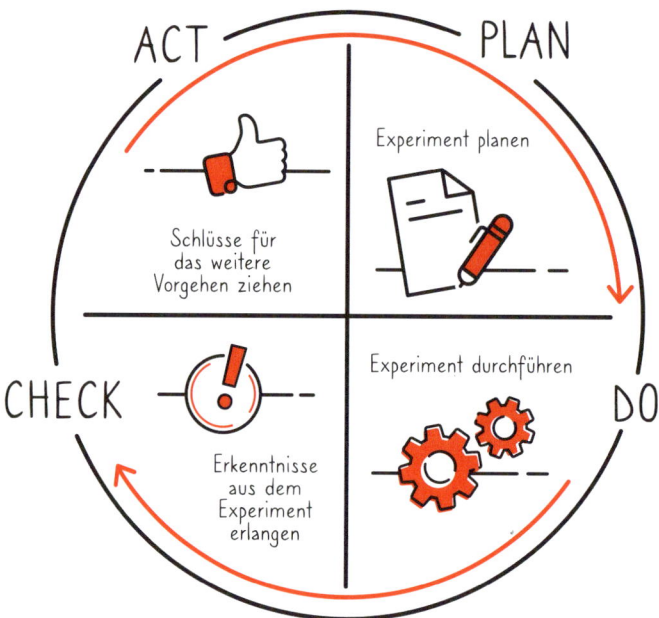

Abb. 59 Plan – Do – Check – Act: Problemlösung beim agilen Arbeiten. In Anlehnung an den Deming Cycle nach William Edwards Deming

Am Ende eines Sprints **(Check & Act)** erfolgt intensives Lernen auf zwei Ebenen: Zum einen versucht das Team gemeinsam mit den Kundinnen, die inhaltlichen Ergebnisse der Experimente auszuwerten: Was hat uns der Lösung nähergebracht? Was hat sich als nicht zielführend herausgestellt? Zum anderen betrachtet das Team, wie es im Sprint zusammengearbeitet hat und wie es seine Arbeit weiter verbessern kann.

Welche positiven Beispiele für diese drei Grundideen fallen Ihnen in Ihrer Umgebung auf?
- *Wo klappt die Zusammenarbeit über die einzelnen Disziplinen hinweg gut?*
- *Wann gibt es intensiven Kontakt zwischen Behandelnden und Patienten (sowie Angehörigen)?*
- *In welchen Fällen können Sie iteratives Problemlösen erkennen?*
- *Welche Ideen haben Sie, diese positiven Beispiele zu systematisieren, sodass Sie zur Regel werden können? Was müsste sich dafür in Ihrer Organisation verändern? Was könnte Ihr Beitrag zu dieser Veränderung sein?*

Was ist so anders an agilem Arbeiten?
Den wesentlichsten Unterschied habe ich oben schon beschrieben: Die agile Arbeitsweise reduziert Unsicherheiten durch **schnelles Experimentieren** und führt möglicherweise zum **Scheitern und Lernen**: An die Stelle von endlos langer Analyse tritt das rasche Auspro-

bieren einer Idee, die uns der Lösung möglicherweise näherbringt. Oder eben (schnell) zur Erkenntnis führt, dass sie nicht zielführend ist und ein anderer Weg eingeschlagen werden muss. Bei agilem Arbeiten lernen wir also kontinuierlich auf dem Weg zur Problemlösung. Das ermöglicht uns viel rascher, auf Unwägbarkeiten und Überraschungen zu reagieren.

Die veränderte Steuerungslogik – weg von kleinteiligen Anweisungen, was zu tun ist, hin zur Etablierung eines gemeinsamen Ziels bei gleichzeitiger Autonomie der Wahl der Wege und Mittel zur Erreichung dieses Ziels – erlaubt die **Dezentralisierung einer Vielzahl von Entscheidungen** und Kurskorrekturen. Das macht Entscheidungen tendenziell besser, weil die Entscheidung dort getroffen wird, wo die besten Informationen sind. Und es macht Organisationen schneller, weil die Entscheidungen rasch autonom getroffen werden, ohne die Leitern der Organisationshierarchien hinauf- und herunterklettern zu müssen.

Nicht zuletzt wird agiles Arbeiten der Natur von uns Menschen deutlich gerechter: Menschen schöpfen ihre **intrinsische Motivation** unter anderem aus zwei Quellen: Menschen schätzen es, autonom arbeiten zu können, also frei darüber entscheiden zu können, wie sie ihre Arbeit genau gestalten möchten. Und viele Menschen motiviert es, einen Beitrag zu etwas Größerem zu leisten, das sie allein vielleicht nicht erreichen können. Diese beiden Motivationsquellen **berücksichtigt agiles Arbeiten viel stärker** als die oft kleinteilige Steuerungslogik aus dem industriellen Paradigma.

7.4 Prinzipien, Methoden, Werkzeuge

In diesem Kapitel erkunden wir die Welt des agilen Arbeitens. Wir nähern uns ihr mit dem Bild eines Hubschraubers: Zunächst erkunden wir auf noch recht großer Flughöhe wesentliche Prinzipien agilen Arbeitens, um uns einen ersten Überblick zu verschaffen. Danach werden wir unsere Flughöhe etwas absenken und unseren Blick auf Scrum als sehr weit verbreitete Methode agilen Arbeitens richten. Dabei werden wir erkennen, wie sich die agilen Prinzipien in dieser Methode widerspiegeln. Und schließlich werden wir mit unserem Hubschrauber noch weiter abtauchen und in einem Konturenflug beispielhafte konkrete Werkzeuge agilen Arbeitens erkunden. Es geht los!

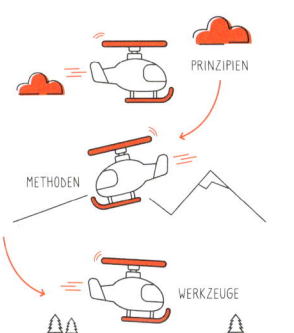

Acht agile Prinzipien
Wir schauen auf agiles Arbeiten zunächst aus großer Flughöhe: Was ist in aller Kürze die Essenz davon? Im Folgenden lernen wir acht Prinzipien agilen Arbeitens kennen:

Selbstorganisation
Selbstorganisation (s. Kap. 6) ist ein zentrales Prinzip von agilem Arbeiten. Ein agiles Team hat die Freiheit, die Arbeitsorganisation (Abläufe, Aufteilung von Arbeit …) selbst festzulegen und laufend an die Gegebenheiten anzupassen. Für diese Selbstorganisation benötigt es eine klare **Ermächtigung** und eine klare Rahmensetzung durch die Organisation, in die sie eingebettet ist. Das Team nimmt die **Führungsverantwortung** gemeinsam und verteilt wahr. Sehr hilfreich ist dafür eine klare Verteilung von **Rollen** im Team.

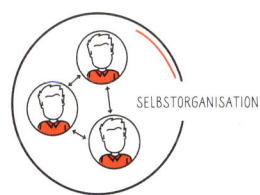

II Die sieben Management-Ideen

Interdisziplinäre Teams

Die Keimzelle agilen Arbeitens in Netzwerken ist das interdisziplinär besetzte Team. Das Team ist dabei so zusammengesetzt, dass **alle Fähigkeiten (Skills) zur Erbringung der Wertschöpfung im Team** in Summe vorhanden sind. Die Überlegung dabei ist, Kommunikationswege kurz zu halten und mit riesigem Informationsverlust behaftete Hand-overs zwischen unterschiedlichen Funktionen zu vermeiden.

Inspect & Adapt des Produkts

Inspect & Adapt bezeichnet das engmaschige Planen, Experimentieren, Lernen und Anpassen (vgl. *Deming-Cycle: Plan – Do – Check – Act*). Dieses Prinzip ist so essenziell, dass es sich lohnt, es auf zwei verschiedenen Ebenen zu betrachten. Zunächst einmal auf der Ebene des „Produkts", also auf jener der Wertschöpfung, die das Team erbringt. Sehr oft bestehen am Beginn einer Produktentwicklung sehr große Unsicherheiten: Einerseits dazu, was überhaupt für den Kunden geschaffen werden soll (Unsicherheit bezüglich der Anforderungen), andererseits dazu, wie diese Anforderungen in etwas Wertschöpfendes übersetzt werden sollen (technologisches Risiko). Agiles Arbeiten versucht diese **Unsicherheiten** rasch **durch** ein iteratives Experimentieren (**regelmäßiges Liefern**) und anschließendes Inspizieren mit der Kundin zu **reduzieren**.

Inspect & Adapt des Vorgehens

Die zweite Ebene von Inspect & Adapt bezieht sich auf den Prozess (das Vorgehen), also die Art und Weise, wie das agil arbeitende Team die Wertschöpfung erbringt. In regelmäßigen Abständen nimmt sich das Team eine kurze Auszeit von der operativen Arbeit (oft Retrospektive genannt), um darauf zu schauen, wie es in der letzten Zeit zusammengearbeitet hat und welche Veränderungen es gerne probieren möchte, um in dieser **Zusammenarbeit noch besser** zu werden.

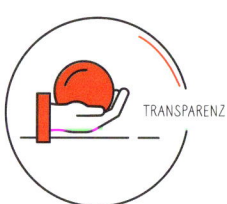

Transparenz

Um als Team selbstorganisiert arbeiten zu können, ist Transparenz ein wesentliches „Schmiermittel" (s. Kap. 6). Dabei lohnt es sich, drei Richtungen von Transparenz zu betrachten: Damit ein Team im Rahmen seiner Selbstorganisation gute Entscheidungen treffen kann, benötigt es radikale **Transparenz nach innen**, beispielsweise ungefilterte Informationen von den Kunden bzw. vom Markt. Umgekehrt ermöglicht radikale **Transparenz des Teams nach außen** (z.B. dazu, wo es mit seiner Arbeit gerade steht oder wo Probleme aufgetaucht sind) oft erst das Vertrauen seiner Umgebung (insbesondere des Managements), selbstorganisiert arbeiten zu dürfen. Schließlich benötigt ein sich selbst organisierendes (und damit auch selbst steuerndes) Team radikale **Transparenz der Mitglieder untereinander**. Denn zur gemeinsamen (Selbst-)Führung müssen sich die Teammitglieder gegenseitig über ihre Tätigkeiten, Fortschritte und auftretende Schwierigkeiten laufend informieren.

Fokus

Praktisch in jeder „Unternehmung", in der Menschen gemeinsam versuchen, Wert zu schaffen, sind potenziell mehr Wünsche und damit verbundene Arbeit vorhanden, als mit den Ressourcen umgesetzt werden können. Ein agil arbeitendes Team begegnet diesem Dilemma, indem es seine Arbeit auf jene Wünsche fokussiert, die für die Kundin am meisten Wert generieren. Damit bekommt die Kundin am Ende auch nicht alle Wünsche erfüllt, findet jedoch letztendlich (wenn die Projektressourcen erschöpft sind) all jene im „Produkt" wieder, die für sie am meisten Wert generieren. Zwei Techniken für diese Fokussierung sind **Priorisieren** (konsequente Reihung der anstehenden Arbeiten nach ihrer Wichtigkeit, s. Kap. 4) und **Limitieren** (so wenige Arbeiten wie möglich gleichzeitig durchführen, s. Kap. 2).

Pull statt Push

Das agile Prinzip Pull statt Push bedeutet, dass das agil arbeitende Team selbst festlegt, wie viel Arbeit es in einer zur Verfügung stehenden Zeit (z.B. innerhalb einer Iteration, also eines Zeitraums des Planens, Experimentierens, Lernens und Anpassens) denkt bewältigen zu können. Diese Hoheit über das eigene Arbeitspensum **ermöglicht echtes Commitment**: Als Teammitglied fühle ich mich zur Durchführung einer von mir selbst zugesagten Arbeit deutlich mehr verpflichtet als zu einer, die mir von außen diktiert wurde. Pull statt Push ist auch im Lean (s. Kap. 4) eines der Prinzipien, um einen Arbeitsfluss herzustellen.

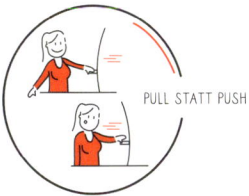

Kundenzentrierung

Das agile Prinzip der Kundenzentrierung (s. Kap. 2 u. 3) bedeutet, dass die Kundin im Universum des agil arbeitenden Teams eine zentrale Stellung einnimmt: Die Kundin wird das „Produkt" benutzen, welches das agile Team schafft. Insofern ist es logisch, dass das Team während der Erstellung des Produkts regelmäßig und möglichst direkt (ungefiltert) Kontakt zur Kundin hat und mit ihr zusammenarbeitet. Die Kundin wird beispielsweise in die regelmäßige Begutachtung des Wertzuwachses im Produkt intensiv einbezogen, um schnell herauszufinden, ob das vom Team zu schaffende Produkt und seine Merkmale in die Richtung gehen, welche die Kundin tatsächlich benötigt.

Ich lade Sie an dieser Stelle ein, wieder etwas länger innezuhalten und jedes der acht agilen Prinzipien an Ihrer aktuellen beruflichen Umgebung zu reflektieren:

- *Wo können Sie die Anwendung dieses Prinzips in Ihrer Organisation beobachten? Wo nicht?*
- *Welchen Unterschied macht das? Wie fühlt sich das jeweils an?*
- *Wie könnte es konkret gelingen, etwas mehr von diesem Prinzip in Ihre Umgebung zu bringen?*

Scrum als Methode des agilen Arbeitens

Wir sinken mit unserem Helikopter etwas ab und betrachten nun die am weitesten verbreitete Methode agilen Arbeitens: das Framework Scrum. Wir werden in unserem kurzen Rundflug an einigen Stellen erkennen, wie sich darin die agilen Prinzipien widerspiegeln. Wahrscheinlich ist Scrum deshalb so häufig in Verwendung (in mehr als 90% der Projekte, die auf agile Arbeitsweise setzen), weil es eine sehr ausgewogene

II Die sieben Management-Ideen

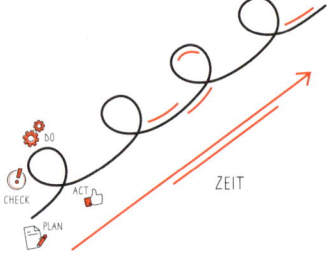

Balance zwischen dem Vorschreiben des methodischen Rückgrats und der Freiheit der konkreten Ausgestaltung mittels bestimmter Werkzeuge lässt.

Scrum findet seinen Einsatz vor allem in der projekthaften Bearbeitung einer Aufgabenstellung (z.B. für die interdisziplinäre Erarbeitung einer neuen Behandlungsrichtlinie, für die Neueinführung eines Dokumentationsprozesses oder für die multidisziplinäre Behandlung komplexer Krankheitsfälle). Jedoch kann eine Vielzahl der in Scrum beschriebenen Werkzeuge auch für die tägliche Bearbeitung von Routinetätigkeiten gewinnbringend eingesetzt werden (s. dazu insbesondere den nachfolgenden Abschnitt Ausgewählte Werkzeuge für agiles Arbeiten).

Für das methodische Rückgrat kommt Scrum mit **drei Rollen, fünf regelmäßigen Meetings und drei Artefakten** aus. Angeordnet sind diese in einem regelmäßig wiederkehrenden Grundmuster, den Iterationen. Eine Iteration ist dabei eine Abfolge der bereits kennengelernten Schritte Planen, Durchführen, Überprüfen und Anpassen (Plan, Do, Check, Act). Eine Iteration wird in Scrum Sprint genannt und hat eine fixe Länge von typischerweise zwei bis vier Wochen. Jede Iteration ist in sich nach den wiederkehrend gleichen zeitlichen und logischen Mustern aufgebaut.

Rollen

Werfen wir zunächst einen Blick auf die drei Rollen von Scrum (s. Abb. 60): Da ist einmal der **Product Owner (PO)**. Seine Kernverantwortlichkeit ist es, „das richtige Produkt zu bauen". Der Product Owner hält intensiv Kontakt zu den Kunden und versucht

Abb. 60 Die verschiedenen Scrum-Rollen

herauszufinden, *was* das Produkt genau sein soll und welchen Wert es generieren soll. Er ist quasi der Unternehmer im Team, repräsentiert das Business und trifft Priorisierungsentscheidungen.

Dann ist da die Teamrolle der **Developers**. Diese sind dafür verantwortlich, „das Produkt richtig zu bauen". Sie bringen alle Fähigkeiten mit, um das vom Product Owner definierte *Was* in das *Wie* eines konkreten Produkts zu übersetzen. Developers werden in der Regel unterschiedliche fachliche Spezialisierungen aufweisen.

Ergänzt werden die beiden um die Rolle des **Scrum Masters**. Diese ist am besten mit jener eines Coaches in einer Teamsportart wie Fußball vergleichbar. Der Scrum Master ist dafür verantwortlich, dass das Team in den drei Rollen gemäß den Spielregeln von Scrum gut zusammenspielt und daran arbeitet, dabei immer besser zu werden.

Wie in einer Fußballmannschaft (Torwart, Verteidiger, Stürmer) gibt es in Scrum klar herausgearbeitete Rollen. Nichtsdestotrotz werden sowohl eine Fußballmannschaft wie auch ein Scrum Team nur dann eine gute Leistung erbringen, wenn die drei Rollen gut kooperieren und sich nicht ausschließlich auf die eigene Kernaufgabe konzentrieren.

Fünf Meetings und drei Artefakte
Blicken wir nun darauf, wie die drei Rollen entlang eines Sprints miteinander mithilfe von fünf Meetingtypen interagieren und wie sie dabei ganz wesentlich auf drei Artefakte setzen (s. Abb. 61):

Ein Sprint beginnt mit der Entwicklung eines Arbeitsplans für die bevorstehende Iteration. Diese erfolgt im Sprint Planning, das unterteilt ist in Sprint Planning 1 und Sprint Planning 2. Der Sprint endet mit zwei Meetings: In dem Sprint Review erfolgt das Inspect & Adapt des Produktes, in der Sprint Retrospektive das Inspect & Adapt zum Vorgehen. Dazwischen trifft sich das Scrum Team zu einem täglich stattfindenden, sehr knapp gehaltenen Synchronisationsmeeting, dem Daily Scrum. Schließlich blickt das Scrum Team im Product Backlog Refinement regelmäßig (z.B. zweimal im Sprint) auf die Arbeit, die sich für den nächsten und übernächsten Sprint ankündigt. Schauen wir uns jedes dieser fünf Meetings nun im Detail an.

Sprint Planning: Im ersten Teil der Planung, dem Sprint Planning 1, stellt der Product Owner den Developers vor, *was* in dieser Iteration gemacht werden soll, also welche Ziele oder Leistungsmerkmale des Produkts umgesetzt werden sollen. Dafür hat er diese in einer „Wunschliste", dem sogenannten **Product Backlog** (Artefakt #1), nach Wichtigkeit priorisiert. Das Product Backlog enthält alle aktuell bekannten „Wünsche". Je weiter oben in der Liste die „Wünsche" stehen, desto detaillierter sind sie bekannt und beschrieben. Die Developers treffen im Sprint Planning 1 gemäß dem agilen Prinzip *Pull statt Push* die Entscheidung, wie viele dieser Wünsche sie im Sprint umsetzen können. Der Scrum Master moderiert und coacht.

Im Sprint Planning 2, dem zweiten Teil der Planung, erarbeiten die Developers unter Moderation des Scrum Masters nun für die selektierten Wünsche einen konkreten Plan der Tätigkeiten, die durchgeführt werden müssen, um die Wünsche in eine aktualisierte Version des Produkts zu übersetzen. Dieser Arbeitsplan wird als **Sprint Backlog** (Artefakt #2) bezeichnet. Sehr oft wird dieser Plan groß und analog visualisiert, beispielsweise auf einer großen Pinnwand (vgl. das agile Prinzip *Transparenz*).

II Die sieben Management-Ideen

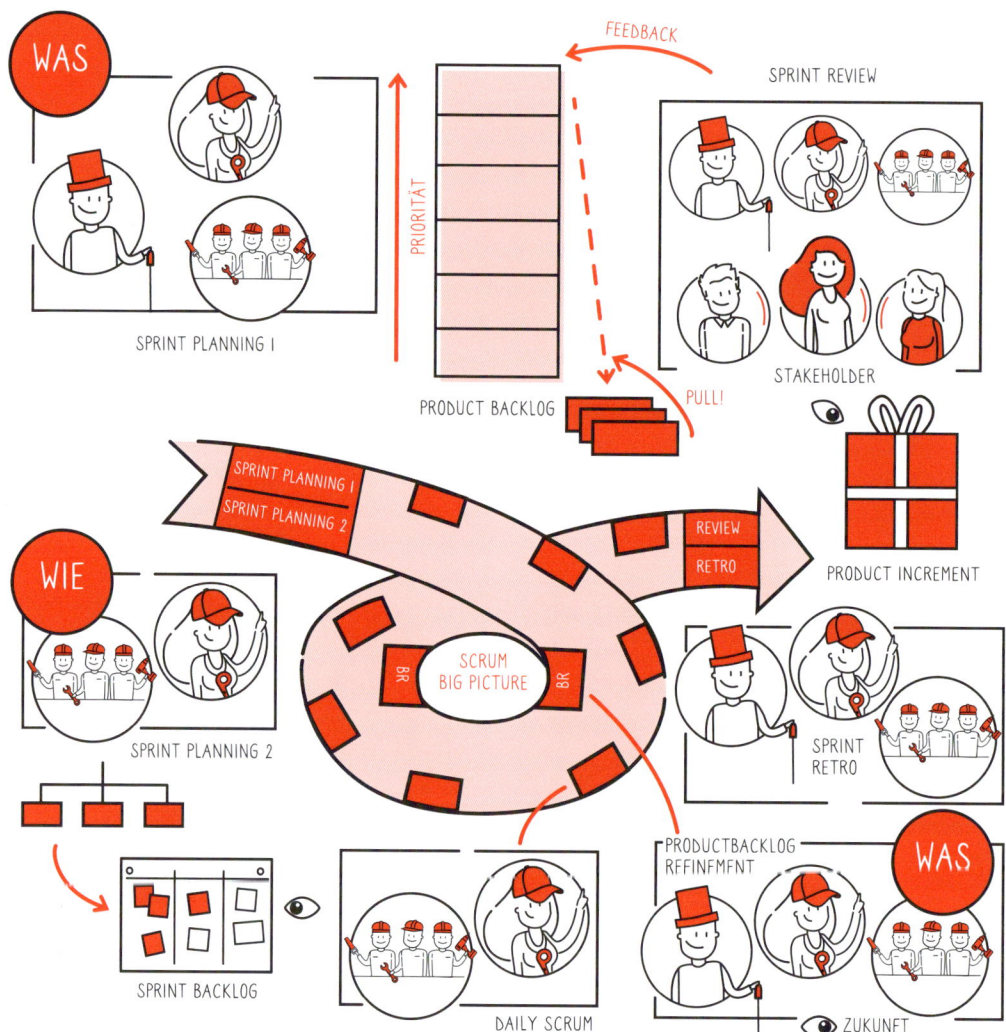

Abb. 61 Die fünf Meetings und drei Artefakte

Daily Scrum: Hier treffen sich die Developers täglich für maximal 15 Minuten vor ihrem Arbeitsplan, dem Sprint Backlog. Sie informieren einander darüber, wie sie bei der Umsetzung der einzelnen Arbeiten vorankommen, verteilen die nächsten anstehenden Arbeiten, identifizieren auftretende Probleme und finden heraus, wer wem bei der Lösung dieser Probleme helfen könnte. Gegebenenfalls passen sie gemeinsam den Plan an die neuen, im Tun gewonnenen Erkenntnisse an. Der Scrum Master unterstützt moderierend. Der Product Owner ist nicht notwendigerweise im Daily Scrum dabei, ist jedoch als Gast gern willkommen und besonders bei sich abzeichnenden Planabweichungen an Bord.

Sprint Review: Es ist das vorletzte Ereignis im Sprint. In diesem Meeting trifft sich das gesamte Scrum Team mit Repräsentanten der Kunden (Stakeholder genannt), um gemeinsam zu begutachten, wie sich die umgesetzten „Wünsche" in einer aktualisierten Version des Produkts (dem **Product Increment**, Artefakt #3) manifestieren. Zentrales Ziel der Sprint Reviews ist es, dass das Scrum Team von den Stakeholdern Feedback erhält, ob sich die Entwicklung des Produkts auf dem richtigen Weg befindet. Aufgabe des Product Owners ist es, dieses Feedback zu sammeln und bei der Pflege des Product Backlogs zu berücksichtigen, welches wiederum die Grundlage für die Planung des nächsten Sprints sein wird. Die Developers stellen selbst den Produktzuwachs vor, der Scrum Master moderiert.

Sprint Retrospective: Mit diesem Meeting schließt der Sprint. Es trifft sich das gesamte Scrum Team (Product Owner, Developers, Scrum Master), um einen Schritt vom operativen Alltag zurückzutreten und darauf zu schauen, wie die Zusammenarbeit im abgelaufenen Sprint gelaufen ist. Dabei werden zunächst Beobachtungen und Eindrücke gesammelt, diese dann zu erkennbaren Mustern verdichtet, und schließlich werden gemeinsam Experimente erarbeitet, die das Scrum Team im kommenden Sprint ausprobieren möchte, um seine Zusammenarbeit noch besser zu machen. Dem Scrum Master kommt hier in seiner moderierenden Rolle eine besondere Verantwortung zu, denn es geht dabei immer wieder auch um die Auflösung persönlicher Spannungen und Konflikte.

Product Backlog Refinement: Während die zuvor beschriebenen vier Meetings sich allesamt mit jener Arbeit befassen, die im aktuellen Sprint ansteht, wagt das Product Backlog Refinement einen Blick in die unmittelbare Zukunft. Der Product Owner stellt den Developers vor, welche „Wünsche" sich für die nächste Zeit zur Umsetzung abzeichnen und worum es bei diesen „Wünschen" genau geht. So können die Developers sich zeitgerecht mit ihrer Perspektive als wichtige Stakeholder zu technischer Machbarkeit, vermutlichem Aufwand und möglichen Abhängigkeiten zu anderen „Wünschen" einbringen. Dies ermöglicht dem Product Owner gegebenenfalls, auf die neuen Einsichten durch die Developers zu reagieren, indem er beispielsweise mit den Kundinnen Rücksprache hält und „Wünsche" repriorisiert.

Ausgewählte Werkzeuge für agiles Arbeiten

Wir wechseln mit unserem Helikopter nun abermals die Perspektive und tauchen ab in einen Konturenflug über das Gelände agilen Arbeitens und seiner Werkzeuge. Zwei ausgewählte Werkzeuge schauen wir uns näher an. Zum einen, weil sie sehr schnell hohen Nutzen stiften, zum anderen, weil sie weitgehend unabhängig ausprobiert werden können und Ihnen so ein einfaches Hineinschnuppern in agiles Arbeiten erlauben.

Visualisierung – Arbeit sichtbar machen

In der Wissensarbeit – und immer mehr Bereiche unseres Wirtschaftslebens lassen sich darunter subsumieren – haben wir folgendes Problem: Die Arbeit, die getan wird oder getan werden sollte, ist nicht von Vornherein sichtbar.

Wenn wir z.B. eine Tischlerei betreten, können wir uns schnell eine erste Antwort auf Fragen wie diese geben: Woran arbeiten die Menschen in dieser Tischlerei gerade? Gibt es aktuell viel oder wenig zu tun? Bei wem türmen sich gerade die Werkstücke, und wer hat vergleichsweise wenig zu tun? In einem Büro, in dem Menschen einer wissensbasierten Tätigkeit nachgehen, ist das anders. Meist stehen dort einige Schreibtische, darauf jeweils ein Monitor und eine Tastatur, vielleicht noch einige

II Die sieben Management-Ideen

Papiere und ein paar Schreibutensilien, fertig. Oft erkennt man noch nicht einmal, in welcher Branche die Menschen tätig sind, die in diesem Büro arbeiten!

Wir können die Wissensarbeit jedoch sichtbar machen, indem wir Stellvertreterobjekte für Arbeiten einführen, die wir durchführen oder planen durchzuführen. Im einfachsten Fall brauchen wir nur drei einfache Dinge zu tun:

1. Wir überlegen uns, in welche einfachen Prozessschritte sich unsere Arbeit typischerweise unterteilen lässt (z.B. in Analyse, Umsetzung, Review).
2. Wir repräsentieren jede unserer Arbeiten durch eine Karte, auf der wir stichwortartig beschreiben, worin diese Arbeit besteht.
3. Nun zeichnen wir eine tabellarische Anordnung der Prozessschritte von links nach rechts und geben die Karte, die eine Arbeit repräsentiert, in die passende Spalte. Die Arbeiten fließen nun im Laufe der Zeit von links nach rechts. Damit haben wir den Grundstein für ein Arbeitsboard (s. Abb. 62) gelegt.

Ein Tipp aus meiner Erfahrung

Die Verlockung ist groß, ein solches Arbeitsboard in einem elektronischen Tool abzubilden. Wirklich sichtbar wird die Arbeit für Sie, Ihr Team und Ihre Umgebung jedoch dann, wenn Sie analog visualisieren: Schnappen Sie sich ein Whiteboard, zeichnen Sie die idealisierten Prozessschritte auf und schreiben Sie die Arbeit auf Klebezettel, die dann über Ihr Board wandern. Bringen Sie das Whiteboard am besten an einer Stelle an, an welcher viele Menschen aus Ihrem Umfeld mehrmals täglich vorbeikommen. Gelegenheit macht Diebe. Sie werden sehen, so kommen Menschen ins Gespräch über Arbeiten, die gerade zu tun sind!

Schon mit diesem einfachen Arbeitsboard können wir für uns im Team und für unsere Umwelt wesentliche Informationen transparent machen:

Abb. 62 Das Arbeitsboard

- Wie viele Arbeiten versuchen wir gerade gleichzeitig zu erledigen?
- Welche Arbeiten sind schon abgeschlossen, was befindet sich in Arbeit, was ist noch gar nicht begonnen?
- In welchen Prozessschritten stauen sich Arbeiten, wo ist gerade nicht so viel los?

Ausgehend von diesem einfachen Arbeitsboard können Sie nun Schritt für Schritt weitere Informationen sichtbar machen:

- **Wer arbeitet gerade woran?** Führen Sie dazu kleine Fotokarten für jedes Teammitglied ein und bringen Sie die Fotokarten an den jeweiligen Arbeiten an.
- **Welche Arbeiten sind blockiert?** Was muss gerade ruhen, weil z.B. durch eine externe Abhängigkeit eine weitere Bearbeitung unmöglich ist? Führen sie dazu z.B. kleine rote Sticker ein, mit deren Hilfe Sie blockierte Arbeiten deutlich kennzeichnen.
- **Welche Arbeiten haben einen Ihrer Prozessschritte bereits abgeschlossen?** Fertigen Sie z.B. Sticker mit einem grünen Häkchen an, um diese zu kennzeichnen. Damit ist mit einem Blick klar, für welche Arbeiten der nächste Prozessschritt begonnen werden kann.
- **Welche Arbeiten haben Sie zugesagt, was sind lediglich Ideen?** Markieren Sie eine klare Unterscheidung zwischen Arbeiten, die getan werden könnten („Ideen"), und Arbeiten, für die Sie die Zusage gemacht haben, sie so schnell wie möglich abzuschließen („als Nächstes"). Damit ist diese Unterscheidung für Ihre Umwelt klar sichtbar – eine Menge Missverständnisse können so abgefangen werden.

Diese Arbeitsboards können Sie übrigens **auf unterschiedlichen Flughöhen** einsetzen. Beispielsweise können Sie sich damit Ihr höchstpersönliches Arbeitsboard gestalten oder die Arbeiten in Ihrem (Projekt-)Team sichtbar machen. Besonders spannende Einsichten generieren nach meiner Erfahrung oft Arbeitsboards, die als so genanntes Portfolio-Board sichtbar machen, welche Projekte in einer Abteilung oder Unternehmung gerade am Laufen sind. Oft wird so transparent, dass viel zu viele Projekte gleichzeitig bearbeitet werden (oder dass dies zumindest versucht wird) und man sich eigentlich nicht zu wundern braucht, dass alles so lange braucht und nichts fertig wird.

Betrachten wir abschließend, welches agile Prinzip wir mit dem Werkzeug der Arbeitsboards unterstützen: Ganz klar, es ist das Prinzip der *Transparenz*. Insbesondere bedienen wir zwei Richtungen von Transparenz: Einerseits generieren wir Transparenz innerhalb des Teams. Für alle Teammitglieder wird sichtbar, woran gearbeitet wird, wer gerade wo steht, wo es Probleme gibt. So können sich die Teammitglieder gegenseitig Steuersignale liefern. Zum anderen erzeugen wir Transparenz von innen nach außen: Auch für unsere Umwelt wird auf einen Blick sichtbar, wo wir gerade stehen. Diese Sichtbarkeit erzeugt Vertrauen!

Retrospektive – schnell aus dem eigenen Tun lernen

Im operativen Trubel nehmen wir uns meist wenig Zeit, um zwischendurch mal einen Schritt zurückzutreten und darauf zu blicken, wie wir als Team zusammenarbeiten und was sich daran verbessern ließe.

So verständlich dieses Muster ist, hilfreich ist es nicht. Es erinnert ein wenig an die Geschichte von den zwei Holzfällern. Der eine Holzfäller hat den Eindruck, dass das Sägen eines Baumes immer länger dauert, und meint zum anderen: „Du, sollten wir

nicht mal wieder unsere Säge schärfen?" Der andere entgegnet ihm darauf, mit Blick auf die vielen noch zu fällenden Bäume: „Bist du verrückt, dafür haben wir keine Zeit, wir müssen Bäume fällen!"

Es ist also wichtig, regelmäßig die Säge zu schärfen, um bei diesem Bild zu bleiben. Im agilen Universum hat sich dafür der Begriff der Retrospektive etabliert. Im Framework Scrum beispielsweise ist fix vorgesehen, am Ende jedes Sprints (Sie erinnern sich, das ist die Arbeitsetappe mit einer Länge von zwei bis vier Wochen) eine solche Retrospektive abzuhalten. Sie können dieses Werkzeug jedoch ganz unabhängig von einem agilen Prozess in Ihrem Team etablieren: Starten Sie beispielsweise mit einem monatlichen Rhythmus.

Wie läuft nun eine Retrospektive ab? Alle Mitglieder eines Teams (z.B. Führungsteam, Linienteam, Projektteam) treffen sich für etwa zwei Stunden in einem störungsfreien Raum, in dem ablenkungsfreies, gemeinsames Arbeiten möglich ist. Die Retrospektive folgt einer klaren Struktur mit drei Kernphasen, die von einem Einstieg und einem Abschluss umrahmt werden, wie in Tabelle 4 dargestellt.

Tab. 4 Phasen der Retrospektive

Phase	Zweck	Hilfreiche Fragen	Anteil an der Gesamtzeit
Set the Stage	Ankommen, die Teilnehmenden verbinden sich sozial und mit dem Thema.	*Wie bin ich gerade hier? Mit welchen Erwartungen gehe ich in die Retrospektive?*	1/12
Gather Data	Sammeln von Fakten, Eindrücken, Beobachtungen. Alles ist richtig und erlaubt. Noch keine Bewertung.	*Was habe ich beobachtet? Welche Eindrücke habe ich präsent aus den letzten Wochen?*	1/4
Generate Insights	Aus den in der vorherigen Phase gesammelten Daten/Beobachtungen werden jene Hotspots identifiziert, die genauer betrachtet werden sollten. Bilder zwischen den Teilnehmenden werden abgeglichen, unterschiedliche Sichtweisen nebeneinandergestellt, Hypothesen (freche Vermutungen) zur Ursache der sich zeigenden Phänomene gebildet. Oft entstehen in dieser Phase auch schon Ansätze für Lösungen.	*Was zeigt sich hier? Welche Muster lassen sich erkennen? Welche Wirkzusammenhänge können Erklärungen für die beobachteten Phänomene liefern?*	1/3
Decide What to Do	Aus sich zeigenden Lösungsansätzen werden konkrete Experimente entwickelt, die das Team für eine definierte Zukunft ausprobiert, um sie dann einer Evaluierung zu unterziehen.	*Was werden wir verstärken? Was tun wir nicht mehr oder anders? Was werden wir ausprobieren/ experimentieren?*	1/4
Closing	Teilnehmende geben einander kurz Feedback zur Retrospektive selbst.	*Wie gut war die Zeit investiert? Wie offen habe ich sprechen können? Was möchte ich noch sagen?*	1/12

7 Agilität

Der Fokus einer Retrospektive liegt auf dem Lernen für die Zukunft. Das bedeutet, das insbesondere der dritten Phase *(Decide What to Do)* ein großer Stellenwert zukommt. Was hier helfen kann, ist das Bewusstsein, dass es nicht darum geht, die goldene Lösung für die Zukunft zu finden. Vielmehr definiert das Team konkrete Experimente zu Verbesserungsideen, die es in der Zeit bis zur nächsten Retrospektive ausprobiert. Nach diesem Zeitraum des Ausprobierens wird gemeinsam bewertet, ob das Experiment hilfreich war und beibehalten wird, oder ob es alternative Lösungen braucht.

Wird die Retrospektive regelmäßig durchgeführt, kommt das Team so in einen Modus des permanenten *Inspect & Adapt* mit dem Ziel, über die Zeit in der Zusammenarbeit immer besser zu werden. Und damit ist auch schon offengelegt, welchem agilen Prinzip die Retrospektive zuarbeitet.

7.5 Fallbeispiel Albert-Schweitzer-Klinik Graz – gelebte Multiprofessionalität

Gastbeitrag von Hartmann Jörg Hohensinner und Gerhard Hammer

Miteinander Arbeiten

Die Geriatrischen Gesundheitszentren der Stadt Graz (GGZ) betreiben in ihrer Albert-Schweitzer-Klinik ein international beachtetes Department für Patienten und Patientinnen mit apallischem Syndrom („Wachkoma"). An diesem Wachkoma-Department (Appallic Care Unit, ACU) nimmt das multiprofessionelle Miteinander einen enorm wichtigen Stellenwert ein: Dieses Miteinander ermöglicht es, dass adäquat auf die speziellen Bedürfnisse von Wachkomapatienten und deren Angehörigen eingegangen werden kann. Die multiprofessionelle Zusammenarbeit stellt die Grundlage für eine erfolgreiche Rehabilitation der Patientinnen dar.

Multiprofessionelle Zusammenarbeit bedeutet im Wachkoma-Department, dass interne und externe Teams aus dem medizinisch-pflegerischen und therapeutischen Bereich sowie ehrenamtliche Mitarbeitende zusammenarbeiten. Jede Berufsgruppe hat ihren Zuständigkeits- und Aufgabenbereich, in den die jeweiligen Kernkompetenzen eingebracht werden. Zusätzlich wird aber auch versucht, gemeinsam Probleme zu lösen, sich einander verständlich mitzuteilen, andere Sichtweisen zu berücksichtigen sowie stetig voneinander zu lernen und gemeinsam erforderliche Lösungen zu erarbeiten.

Umfangreiche Recherchen ergaben, dass dafür ein Umdenken in Richtung einer multiprofessionellen **Kreiskultur** sowie **agiler Führungs- und Vorgehensmodelle** notwendig war. Das Ziel bestand darin, sich von hierarchischen Denkmodellen zu lösen, Führung und Mitarbeitende auf Augenhöhe zu bringen sowie allen Mitarbeitenden ein hohes Maß an Eigenverantwortung und Selbstorganisation einzuräumen.

Im Zuge der Implementierung dieser multiprofessionellen Kreiskultur war es auch notwendig, sich mit den Themen Corporate Social Responsibility (CSR) und Nachhaltigkeit intensiv zu beschäftigen, um das notwendige Fundament für die nachfolgende Transformation zu schaffen.

II Die sieben Management-Ideen

Nachhaltigkeit und Corporate Social Responsibility (CSR)
Im Bereich des Gesundheitswesens bedeutet Nachhaltigkeit und CSR, dass nicht nur Nachhaltigkeitsberichte verfasst oder Umweltschutzbeiträge geleistet werden, die sogar über die alltägliche medizinische und pflegerische Versorgung hinausgehen, sondern vor allem auch, dass ein **fairer Umgang untereinander** gelebt wird sowie **Partizipation und Förderung der Mitarbeitenden** elementarer Bestandteil der Unternehmenskultur ist.

Seit 2013 wurde CSR im Wachkoma-Department durch Schulungsmaßnahmen, CSR-Mentorentreffen und praktische Assessments systematisch in der Pflege, im ärztlichen Bereich und der Therapie implementiert. Professionsübergreifend wurden Themen wie „multiprofessionelle Dienstübergaben" oder „Miteinbezug von Angehörigen in Behandlung, Pflege und Therapie" erarbeitet und gemeinsam in den Alltag integriert.

Zur Überprüfung der Wirksamkeit von den gemeinsam erarbeiteten Prozessen wurden die Verbesserungen aller Patientinnen von 2016 bis 2020 monatlich mithilfe der *Early Functional Abilities Scale (EFA Scale)* gemessen sowie 2016 und 2019 Mitarbeiterbefragungen mittels Fragebogen durchgeführt.

Im Wachkoma-Department haben sich seit der Implementierung von 2016 bis 2020 die durchschnittlichen Ergebnisse der EFA Scale um 46,5% verbessert (2016 = 19,8; 2020 = 29; σ = 3,78). In der Fehlzeitenstatistik der Mitarbeitenden 2017 konnte im Vergleich zu 2015 eine Verminderung der Abwesenheit um 46% beobachtet werden. Die in den Jahren 2016 und 2019 durchgeführte Befragung zur Mitarbeiterzufriedenheit zeigte Verbesserungen in Bereichen wie z.B. „Arbeitsbedingungen" oder „Umgang mit gesundheitlicher Belastung".

Eine systematische, multiprofessionelle Implementierung von CSR trägt also zur Verbesserung der funktionalen Fähigkeiten der Patienten bei und steigert die Mitarbeiterzufriedenheit. Dieses Modell ist vor allem auch dadurch erfolgreich, dass eine große Mitarbeiteranzahl und eine Vielzahl von Professionen eingebunden sind. Damit ist der ständige Weiterentwicklungsprozess im Sinne des gesetzlich verankerten Qualitätsmanagements gewährleistet.

Die eigenständige Entwicklung in den einzelnen Teams, die dadurch bessere Identifikation mit den Aufgaben und das Kommunizieren in Form einer Kreiskultur haben definitiv einen positiven Einfluss auf alle fünf Ebenen der Balanced Scorecard (s. Kap. 2) (BSC) und des dahinterliegenden Scoringsystems. Die fünf Ebenen der BSC der Albert-Schweitzer-Klinik sind die Mitarbeitenden-, Kundinnen-, Finanz-, Organisations- sowie Gesellschafts- und Innovationsebene.

Kreiskultur
Alle natürlichen Prozesse beruhen auf der Grundstruktur des Kreises. Ein hierarchisches Modell wird durch Druck von außen zusammengehalten, ein Kreis jedoch wird von einer inneren Anziehung geformt und zusammengehalten.

Im Gegensatz zum hierarchischen Denken, wo Verantwortung delegiert wird, versucht die Kreiskultur **gemeinsame Verantwortung** zu tragen. Diese gemeinsam getragene Verantwortung ist die Grundlage der Solidarität, Kooperation und Nachhaltigkeit, die eine Kreiskultur ausmacht. Kreiskultur beruht auf Gleichwertigkeit, gegenseitigem Verständnis und gemeinsamer Lösungssuche.

Im Sinne einer Kreiskultur wird Führung gefördert. Dies bezieht sich aber nicht auf hierarchische Denkweisen, sondern jedes Mitglied des Kreises kann eine Führungsrolle übernehmen. Je größer Kompetenzen und Verantwortungsgefühl einer Person sind, desto stärker wird sich auch eine Führungsrolle ergeben. Wer diese Rolle im Kreis übernimmt, ergibt sich dabei auf natürliche Weise durch die Fähigkeiten des Einzelnen und die Situation. Da die Verantwortung gemeinsam getragen wird, ist das Konfliktpotenzial zwischen mehreren Führungspersönlichkeiten gering.

In der Kreiskultur geht es um gegenseitige Wertschätzung, Respekt, Annahme und Kooperation. Zuhören stellt das wichtigste Element der Kreiskommunikation dar und ist Ausdruck für Wertschätzung und Respekt. Des Weiteren ist eine Kreiskommunikation nur durch bewusstes Sprechen möglich. Dies bedeutet, dass die Person, die spricht, in sich hineinhört und eigene neue Erkenntnisse und Gedanken zulässt. Es sollte nur über Dinge gesprochen werden, die relevant sind. Sind keine wichtigen Gedanken zu besprechen, so wird in der Kreiskultur auch die Stille als Teil der Kommunikation angesehen. So kann eine kurzfristige Stille bei Spannungen die Situation lockern und zu neuer Kreativität beitragen.

Am Wachkoma-Department wird diese Kreiskultur gelebt, indem sich Teams selbst organisieren und Themenbereiche des Departments aufgreifen. Im Mittelpunkt eines Kreises stehen die Patienten bzw. Kundinnen und deren betroffene Angehörige: Dieser Mittelpunkt wird bei Kreissitzungen mental „aktiviert" und auch optisch dargestellt.

Ziele, Strategien, die Koordination oder auch die Moderation der Treffen werden gemeinsam entschieden. Zusätzlich werden der Kreis und die Kreiskommunikation für Mitarbeitergespräche, Team- und Führungscoachings, Supervisionen sowie Mentorenteambegleitungen genutzt.

Durch die Implementierung der Kreiskultur am Wachkoma-Department hat sich das Klima unter den Mitarbeitenden nachweislich enorm verbessert. Mit dieser Form des Miteinanders fühlen sich alle wertgeschätzt. Verantwortung wird gemeinsam übernommen, und Entscheidungen werden im Team getroffen. Dies trägt wesentlich zu einer höheren Mitarbeiterzufriedenheit bei.

Die Ideen und Prinzipien der Kreiskultur sind somit auch die Basis für die nachstehend angeführte agile Transformation des ACU-Departments.

Scrum und der Kreis, der Kreis und Scrum

Die Kreiskultur allein ist jedoch nicht ausreichend, um eine kontinuierliche Weiterentwicklung dieser lebenden und lebendigen Welt zu gewährleisten. Auf der Suche nach **organisatorischen Strukturen und Werkzeugen** wurden wir im Wachkoma-Department bei agilen Ansätzen und insbesondere **Scrum** fündig.

Der Anstoß, sich mit Scrum zu befassen kam – ebenso wie die Beschäftigung mit der Kreiskultur – aus der langjährigen erfolgreichen Kooperation mit APUS Software: APUS ist jenes Unternehmen, das seit vielen Jahren in den GGZ (und anderen großen

Gesundheitsbetrieben) mit seinen Produkten GraphDi und IONIO verantwortlich für das Personalinformationssystem (Dienstplanung, Zeiterfassung, Controlling) ist. Scrum kommt ja aus dem Bereich der Softwareentwicklung, wo eine ständig steigende Geschwindigkeit der Veränderungen adäquate Handlungsmuster fordert.

Agile Veränderungsprozesse erfolgen auf Prozess-, Struktur- und Kulturebene. Agile Prozesse weisen mehr Transparenz auf, erfolgen schrittweise und erfordern regelmäßiges Feedback. Agile Strukturen erfordern ein Umdenken in der klassischen, hierarchischen Führung: Im Fall des Wachkoma-Departments wurde durch die Einführung der Kreiskultur und -kommunikation schon wesentliche Vorarbeit geleistet. Teams arbeiten interdisziplinär und selbstorganisiert und werden durch eine laterale Führung gestützt. Auch auf die Unternehmenskultur haben agile Methoden Einfluss. Werte wie Offenheit, Mut, Verbindlichkeit oder Respekt stehen im Vordergrund. So ändert sich auch der Blickwinkel auf die Rollen der Mitarbeitenden, die Leistungen und die Zuständigkeiten.

Die wichtigsten agilen Werte sind in Tabelle 5 dargestellt.

Scrum ist an anderer Stelle dieses Buches ausführlich erläutert. Interessant ist, wie sich die in Scrum bewährten Rollen und Artefakte in der Übertragung ins Wachoma-Department – und damit in eine sehr herausfordernde Struktur des öffentlichen Gesundheitswesens – darstellen und bewährt haben.

Das Wachkoma-Department ist ein Scrum-Team

Natürlich musste Scrum auf die Bedürfnisse des Departments angepasst werden. So wird das Scrum-Framework dort nicht genutzt, um ein Produkt herzustellen, sondern um **Verantwortungsbereiche** wie Mentorenteam, Recht, Patientinnen- und Angehörigenedukation, Trachealkanülenmanagement oder Qualitäts- und Risk-Management in **multiprofessionellen Teams** zu erarbeiten und **weiterzuentwickeln**.

Ein besonderer Schwerpunkt – und definitiv eine Entsprechung zu Scrum in der Softwareentwicklung – liegt in der multiprofessionellen Zusammensetzung der Teams.

Tab. 5 Übersicht der agilen Werte

Bereitschaft (Commitment)	Bereitschaft, sich einem Ziel zu verpflichten
Rückmeldung (Feedback)	Aktive Einholung von Rückmeldungen und Anpassung von Vorgehensweisen
Fokus (Focus)	Fokus auf die eigenen Bemühungen und Kompetenzen
Kommunikation (Communication)	Tägliche Kommunikation im Team, um bestmögliche Lösungen zu finden
Mut (Courage)	Mut zu fokussiertem Handeln und ehrlicher Kommunikation
Respekt (Respect)	Respekt und Wertschätzung innerhalb des Teams
Einfachheit (Simplicity)	Einfachste Lösungen mit größtmöglichem Nutzen; Rahmenbedingungen, die die Arbeit erleichtern
Offenheit (Openness)	Offenheit, Transparenz und Ehrlichkeit in Bezug auf Projekte

So wie sich in einem Softwareentwicklungsteam Frontend-Entwickler, Backend-Entwickler, UI-Designer, Tester usw. zusammenfinden, wurden auch im Wachkoma-Department alle betroffenen Professionen und Spezialisierungen zusammengefasst: Pflegekräfte mit all ihren Spezialaufgaben und -ausbildungen, Psychologinnen, Sozialarbeiter, Ärztinnen.

Das Format Daily Scrum entspricht in seiner Aufgabe und Struktur der Morgenbesprechung. Darüber hinaus findet auch eine auf die Bedürfnisse des Wachkoma-Departments angepasste Form der Reviews statt: Diese Reviews sind regelmäßige Treffen, die nicht länger als eine Viertelstunde dauern, aber alle auf einen gemeinsamen Wissensstand bringen und auch verschiedenste Perspektiven zusammenführen.

Als Scrum Master fungieren die Departmentleitung sowie die ärztliche Leitung. Diese sehen sich dabei jedoch eindeutig nicht als Vorgesetzte, sondern als Coaches der Teams. Die Rolle des Product Owners nimmt jeweils eine Person im entsprechenden Zuständigkeitsbereich ein.

Retrospektiven, die vom Scrum Master vorbereitet, moderiert und nachbereitet werden, sind im Wachkoma-Department Supervisionssitzungen, in denen das wechselseitige Feedback und das Lernen aus diesem Feedback im Vordergrund stehen – ganz wie bei Scrum in der Softwareentwicklung.

Zusammenfassung
Für Unternehmen wie die GGZ und ihr Wachkoma-Department bedarf es viel Mut, um neue Dinge auszuprobieren und neue Wege zu gehen. Die Einführung eines neuen Miteinanders am Wachkoma-Department hat dem gesamten Team neue Erfahrungen und neues Wissen eingebracht und führte zu einer wesentlichen Weiterentwicklung dieses hochsensiblen Bereiches. Durch die veränderten Rahmenbedingungen können die Mitarbeitenden neue Ideen einbringen und die eigenen Kompetenzen stärken und erweitern. Zudem wirken sich die wertschätzenden Begegnungen untereinander und der bewusste Umgang mit Verantwortung auch auf die Arbeitsqualität und somit auf die Lebensqualität der Patientinnen und ihrer Angehörigen aus.

7.6 Umsetzung in der Praxis

Bisher haben wir uns mit den Fragen „Warum agil arbeiten?" und „Was ist denn das genau – agil arbeiten?" beschäftigt. Hoffentlich haben Sie dabei Lust bekommen, sich nun der dritten Frage zuzuwenden: „Wie kann ich ein Stück agiles Arbeiten in meine Organisation bringen?" Ja? Dann lassen Sie uns gemeinsam einen Blick auf einige Ideen dazu werfen!

Big Bang oder Step by Step?
Hätten Sie jetzt gern den großen Plan, wie Sie agiles Arbeiten in Ihre Organisation einführen können? Ich kann Ihre Sehnsucht gut verstehen, muss Sie an dieser Stelle jedoch leider enttäuschen. Einen solchen Plan habe ich leider nicht für Sie. Und: Hüten Sie sich vor Heilsversprechern, die Ihnen einen solchen verkaufen wollen!

II Die sieben Management-Ideen

Wenn Sie die bisherigen Abschnitte dieses Kapitels aufmerksam gelesen haben, werden Sie aber wahrscheinlich ohnehin vermutet haben, dass ich Ihnen jetzt nicht den großen Einführungsplan vorlegen werde. Wir sprachen eingangs von komplexen Problemen und davon, dass agiles Arbeiten ein adäquates Vorgehen zur Lösung solcher Herausforderungen darstellt. Nun ja, die Veränderung einer Organisation, also der Art und Weise, wie viele Menschen zusammenarbeiten, um ein Produkt oder eine Dienstleistung zu erbringen, ist wohl eines der komplexesten Vorhaben, die man sich vorstellen kann.

Daher meine Empfehlung: Wenden Sie die Prinzipien agilen Arbeitens an, um agiles Arbeiten in Ihre Organisation zu bringen. Erinnern Sie sich an die drei zentralen Ideen von agilem Arbeiten, die wir bereits kennengelernt haben? Hier sind sie nochmal:

1. interdisziplinäre, sich selbst führende Teams,
2. enge Zusammenarbeit mit den Kundinnen,
3. iteratives Erarbeiten der Problemlösung.

Anhand dieser drei Ideen stelle ich Ihnen im Folgenden ein paar Skizzen vor, wie Sie vorgehen könnten.

Ganz klein: Interessierte finden, einfache agile Werkzeuge erproben

Versuchen Sie zunächst, klein zu beginnen (s. Kap. 4): Finden Sie interessierte und neugierige Mitstreiter, die gemeinsam mit Ihnen erste Schritte in Richtung agiles Arbeiten ausprobieren möchten.

Als Ansatzpunkte für erste Experimente bieten sich einige der Werkzeuge an, die ich Ihnen im letzten Abschnitt vorgestellt habe. Sie könnten beispielsweise:

- in Ihrem Projekt- oder Linienteam die Arbeit, die Sie tun, auf einem Arbeitsboard visualisieren;
- sich mit Ihren Teamkollegen täglich oder jeden zweiten Tag vor diesem Arbeitsboard treffen, um sich zum erzielten Arbeitsfortschritt und den Schwierigkeiten am Weg auszutauschen;
- in fixen Abständen von zwei oder vier Wochen ausgewählte Menschen aus dem Umfeld Ihres Teams einladen, um in einem Review möglichst hands-on vorzustellen, welche neuen Zwischenergebnisse Sie in Ihrem Team erzielt haben, und um deren Feedback bitten;
- in ebenso fixen Abständen von zwei oder vier Wochen gemeinsam mit Ihren Teamkolleginnen die Säge schärfen: Nehmen Sie sich zwei Stunden Zeit, um über Ihre Zusammenarbeit der letzten Wochen zu reflektieren und konkrete Schritte zu vereinbaren, wie Sie darin noch besser werden wollen.

Jeden dieser Schritte können Sie unabhängig von allen anderen setzen. Fangen Sie mit jenem an, von dem Sie sich am meisten versprechen. Aus meiner Erfahrung ist es hilfreich, wenn Sie von einem **Experiment** sprechen, das Sie gerne ausprobieren möchten. Ein Experiment ist keine Veränderung für die Ewigkeit, sondern kann auch jederzeit wieder beendet werden, wenn es keine Verbesserung bringt. Dieser Gedanke macht es für viele Menschen leichter, sich auf etwas Neues einzulassen!

7 Agilität

Klein: Ein agiles Pilotprojekt starten

Eine besondere Gelegenheit, die sich zum Ausprobieren von agilem Arbeiten anbietet, ist der Start eines neuen Projekts in Ihrem Umfeld. Sollte sich diese Chance für Sie bieten, könnten diese Tipps für ein agiles Pilotprojekt hilfreich sein:

- Stellen Sie das Projektteam so zusammen, dass Sie alle Fähigkeiten im Team haben, die zur Wertschaffung durch das Team notwendig sind. Brechen Sie dabei ganz bewusst Silogrenzen auf, die Sie sonst typischerweise achten (Prinzip des interdisziplinären Teams).
- Holen Sie sich im Rahmen der Mandatsklärung die Zustimmung der Auftraggeberin dazu ab, dass das Projektteam Entscheidungen zu seiner Arbeitsorganisation selbst treffen darf und nicht ständig irgendein Kontrollgremium um Erlaubnis fragen muss (Prinzip der Selbstorganisation).
- Orientieren Sie sich an dem einfachen, aber kraftvollen Rollenentwurf von Scrum: Etablieren Sie einen Product Owner, der vom Projektauftraggeber tatsächlich mit dem Mandat ausgestattet ist, inhaltliche Entscheidungen zu treffen, also wie der Unternehmer dieses Projekts zu agieren. Und besetzen Sie die Rolle des Scrum Masters, also jene Rolle, die darauf schaut, dass das Team so arbeitet und so arbeiten darf, dass es die Prinzipien des agilen Arbeitens einhält. Gerade wenn ein Team das erste Mal agil arbeitet, braucht es diese Rolle wie einen Bissen Brot!
- Versuchen Sie, sich mit Ihrem Projektteam auf die in Scrum dargelegte Arbeitsweise einzulassen. Führen Sie alle vorgeschlagenen Meetings durch! Lassen Sie nichts weg, bevor Sie ausführlich Gelegenheit zur Erprobung hatten. Greifen Sie auch hier zur bereits oben angeführten Argumentation: Sprechen Sie von einem Experiment, auf das Sie sich z.B. drei Monate lang einlassen wollen. Und stellen Sie eine daran anschließende, gemeinsame, kritische Evaluierung in Aussicht!

Größer: Gemeinsam schrittweise verändern

Angenommen, Sie haben in Ihrem Umfeld erste agile Werkzeuge ausprobiert und einige interessierte Mitstreiter gewonnen. Sie haben in ersten Pilotteams Erfahrungen mit agilen Arbeitsweisen gesammelt. Ihre Organisation ist aufmerksam geworden: Was machen die da (anders)? Nun ist es an der Zeit, den nächsten Schritt zu setzen: Ihre Organisation gemeinsam und schrittweise zu verändern.

Wie könnte das klappen? Meine Empfehlung lautet, auf die drei Kernideen agilen Arbeitens zu setzen:

Kernidee 1 – Interdisziplinäres Kernteam: Stellen Sie ein Team von 8–12 Menschen zusammen, das Ihr Veränderungsvorhaben im Kern vorantreibt. Achten Sie bei der Zusammenstellung auf eine höchstmögliche Diversität innerhalb dieses Teams, z.B. bezüglich der Berufsstände, fachlicher Funktionen, Hierarchiestufen, Zugehörigkeitsdauer zu Ihrer Organisation sowie Befürwortung/Kritik Ihres Vorhabens. Aufgabe dieses Teams ist die Planung, Durchführung und Auswertung von Organisationsexperimenten, die agiles Arbeiten Schritt für Schritt in Ihre Organisation bringen.

Kernidee 2 – Enge Zusammenarbeit mit den Kunden: Arbeiten Sie in Ihrem Veränderungsvorhaben engmaschig und auf Augenhöhe mit Ihren Kundinnen zusammen. Wer sind Ihre Kunden? In der Betrachtung Ihres organisationalen Veränderungsvorhabens sind das

II Die sieben Management-Ideen

ganz klar die Mitarbeitenden ihrer Organisation. Diese sollten Sie einbeziehen. Eine Möglichkeit, die sich in meiner Praxis bewährt hat, ist das regelmäßige Arbeiten mit allen Mitarbeitenden der Organisation in Großgruppenveranstaltungen – in Anlehnung an die Idee von Open Space Agility (s. Abb. 63): Das Kernteam bereitet eine solche Großgruppenveranstaltung vor, indem es ein Leitthema erarbeitet und eine Einladung zur Mitarbeit an die Organisationsmitglieder ausspricht. In der Großgruppe erarbeiten die (freiwilligen) Teilnehmenden die nächsten Organisationsexperimente zu diesem Leitthema.

Kernidee 3 – Iteratives Vorgehen in Lernkapiteln: An die Großgruppenveranstaltung schließt ein Lernkapitel an. Das ist eine Zeitspanne von typischerweise drei Monaten, in der wiederum Freiwillige die definierten Organisationsexperimente durchführen. Das interdisziplinäre Kernteam begleitet diese Organisationsexperimente durch laufende Beobachtungen. Die Erkenntnisse aus diesen Beobachtungen lassen sich in der Planung der nächsten Großgruppenveranstaltung berücksichtigen. So entsteht über die Zeit ein iteratives Verändern: Drei Monate lang werden Organisationsexperimente durchgeführt. In der darauf folgenden Großgruppenveranstaltung lernt die gesamte

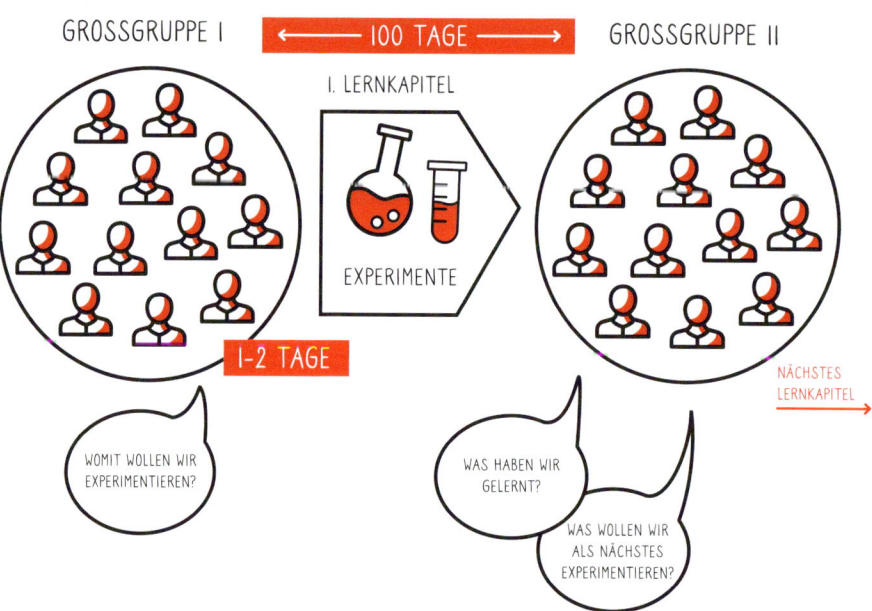

Abb. 63 Open Space Agility. In Anlehnung an Mezick et al. (2019)[29]

---

29 Mezick et al. (2019): Das OpenSpace Agility Handbuch: Organisationen erfolgreich transformieren: gemeinsam, freiwillig, transparent.

7 Agilität

Organisation aus diesen Experimenten und plant die nächsten Schritte der Veränderung, die im folgenden Lernkapitel wiederum ausprobiert werden. Diese Iterationen werden so lange durchgeführt, bis die Organisation Wert in dieser schrittweisen Veränderung erkennt.

Nach diesem Ansatz können Sie Organisationen ganz unterschiedlicher Größe verändern: Das kann eine Abteilung mit 25 Personen sein oder ein Unternehmen mit 1.000 Mitarbeitenden. Wenn Sie eine solche Veränderung anwenden möchten, könnten diese Tipps besonders hilfreich sein:

- Gewinnen Sie einen **hochrangigen Sponsor** in Ihrer Organisation für Ihr Vorhaben: Der Sponsor sitzt idealerweise an der Spitze der Pyramide, innerhalb derer die Veränderung geschehen soll (Abteilungsleiterin, Mitglied der Geschäftsführung). Der Sponsor stützt Ihr Vorhaben, indem er mit seinem (sichtbar geänderten) Verhalten als gutes Beispiel vorangeht und sich aktiv in das Anliegen involviert (in dem er beispielsweise Mitglied des interdisziplinären Kernteams wird). Durch seine Unterstützung erkennt die Organisation, dass die Veränderung ernst gemeint ist.
- Holen Sie sich **externe Begleitung** als Unterstützung, gerade für den Beginn dieses Ansatzes, also z.B. für die ersten beiden Lernkapitel. Agile Coaches mit ihrer praktischen Erfahrung helfen bei der steuernden Arbeit des interdisziplinären Kernteams ebenso wie bei der Begleitung der freiwilligen Teams in der Umsetzung der Organisationsexperimente im Lernkapitel.

- Trachten Sie gleichzeitig danach, die **externe Begleitung rasch überflüssig** zu machen, ansonsten etablieren sich über die Zeit starke Abhängigkeitsbeziehungen: Die Organisation glaubt dann, dass sich die erzielte Veränderung nur so lange aufrechterhalten lässt, wie die externen agilen Coaches mit an Board sind. Eine gute Übung ist es beispielsweise, Tandems aus einem externen agilen Coach und einer internen Mitarbeitenden zu formen, die diesen in seiner Arbeit beobachtet und Schritt für Schritt dessen Aufgaben übernimmt.

7.7   Literaturempfehlungen: Wo kann ich mehr erfahren?

Das Buch „**The Scrum Princess**" (2016) von K. und D. Aretae ist eine spielerische Einführung in Scrum. Auch verfügbar als kostenloses Online-Buch: https://issuu.com/demiaretae/docs/scrum_princess_interior (abgerufen am 07. August 2021). ISBN: 978-1539594871

„**Der ultimative Scrum Guide 2.0**" (2014) von M. Foegen et al. ist eine leicht lesbare und sehr fundierte Einführung in Scrum. ISBN: 978-3981583755

Das Buch „**Agile Organisationsentwicklung. Handbuch zum Aufbau anpassungsfähiger Organisationen**" (2019) von B. Oestereich und C. Schröder ermöglicht eine Betrachtung der Agilität aus Organisationsperspektive und enthält viele konkrete Werkzeuge und Ansätze für agiles Arbeiten im Team und in der Organisation. ISBN: 978-3800660766

III
Nachwort

III Nachwort

Wir wissen aus der Verhaltenspsychologie: Damit der Mensch sich freiwillig verändert, muss er den Sinn hinter der Veränderung eingesehen haben. Denn Veränderungen kosten Kraft – man muss häufig gegen Widerstände kämpfen. Der größte Widerstand liegt dabei wahrscheinlich in einem selbst. „Warum muss ich mich bewegen, es ging doch bisher auch so? ... Irgendwie, zumindest". Jeder braucht seinen eigenen Grund für Veränderung, an dem er sich festhalten kann, wenn der Wind der Trägheit von vorn bläst. Doch wir sind sehr zuversichtlich: Dieses Buch liefert anhand der sieben Management-Konzepte nicht nur gute Gründe für eine Veränderung, sondern auch gleich den Weg und die Werkzeuge, die Veränderungen möglich machen.

Natürlich gibt es auch andere vielversprechende Konzepte und nicht nur die sieben hier vorgestellten. Im Autorenteam haben wir lange diskutiert, welche Ansätze wir letztendlich einbauen wollen. Bei den gewählten sieben haben wir ein gutes Gefühl, dass sie auch in einigen Jahren relevant sein und sich als erfolgreich behaupten werden. Relevant heißt jedoch nicht identisch, auch diese Ansätze werden sich weiterentwickeln. Manche Veränderung wird nur kosmetischer Natur sein. Heute redet man vom digitalen Gesundheitswesen. In der Zukunft werden wir das Wort *digital* fallenlassen, denn es wird klar sein, dass wir digitale Mittel einsetzen. Keiner spricht heute mehr vom „digitalen Büro", nur weil darin Computer vorhanden sind. Es ist einfach ein Büro. Auch der Begriff „Digital Health" wird eines Tages sehr seltsam klingen und verschwinden. Die Ideen dahinter, wie eine schnelle und sichere Kommunikation, umfassende Nutzung von Daten und die Schaffung neuer Geschäftsmodelle, werden jedoch weiterhin Bestand haben.

Andere Veränderungen werden radikaler sein: Ein in der Zukunft transformiertes Gesundheitswesen könnte vollkommen anders sein, als wir es heute kennen. Jedoch bringt es wenig, über die weite Zukunft zu spekulieren. Wir wissen zu gut aus der Wissenschaft, dass das, was uns heute sicher erscheint, in einigen Jahren doch infrage gestellt werden und durch neues Wissen ergänzt oder sogar ersetzt werden kann. Unsere Gesellschaft entwickelt sich sehr dynamisch weiter. Wer kann schon sagen, wie wir uns in 30 Jahren eine gute Organisation vorstellen? Die gute Nachricht ist jedoch: Wir brauchen diesen Blick in die Glaskugel gar nicht. Denn dieses Buch wurde nicht für die Zukunft geschrieben, sondern für das Hier und Jetzt. Es ist die Antwort der Autorinnen auf die Frage: „Wenn man euch freie Hand lassen würde bei der Gestaltung der idealen Organisation im Gesundheitswesen, was würdet ihr tun?". Denn insgesamt glauben wir fest daran, dass diese sieben Konzepte des New Healthcare Managements tatsächlich das Potenzial haben, unser Gesundheitswesen, so wie wir es kennen, in einen besseren Ort zu verwandeln. Es ist eine lange Reise. Das Lesen und Nachdenken über diese sieben Erfolgskonzepte des New Healthcare Managements ist ein guter erster Schritt.

Stichwortverzeichnis

A

A3-Ansatz 94
Arbeitsboard 192 f., 200
Arbeitskreis 84

B

Balanced Scorecard 36 f., 196
Bedeutsamkeit 15
Bedürfnisse 43, 65, 70, 112, 167, 178
Berater 85
Beratungsprozess 146, 149, 169
Betriebliches Vorschlagswesen 84
Beziehungen stärken 19, 26

C

Change
- Druck 121
- Methoden 69
- Risiko 88

Clear the Air 157
Co-Creation 43, 54
Commitment 49, 187, 198
Corporate Social Responsibility 195 f.

D

Design Thinking
- Fallstricke 67
- Herkunft 64
- Kreislauf 65, 69
- Projektstruktur 75
- Referenzhäuser 66
- Team 70
- Umsetzung 77

Developers 189, 191
Digital Health
- Definition 111
- Deutschland 123
- Strategie 118, 122
- Technologien 113
- Veränderungsfelder 124

Digitalisierung
- Hebel 116
- Organisation 110
- Reihenfolge 109
- Stolperfallen 109
- Strategie 110
- versus analoges Vorgehen 108

Disziplinen, Reibungspunkte 60
Dokumentation 116
Domain 150 f.
Dynamische Steuerung 141

E

Effektivität 12, 33, 108, 118, 163
Effizienz 33, 108, 111, 163, 179
elektronische Patientenakte (ePA). Siehe EPD
Empathie 70
Engagement 13, 17, 27
Entscheidungsprozess 132, 139, 146, 148, 153, 161
Entwicklungsprozess 65
EPD 124
Erfolge feiern 15, 22, 24, 26
E.V.A.-Logik 109, 122
Everest-Ziele 23 f.
Evolutionäre Organisation 145, 163
Experiment 136, 160, 182 ff., 200

F

Fax 84, 107, 123
Feedback 51, 133, 141, 157, 198
Flexibilität 92
Flow 15, 17, 25
Fluss 60
Flussprinzip 86
Fokus 43, 186, 198

G

Gemba 69
Gemba-Walk 95
Governance 144, 152

H

Haptik 72, 79
Hierarchie 134, 140, 142, 151
- Hierarchiegefälle 69
- Hierarchieinhaber 135, 145
- Machthierarchie 122, 147

Holokratie 142, 145, 147 f., 150, 152 f., 168
Hypothesen 96

I

ICHOM 48, 50 f.
Innovation
- Organisationsstruktur 122

Innovationsfeindlichkeit 62
Innovationswissenschaft 64
Inspect & Adapt 186, 189, 195
Interdisziplinarität 22, 55, 183, 186, 200 f.
IT-Abteilung 110
Iteration 74, 152, 188 f.

K

Kaizen 85, 93, 122
- Meeting 91
- vs. Big Bang 121

Kennzahl 34, 53 f., 100, 172
Komplexität 137, 139, 142, 180
komplex vs. kompliziert 182
Konsens 139 f., 148
Konsent 139 ff., 148, 153, 166
Kosten 40 f., 43
Kreativität 66, 69
Kreiskultur 195 ff.
Kreisstruktur 140, 144, 147 f., 151 f.
Kundennähe 117 f.
Kundenzentrierung 187
Kundenzufriedenheit 13, 16, 18, 36
Künstliche Intelligenz 114

L

Landkarte 134 f., 141, 167 f.
Lead Link 151 f.
Lebensqualität 34, 40 f., 46, 199
Legacy-Systeme 110
Leitlinien 33 f., 37 f., 41, 125
lernen 74, 78, 158, 184
Lernkapitel 202 f.
Leuchtturm 101
limitieren 187

Stichwortverzeichnis

M

Mahnungsprozess 108
Maschine 63, 112, 180, 182
Maschinelles Lernen. Siehe Künstliche Intelligenz
Mission 22, 141, 143
Mitarbeiterzufriedenheit 165, 196 f.
Motivation 17, 23, 150, 162, 185
Muda. Siehe Verschwendung
multiprofessionelle Kreiskultur 195
multiprofessionelle Teams 54, 195, 198

N

Notfall 65

O

Operative Exzellenz 117
Organisationsexperiment 201 ff.
Organismus 182

P

partizipativ 85
Patientenerlebnis versus medizinische Qualität 63
Patientenfluss 115
- Barrieren 97
Patientenzufriedenheit 26, 37, 43, 94, 138
Patient Experience 42, 44
Patient Journey 43 ff.
PERMA-Lead 25 ff.
Persona 70
Pilotieren 98
Pilotprojekt 51, 201
Plan-Do-Check-Act 94
Planungsparalyse 180
Positive Emotionen 15 ff.
Positive Leadership 12 f., 15, 25, 28
Positive Psychologie 13, 15
PREMs (Patient-reported Experience Measures) 42, 54
Principles 154
priorisieren 44, 99, 187
Problem
- Definition 95
- Eingrenzung 95

Process-Reengineering 88, 96
Product Backlog 189, 191
Product Owner 188 f., 199, 201
Produktführerschaft 117
PROMs (Patient-reported Outcomes Measures) 45
Prototyp 74
- Material 73
- Testen 74
- Zone 76
Prozessprobleme 83
Psychologische Eigentümerschaft 132
Purpose 22, 53, 154

R

radikale Innovation 64
Reorganisation 85
Rep Link 151 f.
Retrospektive 157, 186, 189, 191, 193 f.
Review 157, 171, 192, 199 f.
Robotik 114
Rollen 97, 141, 144, 147, 150 ff., 163, 166, 185, 188
- Betriebsrolle 163
- Coachrolle 163
- Fachrolle 163
- Repräsentativrolle 163
- Rollenfunktion 49
- Rolleninhaber 144, 149 f., 166
- Rollenmodell 161, 163

S

Scrum 187, 194 f., 197 f.
- Daily Scrum 189 f., 199
- Rollen 188
- Scrum Master 189, 199
- Scrum Team 189, 191
Selbstführung 147 f., 155, 167 f., 183
Selbstorganisation 137 f., 148 f., 163, 168 f., 185, 195
Selbstverantwortung 155, 167
Sensoren 131, 133, 143, 167. Siehe Wearables
Shared Decision Making 37, 45 f., 50, 54
Silos 60

SMART 23
Soziokratie 139, 143, 147, 151, 153
Spaghetti-Diagramm 92
Sprint 76, 183, 188 ff., 194
Sprint Review 189 ff.
Standards 92
Stärken stärken 17
Steuerung 142, 150, 178, 183
Stress 84
Systemfehler 83

T

Tactical Meeting 144, 151, 153, 159
Tetris 181
Teufelskreis 84
„T"-Form 60
Total-Cost-of-Ownership-Konzept (TCO) 43
Total-Value-of-Ownership-Konzept (TVO) 43
Transformation
- Plan 102
Transparenz 186, 189, 193, 198

V

Value Chain 33 f., 37 f., 117
Value Creation 37 ff., 54
Value Expectations 46 f.
Value Propositionen 38
Verbindlichkeit 68
Verschwendung 86
- 7+1 Arten 88
Vertrauen 16, 93, 147, 186, 193
Vision 22, 102, 141, 154
Visite 59
visualisieren 86, 97, 192, 200
- Ist-Zustand 96
Vorschlagswesen 91
VUCA 131

W

Wearables 114, 120
Wertschöpfung 86, 120
Wertstromdiagramm 86

Die Autorinnen und Autoren

Prof. Dr. oec. HSG Alfred Angerer

Alfred Angerer studierte Wirtschaftsingenieurwesen an der Universität Karlsruhe und erlangte anschließend den Doktor in Betriebswirtschaftslehre an der Universität St. Gallen. Berufliche Erfahrungen sammelte er als Supply-Chain-Manager bei der Firma Nestlé AG und als Unternehmensberater bei McKinsey & Company. Seit 2009 ist er Dozent an der ZHAW School of Management and Law. Er leitet die Fachstelle „Management im Gesundheitswesen" des Winterthurer Instituts für Gesundheitsökonomie. Das Thema „BWL im Gesundheitswesen" liest er in der grundständigen Lehre sowie in zahlreichen weiteren CAS- und MAS-Kursen des Instituts. Als Berater und Coach unterstützt er zahlreiche Organisationen des Schweizer Gesundheitswesens im Bereich Operations und Strategie. Seine Forschungsprojekte liegen im Bereich Prozessoptimierung (Lean Healthcare) und Digital Health, deren Ergebnisse er in internationalen Fachzeitschriften, Konferenzen und im Podcast „Marktplatz Gesundheitswesen" (www.gesundheitswesen.org) präsentiert.

Inga Bergen

Inga Bergen studierte an der HSB Hochschule Bremen Internationale Politik und Management. Sie ist Entrepreneurin und Expertin für das Thema Digital Health und Innovationen im Gesundheitswesen. Laut dem Business Punk Magazin gehört sie zu den deutschen Top 10 im Bereich Health und Science. Sie war Geschäftsführerin der Firma Welldoo, einem digitalen Dienstleister im Gesundheitsmarkt. Des Weiteren hat Frau Bergen das Start-up Magnosco aufgebaut, das die Hautkrebsdiagnostik mittels Laser-Technologie und Künstlicher Intelligenz vorangetrieben hat. Sie ist Sprecherin des Beirats für Ethik und digitale Transformation bei der AOK Nordost und in weiteren Beiratsfunktionen zum Thema digitale Transformation im Gesundheitswesen tätig. Sie moderiert, schreibt und hält Vorträge über Digital Health, Innovation und digitale Transformation sowie KI im Gesundheitswesen. In dem Podcast „Visionäre der Gesundheit" (www.visionaere-gesundheit.de) spricht sie mit zahlreichen Akteurinnen über das Aussehen der Gesundheit der Zukunft.

Michael Döring-Wermelinger

Michael Döring-Wermelinger absolvierte ein Studium als Dipl. Pflegefachmann HF an der Baldeggerschule für Gesundheits- und Krankenpflege Sursee. Anschließend erwarb er das Nachdiplomstudium als Dipl. Experte HF Intensivpflege. Im Rahmen seiner folgenden Führungstätigkeiten erlangte er das DAS Leadership im Gesundheitswesen und den MAS in Health Care Management an der Fachhochschule für Wirtschaft in Zürich. Seine berufliche Laufbahn führte ihn durch verschiedenste Tätigkeiten in der Pflege, und er begann wenige Monate nach seinen ersten Ausbildungen, Führungspositionen erst als Teamleiter, Abteilungsleiter und später als Leiter Pflege zu übernehmen. Dies führte ihn an sein heutiges Tätigkeitsfeld, das Luzerner Kantonsspital. In diesem Unternehmen übernahm er primär die Funktion als Leiter Pflege der Medizinischen Intensiv- und Notfallabteilung und darauffolgend im Kinderspital. Anschließend wurde er seit 2010 zum Chief Nursing Officer und Leiter Departement Pflege und Soziales berufen. Parallel dazu ist er aktiv in verschiedenen Funktionen, wie z.B. im Verwaltungsrat und in Vorstandsämtern.

Die Autorinnen und Autoren

Dr. Markus Ebner

Markus Ebner lehrt und forscht als Wirtschafts- und Organisationspsychologe an den Universitäten Wien und Klagenfurt zu Positive Leadership. Als Coach und Organisationsentwickler verknüpft er Wissenschaft und Praxis und begleitet seit mehr als 20 Jahren gemeinsam mit seinem Team Führungskräfte und Organisationen bei ihrer Weiterentwicklung. Sein Buch „Positive Leadership. Erfolgreich führen mit PERMA-Lead: die fünf Schlüssel zur High Performance" ist bei Facultas erschienen, auch in englischer Fassung erhältlich. Weitere Informationen unter www.ebner-team.com.

Mark Graban

Mark Graban hat einen BSc in Wirtschaftsingenieurwesen von der Northwestern University, einen MSc in Maschinenbau sowie einen MBA des Massachusetts Institute of Technology. Seit 2005 konzentriert er sich auf die Verbesserung des Gesundheitswesens, nachdem er seine Karriere in der Industrie bei General Motors, Dell und Honeywell begonnen hatte. Er ist Autor des preisgekrönten Buches „Lean Hospitals: Improving Quality, Patient Safety, and Employee Engagement". Mark Graban ist auch Co-Autor von „Healthcare Kaizen: Engaging Front-Line Staff in Sustainable Continuous Improvements" und „The Executive Guide to Healthcare Kaizen". Sein jüngstes Buch ist „Measures of Success: React Less, Lead Better, Improve More". Zudem ist er der Schöpfer und Herausgeber des Sammelbandes „Practicing Lean". Mark Graban ist Berater von Organisationen über sein Unternehmen Constancy, Inc. und auch über die Firma Value Capture. Zudem ist er Senior Advisor des Technologieunternehmens KaiNexus und darüber hinaus auch Gastgeber der Podcasts: „Lean Blog Interviews", „My Favorite Mistake" und „Habitual Excellence, Presented by Value Capture".

Gerhard Hammer

Gerhard Hammer ist seit dem Kindesalter passionierter Violinist und seit Beginn der Oberstufe fasziniert von dem Thema Softwareentwicklung, da er immer mehr den Eindruck gewann, dass mittels Software Abläufe geordneter sein könnten und damit echte Hilfestellungen im Alltag möglich sind. Das Thema Software ließ ihn in weiterer Folge nicht mehr los, und so begann er das Studium der Elektrotechnik an der TU Graz. Parallel dazu vertiefte er jedoch auch seine Ausbildung am Konservatorium Graz für Viola und Kammermusik und wurde 1981 Gründungsmitglied des heute noch aktiven REINER QUARTETT. Im Rahmen des Studiums sammelte Gerhard Hammer Erfahrungen bei der SIEMENS PSE Graz sowie bei der Fa. Horst Sladek, trat jedoch bald als Softwareentwickler in die APUS Software GmbH ein. Seit 1994 ist Gerhard Hammer Geschäftsführer der APUS Software GmbH und aktiver Musiker in verschiedenen Kammermusikformationen. Sein Herz schlägt für neue Formen der (Zusammen-)Arbeit, Italien, Musik, und er ist zutiefst davon überzeugt, dass wir für uns und unseren Planeten volle Verantwortung haben. Er brennt für die Frage nach dem echten Sinn der Arbeit und möchte andere dazu motivieren, selbst zu einem besseren Miteinander beizutragen.

Die Autorinnen und Autoren

Hartmann Jörg Hohensinner

Hartmann Jörg Hohensinner ist stellvertretender Pflegedienstleiter der Geriatrischen Gesundheitszentren der Stadt Graz und Pflegedienstleitung der Albert Schweitzer Klinik, des Apallic Care Departments, der Medizinischen Palliativen Geriatrie, der Memory Klinik und des Albert Schweitzer Hospizes. Er studierte „Führungsaufgaben in Einrichtungen des Gesundheits- und Sozialwesens" an der Karl-Franzens-Universität Graz und „Unternehmerisches und soziales Management" an der WU-Wien und dem ARGE-Bildungsmanagement Wien. Er war Teil des Führungskräfteprogramms „Führungsfitness" der Stadt Graz in Zusammenarbeit mit dem Malik Management Zentrum St. Gallen. Des Weiteren ist er Lektor an der Medizinischen Universität Graz (Humanmedizin) zum Fachbereich Ethik, an der Fachhochschule Graz in den Studiengängen Pflege, Logopädie und Physiotherapie sowie Referent und Mitentwickler des Curriculums für die Weiterbildung „Pflege von Menschen im Wachkoma" an der Akademie für Fortbildungen und Sonderausbildungen am AKH Wien. Gemeinsam mit Gerald Pichler ist er Vorstandsvorsitzender der Österreichischen Wachkoma Gesellschaft. Er ist Hauptverantwortlicher für die Implementierung der multiprofessionellen Kreiskultur im Department Apallic Care der Albert Schweitzer Klinik, die ausschlaggebend für eine qualitativ hochwertige Versorgung der Patientinnen ist.

Gregor Karlinger

Gregor Karlinger studierte Telematik an der Technischen Universität Graz. Berufliche Erfahrung sammelte er zunächst über 15 Jahre in diversen Rollen im IT-Umfeld, beispielsweise als Entwickler, Projektmanager, Scrum Master und in der Führung von Teams. Im Laufe seiner beruflichen Entwicklung erkannte er, dass ihm das Arbeiten mit Menschen noch viel mehr Freude bereitet als jenes mit Maschinen und Algorithmen. Nach diversen ergänzenden Ausbildungen in den Bereichen Systemisches Coaching und Organisationsentwicklung begleitet er heute als Agiler Coach die Einführung und Verbesserung von Agilem Arbeiten auf unterschiedlichen Ebenen (Organisation, Wertschöpfungskette, Team). Er kombiniert als Berater Ansätze aus den Bereichen Agile Vorgehensmodelle, Systemische Organisationsentwicklung und Coaching miteinander, um Unternehmen dabei zu unterstützen, sich laufend an die sich rasch verändernden Umwelten anzupassen. Gregor Karlinger lehrt an der Donau-Universität Krems, an der Fachhochschule Joanneum Graz sowie an der Fachhochschule Campus 02 Graz. Er ist weiter Co-Organisator der Freiräume (Un)Conference, Österreichs größter Veranstaltung zu neuen Organisations- und Arbeitsformen rund um Selbstorganisation, Ganzheit und Sinn.

Prof. Dr. Larry Leifer

Larry Leifer hat in den 1960er-Jahren seine Ausbildung an der Stanford University absolviert (Maschineningenieur-Wissenschaften und Produktdesign). Seine Promotion erlangte er im Gebiet der Biomedizinischen Neurowissenschaften. Er forschte für die NASA und am MIT sowie an der ETH Zürich. 1976 kehrte er zur Faculty an der Stanford University zurück und begründete eine der Grundlagen der heutigen globalen Design-Thinking-Bewegung: den Masterkurs im Maschineningenieur-Departement ME310. Er ist Gründungsdirektor des Center for Design Research (CDR) mit dem Fokus der Forschung der technisch-kreativen Designaktivitäten in Teams. Larry Leifer ist ebenfalls Gründungsmitglied des Hasso Plattner Institute of Design, der ersten „d.school" weltweit. Er ist weltweit in wissenschaftlichen Beiräten und Gremien tätig und gilt als einer der Gründungsväter des heutigen Design Thinking.

Die Autorinnen und Autoren

PD Dr. Florian Liberatore

Florian Liberatore studierte Volkswirtschaftslehre an den Universitäten Göttingen und Freiburg i. Brsg. Anschließend promovierte und habilitierte er im Bereich Gesundheitsökonomie und Management im Gesundheitswesen am Lehrstuhl für Marketing und Gesundheitsmanagement an der Universität Freiburg i. Brsg. Berufliche Erfahrungen sammelte er als selbstständiger Berater im Bereich Turnaround-Management und Marketing. Seit 2014 ist er Dozent an der ZHAW School of Management and Law und stellvertretender Leiter der Fachstelle „Management im Gesundheitswesen" des Winterthurer Instituts für Gesundheitsökonomie. Er unterrichtet zu Management-Themen im MSc. in Business Administration – Major Health Economics and Healthcare Management an der ZHAW sowie in zahlreichen CAS- und MAS-Kursen des Instituts. Für namhafte Unternehmen im Schweizer Gesundheitswesen führt er Forschungs- und Beratungsprojekte durch. In der angewandten Forschung ist er mit zahlreichen Drittmittelprojekten (SNF, KTI) präsent und veröffentlicht seine Forschungsergebnisse regelmäßig in internationalen Fachzeitschriften und auf Konferenzen. Seine Expertise liegt im Bereich Marktanalysen, Schnittstellenoptimierung und Unternehmensentwicklung im Schweizer Gesundheitswesen.

Dr. med. Florian Rüter

Florian Rüter leitet seit 2018 das Qualitätsmanagement & Value Based Healthcare des Universitätsspitals Basel in der Medizinischen Direktion. Nach dem Medizinstudium an der Universität – GHS – Essen begann er am dortigen Universitätsklinikum 1992 seine chirurgische Ausbildung in der Herzchirurgie, die ihn nach einer weiteren Station an der Universitätsklinik der Martin-Luther-Universität Halle-Wittenberg 1998 an das Universitätsspital Basel führte. Neben der chirurgischen Karriere als Facharzt für Herz- und thorakale Gefäßchirurgie lagen seine Interessen auch im klinischen und Qualitätsmanagement. Als erfahrener Fachmann für chirurgische Qualität und Patientensicherheit treibt er mit seinem Team die Einführung von Patient-reported Outcome Measures („PROMs") voran, eingebettet in das Konzept der Value-based Healthcare („VBHC"). Der Schwerpunkt seiner Arbeit in Basel sowie in verschiedenen Kommissionen und Arbeitsgruppen national und international liegt in der Verknüpfung von qualitätssteigernden Maßnahmen mit dem Gesamtkonzept der VBHC.

Christian Thiele

Christian Thiele ist Coach, Trainer, Teamentwickler, Speaker, Autor und Podcaster für Positive Leadership und Positive Psychologie am Arbeitsplatz. Er studierte Politikwissenschaft an der FU Berlin und am Institut d'Etudes Politiques de Paris. Ursprünglich war er als Reporter und Führungskraft in diversen Verlagen/Medienhäusern tätig. Heute ist er als Teaching-Assistant Positive Psychologie an der Deutschen Hochschule für Gesundheit und Sport und als Honorardozent an verschiedenen Hochschulen beschäftigt. Seit 2010 bietet er darüber hinaus Coachings, Trainings, Teamentwicklung, Weiterbildungen u.a. in Positive Coaching (Robert Biswas-Diener) an, ist zertifizierter PERMA-Lead-Berater und spezialisiert auf die Bereiche der Systemischen Therapie und Kommunikationspsychologie (Schulz von Thun). Wichtige Veröffentlichungen von Christian Thiele sind (u.a.): „Positiv Führen für Dummies" (Wiley, 2021), „Positiv führen in schwieriger Zeit" (Haufe, 2020), Podcast „Positiv Führen".

Die Autorinnen und Autoren

Dr. Christophe Vetterli

Christophe Vetterli studierte Betriebswirtschaftslehre an der Universität St. Gallen (HSG) und erlangte den Doktor in Business Innovation mit Vertiefung Design Thinking von der Universität St. Gallen in Zusammenarbeit mit der Stanford University. Er fungierte als Partner bei einer führenden Beratungsfirma, bevor er sich 2021 mit Vetterli Roth & Partners AG selbstständig machte. Der Fokus liegt auf der Transformation im Gesundheitswesen v.a. in Bezug auf Strategie, Prozesse und Innovation. Er hat weit über 100 Design-Thinking-Projekte geführt und sich auf die Einbettung innerhalb von Gesundheitsinstitutionen spezialisiert. Er lehrt an mehreren Hochschulen im internationalen Umfeld und ist Autor zahlreicher wissenschaftlicher Publikationen. Zudem ist er im Verwaltungsrat in mehreren Firmen.

Marion Wolff

Marion Wolff studierte Psychologie an der Ruhruniversität Bochum und arbeitete dann als Beraterin für Kienbaum Management Consultants. Hier hat sie internationale Projekte mit Fokus auf Führungs- und Organisationsentwicklung begleitet. Ab 2002 war sie an der Universität St. Gallen am Institut für Technologiemanagement (ITEM) für die Leitung großer Praxisprojekte im Bereich Innovationsmanagement tätig, immer mit dem Fokus auf Kultur und Menschen in Organisationen. Parallel hat sie begonnen, als Moderatorin und Coach transformative Projekte zu begleiten. Seit 2013 beschäftigt sie sich intensiv mit Zukunftsstrukturen für Organisation und Selbstorganisation. Sie ist Mitglied verschiedener internationaler Netzwerke und Arbeitsgruppen zum Thema „New Work". Besonders am Herzen liegen ihr Systemmuster und Musterbildung und die Frage, wie die starken, prägenden Landkarten alter Organisationsformen durch sinnstiftende, nachhaltige und potenzialhebende Formen abgelöst werden können.